中国人民大学律师学院律师操典丛书

总主编：刘瑞起 ｜ 学术顾问：韩玉胜

商事仲裁法律与实务

赵汉根 著

COMMERCIAL ARBITRATION LAW AND PRACTICE

中国法制出版社
CHINA LEGAL PUBLISHING HOUSE

总　序

十年树木，百年树人。中国人民大学律师学院成立于2010年4月，至今已有10年。律师学院在10年时间里累计培养了10届法律硕士（律师方向）研究生238人，面授培训执业律师2万余人次。

在10年的教学实践活动中，我们深刻认识到：律师教育应是法学教育的重要组成部分，并且具有鲜明的特殊性，其重要特征是实践性、复合性。据此，我们认为出版一套教授法学院学生和青年律师方法论及执业技能的实务教材是十分必要的。早前，律师学院为此曾出版了14本基础实务系列丛书及13本授课实录系列丛书。在此基础上，根据律师学院的教学规划，我们进一步出版《中国人民大学律师学院律师操典丛书》。之所以借用军事术语“操典”的概念，实际上体现了本丛书对律师实务操作演练中的要领和原则的典范性追求。

本丛书由在律师学院担任校外实务导师，并在律师学院长期从事教学及授课的专家、学者和律师学院若干名教师撰写，他们大多是全国各大律所的知名律师、重点企业的法务负责人、权威专家等。本丛书既涉及法律检索、刑事证据审查、谈判等律师执业的基础技能，又涵盖公司律师、房地产、证券、知识产权、仲裁、行政诉讼等专业领域的实务知识与办案技能，十分适合法学院学生及青年律师阅读和学习。当然，根据社会经济与律师行业的发展及律师学院日后的教学实践与需要，本丛书会继续拓展律师执业基础技能和专业实务技能分册。

本丛书旨在帮助法学院学生了解律师执业、实务工作，储备实务知识与技能，助其度过从校园走向律师执业及实务工作的各个阶段，满足其系统、深入学习各执业及实务领域的方法论和实务技能的需要。

本丛书的写作风格力求鲜活易读、生动实用，不拘泥于传统教材的固定体例，而由不同作者根据各自执业领域或工作岗位的特点撰写，既有以章节形式对行业、专业领域的探讨，亦有以专题、案例等形式对思维方法与办案技能的分析。虽然写作形式不一，但写作内容均以实务知识与技能分享为目标，并不过多展开理论研究与学术论述。

2020 年正值中国人民大学法学院成立 70 周年，中国人民大学律师学院成立 10 周年之际。《中国人民大学律师学院律师操典丛书》谨作为律师学院教研、教学成果，向中国人民大学法学院、律师学院献礼。

我们真诚地希望广大读者对本丛书给予批评指正，希望“律师教育”的理念和实践能得到全国法学院校、律师学院以及广大律师、专家、学者的关注和支持，共同丰富和推进法律实务人才的教育与培养。

中国人民大学律师学院院长

刘瑞起

自　序

1994 年 8 月 31 日，第八届全国人大常委会第九次会议通过了《仲裁法》，该法于 1995 年 9 月 1 日实施。这标志着中国真正确立了《承认及执行外国仲裁裁决公约》（又称《纽约公约》）下的仲裁法律制度。《仲裁法》实施八年后的 2003 年，我成为广州仲裁委员会的一名仲裁员。在这之前的培训中，对仲裁法和民事诉讼法的关系，并没有讲清楚。当时仲裁法学是寄居于民事诉讼法学下的一个小众学科，研究不够，理解不深，某些个案因实体方面错裁而依一裁终局原则没能改判而使仲裁获得“不靠谱”的负面社会评价。而根据《仲裁法》第十五条“中国仲裁协会依照本法和民事诉讼法的有关规定制定仲裁规则”的规定，似乎民事诉讼法的程序规定也应适用于仲裁，于是乎我们这些仲裁员也就在“仲裁的程序和民事诉讼法的程序基本一致”的观念下，把仲裁案件当作民事诉讼案件，该习惯历经多年，甚至很多仲裁员对《仲裁法》这区区八十条条文多年来未再详读一遍。

在此期间，我遇到一个工程合同案件，仲裁委已经立案，申请人是非合同乙方的实际施工方，其根据甲方（建设单位）和乙方（施工单位）的建设承包合同中的仲裁条款以自己名义提起仲裁，被申请人认为申请人无权提起仲裁，故向法院提起管辖权异议。没想到在法院立案时被告知，法院根据《仲裁法》第二十条的规定只能受理仲裁协议效力异议之诉，不受理仲裁管辖权异议之诉。我查了《仲裁法》的规定，确实如此，当时心里就疑惑，因仲裁委员会是非官方机构，没有法院的司法权，也没有管辖权问题，故立法能否将仲裁管辖权异议问题表述为仲裁协议效力异议？仲裁虽然和民事诉讼一样，都是民商事争议的解决方式，但是二者其实还是有很多不同点的。我后来之所以对仲裁法进行专门研究，一是因为对仲裁法有许多不解之惑，二是因为参加国际商事仲裁法律实务高级研修班的机缘，使我从国际仲裁中开阔了视野，有了解决问题的知识储备。

2012 年，中国的改革开放发展到了从引进外资和技术转变为输出资本和技术、产能的阶段，国家提出了鼓励企业走出去的政策，后来发展为“一带一路”倡议。有生意来往必有纠纷，国际上解决纠纷的机制一般是仲裁。由于我们对国际仲裁规则的不熟悉，加上外国仲裁员文化背景等因素的不同，我国企业在国外的国际仲裁的败诉率达 95%。

中国国际经济贸易仲裁委员会，作为 1956 年经中央人民政府政务院批准成立的涉外仲裁机构，自 2013 年起，与中国人民大学法学院合作开办了国际商事仲裁法律实务高级研修班，招生、培训国际商事仲裁领域专业人才，包括国际商事仲裁律师和仲裁员。现在这个班仍在开办，每两年一期，为我国培养了一大批国际仲裁的专门人才。我有幸成为该班第一期的学员，更幸运的是，我在该培训班接受了国内外仲裁界著名专家学者的授课，系统学习了国际仲裁知识后，经过遴选和考试，我在 2014 年成为中国国际经济贸易仲裁委员会的仲裁员。多年以前，我作为律师代理涉外仲裁案件时，曾以无比敬佩的目光仰视着仲裁庭上那些德高望重的仲裁员，不曾想今时今日我也是其中的一员了！获得此份殊荣，并有机会出版本仲裁法专著，应归功于为国际商事仲裁高级研修班授课的各位著名专家学者、导师的悉心教导！他们是：香港国际仲裁中心原主席杨良宜教授，原英法海底隧道工程总法律顾问庄・本信律师，瑞典斯德哥尔摩大学 Partricksa 教授，商务部条约法律司原司长张玉卿教授，中国人民大学原常务副校长王利明教授，现中国人民大学副校长、法学院院长王轶教授，中国人民大学法学院余劲松教授、赵秀文教授、叶林教授、刘俊海教授、肖建国教授、杜焕芳教授、杨东教授、姚欢庆教授，著名国际仲裁专家王雪华律师、陶修明律师，中国国际经济贸易仲裁委员会李虎院长、赵健处长、姚俊逸处长、黎晓光秘书长以及最高人民法院张勇健庭长、王闯庭长、刘竹梅庭长以及各位高级法官们，在我的仲裁法专著付梓之际，谨对老师们致以衷心的感谢！

我通过在国际商事仲裁班的学习，打开了国际仲裁的视野，觉得干瘪无物又晦涩的中国仲裁法条文突然变得丰满鲜活，仲裁虽本质上和我国古代民间的“公断”有异曲同工之处，但作为一种由国家确认和保护的现代法律制度则是西方国家的舶来品，其法律机制、原则理念及其相较于民事诉讼的优越性还需从其历史发展中探寻，所以，在此我想告诉大家，仲裁从其出生起就具有国际性，1958 年《纽约公约》更是将各国国内仲裁涵盖其中，即使是国内仲裁委员会的裁决，也可以在任一缔约国的法院申请强制执行。律师同仁若遇到有外国当事人聘请代理执行在外国领域内作出的临时仲裁裁决，不要以我国《仲裁法》没有规定临时仲裁就推辞不受，因为《纽约公约》第一条第二项规定本公约的仲裁就是临时仲裁，也包括机构仲裁。我国于 1987 年 1 月 22 日递交加入书，1987 年 4 月 22 日起，《纽约公约》对我国生效，我国负有履行《纽约公约》规定的国际义务，即必须对外国的临时仲裁裁决予以执行。可见仲裁具有国际性的特质。因此国内仲裁研究，也必须从国际仲裁实践出发，否则研究成果可能只是闭门造车的结果。

仲裁，一言而蔽之，是民商事诉讼之外的另一种纠纷解决方式，是意思自治原则在纠纷解决程序的体现。其特点是：当事人可以选择裁判者，一般是专家裁判；仲裁程序也可以协议确定，具有灵活性特点；这种纠纷解决方式是国际商事交往中被普遍采用的、几乎是不二的选择；其裁决根据《纽约公约》能够得到广泛的国际认可与执行。

我从国际商事仲裁班学习到的知识，对我理解仲裁法的原则理念及基本制度具有很大帮助，同时也让我看到了我国仲裁法的不足之处和立法缺陷，我对仲裁法研究的兴趣由此而生，2014 年，我信心满满地竞选广州市律师协会仲裁法专业委员会主任，并有幸当选。之后，我组织广州市律师对仲裁法的有关问题进行研讨，如关于仲裁法的架构、仲裁协议与仲裁管辖权、仲裁协议的独立性与仲裁庭自裁管辖权、独立仲裁一裁终局与仲裁司法监督、仲裁程序规则应是任意性规则、《纽约公约》是我国仲裁法的最高法律渊源、意思自治是仲裁法的最大原则、仲裁地决定了仲裁裁决的国籍、仲裁程序的适用法和裁决撤销管辖法院、现行仲裁法的裁决撤销和不予执行制度是否重复等问题，事实上涵盖了仲裁法理论的重要问题。2015 年我还应邀把以上内容在中国行为法学会的上海培训班和2019年广州市律师协会的新律师岗前培训班进行讲授，取得了很好的反响，有一学员课后给我发信息：“想不到仲裁法还可以这么讲，真是醍醐灌顶，茅塞顿开。”

感谢中国人民大学律师学院刘瑞起院长，在中国人民大学法学院建院七十周年、律师学院建院十周年到来之前，邀请我写一本关于仲裁的实务教材，让我有机会把在国际商事仲裁法律实务高级研修班所学的知识和这几年的研究成果、实践积累呈现在本书中。本书是国际商事仲裁法律实务高级研修班的成果之一，我也谨以此书向我的母校中国人民大学法学院、律师学院献礼！

仲裁法主要由仲裁程序和对仲裁的司法监督两部分组成，还包括仲裁法原则、仲裁机构和仲裁员、仲裁协议和仲裁管辖权、法院对仲裁的支持措施（仲裁管辖权异议的审理、帮助仲裁庭组庭和仲裁员的委任和撤销、保全、查证、执行）。可以看出，仲裁法律制度是依法独立仲裁和法院司法监督的统一体，二者互为补充，互相制约，缺一不可。意思自治原则是仲裁最大的原则，当事人可以选择仲裁员，选择意味着信任，可以推定当事人愿意承受仲裁员在认定事实适用法律上错误而对自己产生不利影响的风险，因此仲裁的司法监督不是有错必改，而是错误和不公的严重程度已触碰了自然公正的底线时才监督和撤销。理解了二者的辩证统一关系，大致可以解决社会上对“仲裁错了也不能改，缺乏监督太危险”的负面认识。

事实上，现行《仲裁法》在这个问题上的规定还不够完善，立法修改时应在这两方面同时加力。

一是仲裁程序应有灵活性，应充分体现当事人的意思自治。仲裁和民事诉讼程序相比，尽管都是民商事案件的开庭审理，仲裁程序可以和民事诉讼程序相同，也可以不同，关键取决于当事人的意志。如果当事人没有就仲裁程序达成一致协议，仲裁庭有权决定采用其认为合适的方式审理案件。例如，当仲裁员是外国人时，中国国际经济贸易仲裁委员会在仲裁案件中就经常采用交叉盘问证人的方式来甄别证据，认定事实。因此，我前面提到的《仲裁法》第十五条“中国仲裁协会依照本法和民事诉讼法的有关规定制定仲裁规则”的规定事实上是不合适的，它会导致违反仲裁的意思自治原则，剥夺当事人选择仲裁程序的自由。按照意思自治原则和《纽约公约》第五条第一项（丁）款的规定，仲裁的程序规则应是任意性规则，当事人有权通过约定仲裁的程序排除《仲裁法》规定的程序规则的适用，事实上《仲裁法》的条文也已体现规范的任意性，只不过该原则没被发掘出来而已。因此，关于仲裁程序是否适用《民事诉讼法》的程序规定，我的回答是，仲裁程序不一定适用《民事诉讼法》的有关程序规定，在仲裁程序中，违反《民事诉讼法》的有关程序规定不构成仲裁程序违法，不构成仲裁裁决撤销的理由。《仲裁法》颁布已二十六载，中国仲裁协会一直没有成立，依照《仲裁法》和《民事诉讼法》制定的仲裁规则也一直没有产生！即使有了这样的规则，也要当事人选择适用才对其产生约束力。我有一不太恰当的比喻，仲裁规则相当于仲裁程序协议的格式条款，这似乎可以帮助理解这个问题。

二是仲裁的司法监督必须加强。现行《仲裁法》关于仲裁裁决的撤销条件主要是违反程序方面的，如没有仲裁协议，仲裁的事项不属于仲裁协议的范围（超裁）或者仲裁委员会无权仲裁的（不具备可仲裁性），仲裁庭的组成或者仲裁的程序违反法定程序，仲裁员有索贿、徇私舞弊、枉法裁判的。这些撤销事由很少会出现，没有仲裁协议、不具可仲裁性就不会有仲裁，何来裁决撤销？因有仲裁机构把关其他程序问题很少会出现，但现实中确实存在虚构法律关系，虚假仲裁，骗取裁决书；裁决明显违反法律，造成严重不公等问题，导致社会一直对仲裁的公正性存在怀疑和诟病，必须在《仲裁法》修改时增加裁决明显错误或严重不公的实体性理由作为撤销裁决的条件。现行《仲裁法》关于撤销仲裁裁决的事由参考了《纽约公约》第五条关于不予承认和执行的事由，但《纽约公约》第五条只是承认仲裁地国家法院有权撤销仲裁裁决，并没有规定具体的撤销条件，而是尊重各国在这方面的法律规定。因此，在《仲裁法》修改时，在仲裁裁决撤销条件上规定一些实体事由并没有公约上的障碍。这个问题涉及《仲裁法》修改问题，修改草案将在 2022 年提交全国人大常委会审议通过。作为仲裁人，躬逢其盛，幸何大哉！我们应为仲裁立法的完善作点贡献，故本书专门安排了第三章探讨仲裁立法的修改问题。

仲裁协议问题也是一个重要问题，当事人是否选择仲裁解决其商事纠纷，应当自愿，达成仲裁协议，这也是意思自治原则的内容。因此，仲裁协议是仲裁管辖权发生的前提。而作为协议，必然存在有效和无效的问题，仲裁协议有效，则案件应提交仲裁解决；仲裁协议无效，则案件不应提交仲裁解决。这就是仲裁管辖权的概念内涵，和旨在确定第一审诉讼应由哪个法院受理的诉讼管辖在概念内涵上是不同的。基于仲裁协议效力对仲裁管辖权成立的决定性作用，现行《仲裁法》对仲裁管辖权异议的规定安排成第二十条的仲裁协议效力异议。其实这两个概念并不等同，如案件确定应当仲裁，但受理案件的仲裁机构非仲裁协议约定的机构，这种异议难道不是仲裁管辖权异议吗？但在《仲裁法》第二十条的制度设计下这种异议就没法提出。仲裁协议效力异议之诉是律师经常的代理业务，有关案例也非常多，裁判标准五花八门，一千个案有一千种看法，难道对一个仲裁协议作出 Yes 或 No 有那么复杂吗？

本书对此问题有比较详细的讨论，其关键在于，仲裁协议不同于一般的民事合同，不能适用《民法典》合同编通则或民事法律行为的一般规定，就如同有关婚姻家庭合同不适用《民法典》合同编通则的规定一样，有关仲裁协议的效力应适用《仲裁法》第十六条，判断其成立与否，再适用第十七条、第十八条，判断其是否无效，不是无效就是有效，没有如效力待定的第三种情形。对此，我又有一个不太恰当的、有点象循环论证逻辑但比较实用的判断方法——只要能使仲裁管辖权成立的仲裁协议就有效，仲裁协议的其他内容尽管无效或不能实行，也不影响仲裁协议的效力，这个简单判断法，律师读者不妨一试，但不要作为判断依据。

对《仲裁法》的学习研究，除了要从国际仲裁入手外，还必须熟悉《纽约公约》和《联合国国际贸易法委员会国际商事仲裁示范法》，《纽约公约》几乎是国际仲裁法界的圣经，世界上绝大多数国家都参加了该公约，其实质内容在第一条至第六条，包含了仲裁的所有重要原则，建议律师读者们背诵并熟记于心，相信对您大有裨益。《联合国国际贸易法委员会国际商事仲裁示范法》也叫非国家法，现在世界上直接把它作为本国仲裁立法内容的国家或地区已有八十多个，它对推定国际仲裁立法的统一化起了巨大作用，是仲裁成为消弥不同法律秩序差别的“万民法”“国际语言”，我在本书第三编关于《仲裁法》修改的立法理念中，特别强调应借鉴示范法。

本书是我针对律师所写的实务指导书籍，对于我本人也是第一次尝试，希望对律师读者们开展此项业务有所帮助。同时由于仲裁法学的内容浩如烟海，而本人所学只是沧海一粟，观点浅陋，错漏难免，敬请同行批评指正。

赵汉根

2020 年 11 月 10 日

目录

CONTENTS

第一编

仲裁的特点、历史沿革与基本原则

绪　论

仲裁是怎么一回事?

众所周知，当双方或多方在生意上或其他财物方面出现经济纠纷，无法协商一致解决的情况下，一般会去法院打官司，这就是民事诉讼。民事诉讼乃大众所熟知的、最普遍的争议解决方式，除此之外，还有一种和民事诉讼相类似的纠纷解决办法，那就是仲裁。本书所述“仲裁”特指商事仲裁，具体是指为解决平等主体的公民、法人和其他组织之间所发生的合同纠纷和其他财产权益纠纷的仲裁。

仲裁是按双方的意愿选定仲裁员并成立一个特定的仲裁庭，由仲裁庭审理双方之间的争议并作出终局裁决，该裁决因国家法律确认而对双方具有如同法院裁判一样的约束力。由于仲裁是基于双方的意愿而形成的，故前提是须有一个双方同意以仲裁方式解决利益纠纷的仲裁协议或者仲裁条款。该仲裁协议或者仲裁条款可以在双方进行商事交易之初就订好，也可以在纠纷出现之后双方另行协商订立。在我国的仲裁实践中，发生争议的一方当事人向仲裁机构提起仲裁后，另一方当事人会基于不同目的向中级人民法院提起确认仲裁协议效力之诉，关于该部分，笔者会在本书第四章进行详细阐述。

审理案件并作出最终裁决的主体是仲裁庭，仲裁庭是为解决该案纠纷而临时成立的，具有中立性、临时性和专业性等特点。选定或指定的仲裁员一定是除双方之外的第三人，与双方没有利益纠纷，且无利害关系，具有中立性。仲裁员的人选可以是律师、退休或辞职的法官，或其他同等能力的具有法律及经贸知识的专业人才。仲裁庭的组成人数一般为单数，可以是一人、三人或五人，根据我国《仲裁法》第三十条的规定[①]，仲裁庭一般由一人或者三人组成，对应的即是独任庭、合议庭，所以，我国目前仅存在一人或三人组成仲裁庭的情况，而国际上存在由五人组成仲裁庭的情形，单数设计便于合议时有不同意见的情况下形成多数意见。特殊情况下也有偶数的，即基于省钱、控制成本的考虑，仲裁庭由二人组成，若二人的意见一致，就可以作出裁决；若二人不能形成一致意见，则需要由此二人再公推一位公断人作出裁决。作为当事人选择的仲裁员一般应是品德高尚、通情达理、有法律及其他专业知识，有能力对争议的案件作出正确判断和裁判的人。大部分国家法律，如英国仲裁法对仲裁员的条件要求只是“独立公正”，我国《仲裁法》在第十三条规定“公道正派”，并规定了至少必须符合“三八二高”的任一种条件。事实上只有独立公正是不够的，若仲裁员滥竽充数，没有法律知识或其他专业知识，无法推进仲裁程序及作出独立判断和裁决，难保不被负责监督的法官批评，甚至导致当事人投诉，严重时会被换人，这会彻底摧毁其作为被选仲裁员的名声和赖以生存的基础。

仲裁自古就有，早在公元前350年，柏拉图在《理想国》中就提到“首先，法院应当有推选出来的裁判者，他们应当由申请人和被申请人共同选择；他们应当是仲裁员而非法官”。“仲裁”二字的含义就是“公断”“居中裁判”。中外历史上皆有史料记载，不论东方还是西方，仲裁的共性就是，将争议提交给双方信任的、具有威信的第三方审理，由第三方居间调解或裁断。我们完全有理由相信仲裁是早于诉讼出现的。在欧洲中世纪后期，地中海地区出现的“行会法院”，就是各城邦国家商人之间自发形成的解决他们之间商事纠纷并自动履行裁决的仲裁，但因不是国家法律确认的机构，故还不能认为其是现代意义上的仲裁。

第一个以法律形式规定仲裁的是英国1697年的仲裁法案，因为法律确认仲裁裁决的法律约束力，故在一方不履行裁决内容时，可以申请法院强制

---

① 《仲裁法》第三十条规定：“仲裁庭可以由三名仲裁员或者一名仲裁员组成。由三名仲裁员组成的，设首席仲裁员。”

执行该裁决。现代意义上的仲裁就是指国家确认其效力并可以申请法院强制执行的仲裁。

仲裁包括常设机构的仲裁和临时仲裁两种，事实上，在 1892 年伦敦国际仲裁院（LCIA）出现之前，世界上的仲裁只有一种，即由仲裁员组成仲裁庭进行的仲裁。仲裁裁决作出后，仲裁庭就不存在了，所以，仲裁也可以叫临时仲裁（ad hoc arbitration），拉丁文“ad hoc”意为“仅为次目的而设”，相对于仲裁机构的常设性，非机构的仲裁被称为临时仲裁是准确的。

讲到这里，我们可以引用教科书给仲裁设立的一个概念：发生争议的双方当事人，根据其在争议发生前或发生后所达成的协议，自愿将该争议提交中立的第三者进行裁判的争议解决制度和方式。

以上是各国仲裁的一般形式，和我国《仲裁法》的规定有一些不同。我国《仲裁法》规定的仲裁只是机构仲裁，故没有约定仲裁委员会或者约定的仲裁委员会不明确的仲裁协议无效；临时仲裁在我国没有法律地位，暂不被公权力承认，不能根据《仲裁法》第六十二条申请强制执行；关于仲裁庭的组成和人数，只能在仲裁机构的仲裁员名册中选定或指定一人或三人，而不是采用国际通行的“如没有协议约定，才适用仲裁地国家的仲裁法组庭”的规定；还有，首席仲裁员由当事人双方共同选定，双方不能共同选定的，由仲裁机构的主任指定，而不是采用国际通行的由各自已选定的仲裁员共同指定的做法。

我国仲裁实践发展迅猛，仲裁案件数量和标的逐年攀升，仲裁的影响力不断增强，相较而言，我国仲裁法具有一定的局限性，这也就对中国律师形成全球化的仲裁法律制度观念和国际化的仲裁思维带来一定阻力。在意思自治的仲裁法理念下，结合本国仲裁法规定处理商事纠纷，甚至涉外国际仲裁业务，即笔者写作本书的目的。

现代商事仲裁自其在地中海的城邦国家产生，就天生具有国际性。自 1958 年《承认及执行外国仲裁裁决公约》（以下简称《纽约公约》）诞生后，仲裁裁决在国际大多数法律秩序下得到承认和执行，其国际性更广泛，截至 2020 年 9 月 10 日，参加《纽约公约》的联合国会员国有

164个。[①] 我国1987年提交加入书，正式成为《纽约公约》的缔约国，承受了公约的权利和义务。因此，根据中国《仲裁法》作出的仲裁裁决也是《纽约公约》约束下的裁决，如被申请人有财产在参加《纽约公约》的某一国，中国申请人可以到该国申请法院予以承认和执行，该国对在其看来是外国仲裁裁决的中国仲裁裁决，负有根据《纽约公约》予以承认和执行的国际义务。反之，对中国亦然。

不管作为仲裁员，还是作为代理仲裁案件的律师，我们办理的案件既是国内仲裁案件，又是国际仲裁案件。故研究仲裁法，应该有国际观念，有国际视野，不能囿于中国《仲裁法》的规定，还要懂得《纽约公约》是我国仲裁法律制度的最高法律渊源。如何冲破本国仲裁程序法的制度樊篱，就要根据《纽约公约》的原则发现本国仲裁程序法只是任意法，在仲裁意思自治的大原则下大胆创新。办理仲裁业务时，还要学习掌握外国仲裁法特别是普通法国家的仲裁、合同、公司、证据等法律，这样在经办国际仲裁案件时才知道如何驾驭和推进仲裁程序，及时、正确地作出国际仲裁裁决。

律师代理仲裁案件很有意思，可以把一案当成三四个案件来操作。一是作为申请人或被申请人在案件中的代理人，代理任务就是案件本身的胜诉；二是当对方当事人向仲裁机构或者法院提出程序性异议时，己方如何快速、准确地应对；三是裁决作出之后的执行问题。

这样一来，本书涉及的仲裁知识浩如烟海。作为《中国人民大学律师学院律师操典丛书》的分册之一，作者不能奢望本书能就仲裁知识提供全面及学术性的分析，笔者希望此书能提供一套实操的知识，所以本书会涉及比较多的案例。同时，为实操需要，全面掌握仲裁法的理念会起到事半功倍的效果。

笔者曾广泛询问法学专业的学生一个问题："在大学本科阶段，仲裁法是否作为一门独立的课程讲授？"学生的回答很让人失望，一般学校是将仲

---

① 下文所言《纽约公约》的成员国总数均是指，截至2020年9月10日，《纽约公约》对164个成员国生效。2020年8月24日，埃塞俄比亚递交加入《纽约公约》文书，成为《纽约公约》第165个缔约国，公约于2020年11月22日对该国生效。2020年10月28日，塞拉利昂递交加入《纽约公约》文书，成为《纽约公约》第166个缔约国，公约于2021年1月26日对该国生效。

裁法放在民事诉讼法课程中附带讲一两节课，这和目前法学界和司法界对仲裁的认识脱节，一般认为“仲裁的程序和民事诉讼基本相同，仲裁制度的目的是解决法院案多人少问题的手段”。这也造成中国很多仲裁机构竟然只有少数仲裁员熟悉仲裁法并能运用于独立驾驭推进仲裁程序的局面，其他仲裁员在遇到仲裁程序问题时只能问仲裁机构或仲裁机构的秘书。如若到境外如我国香港地区办理仲裁或临时仲裁案件，没有机构咨询把关，该如何是好？“仲裁员不代表任何一方当事人，应公平行事，给予双方当事人充分陈述和辩论的机会”，这是仲裁的原则和对仲裁员的基本要求，笔者却经常发现仲裁员以指定方代理人的身份提交材料、发表意见、对非指定一方当事人进行针对性诘问等明显偏私的行为！

对中国而言，若仲裁只是为了解决法院案多人少的问题，仲裁制度大可不必存在。因为法院是国家裁判权的代表，其在解决纠纷中的权威性和可靠性永远是最好的，若案多人少，国家增设法院和增加法官就可以了，何必由具有一定临时性、民间性的仲裁“越俎代庖”！仲裁的起源先于诉讼，在诉讼出现后，在漫长的历史长河中与诉讼相伴而行，不因其古老而湮灭，而且在国际商事中扮演越来越重要的角色，实是由其不可替代的特点决定的。本书在接下来的第一章详细介绍仲裁的优越性，这对律师、仲裁员向客户推荐仲裁条款，同时回应来自政府部门、国有企业对仲裁的否定评价很有帮助。

仲裁法的基本原则非常重要，因为原则是法律精神最集中的体现，直接决定了法律制度的本质、内容和价值取向，也是法律适用的指导，在具体制度不明确或缺失时，指导行使自由裁量权甚至创设裁判规则，这对仲裁员非常重要。故本书的第二章集中介绍现行仲裁法的基本原则。

我国《仲裁法》的历史较短，其内容存在和国际仲裁制度接轨不够的问题，我国是《纽约公约》的成员国，必须履行该公约的义务，我国《仲裁法》的内容和国际仲裁法律制度不一致的地方在于，只能约束自己，约束不了别的公约国，这就造成我们享有的权利和我们承担的国际义务不对等，对我们国家不利，特别在我国“走出去”战略实施过程中，这个问题已经凸显。我国《仲裁法》实施已 25 个年头，主要内容还没有修改过。不是因为它完美，而是修改实在无从下手。我国现行《仲裁法》与国际仲裁制度理念和实践确实存在着一定的差距，最高人民法院至今已经发布了 30 多个关于仲裁的司法解释及答复，并于 2006 年发布了《最高人民法院关于适用〈中华人民共和国仲裁法〉若干问题的解释》（以下简称《仲裁法司法解释》），于 2017 年底，又发布了《最高人民法院关于仲裁司法审查案件报核问题的有关规定》（以下简称《仲裁司法审查报核规定》）、《最高人民法院关于审理仲裁司法审查案件若干问题的规定》（以下简称《仲裁司法审查规定》）、《最高人民法院关于人民法院办理仲裁裁决执行案件若干问题的规定》（以下简称《仲裁裁决执行规定》），在很大程度上弥补了仲裁立法的不足之处，由此可见我国仲裁法律制度还很不完善，但司法解释毕竟不能代替立法，且解释对仲裁的意思自治原则贯彻得不够，如仲裁法规范绝大部分应为任意性规范的理念不够清晰，仲裁的司法监督中撤销仲裁裁决制度和不予执行仲裁裁决制度重复问题没有解决、加强法院对仲裁的司法监督和支持协助措施也没有进步，完善仲裁立法，仍有许多重大理念和原则问题值得探究，任重而道远。

时至今日，社会上还存在仲裁独立导致仲裁员权力太大，仲裁不受约束，仲裁裁决不靠谱这种否定仲裁独立性的社会意识和观点，这样，仲裁法的原则能否真正被贯彻尚存在问题，更何谈长远发展？仲裁制度本来就包括仲裁的意思自治和司法对仲裁的监督和协助这不可分割的两方面，其理不言而喻，原无需特别强调司法对仲裁支持监督，但对于今日法院对仲裁的支持已成为仲裁学术会议中必讲的口号，实则应从反面理解。

仲裁法具有国际性，但研究仲裁法应从本国仲裁法入手，同时把研究视野放宽到国际社会和国际法律秩序中去。有趣的是，国内研究仲裁法的学者分为两派，一派是在研究民事诉讼法的基础上顺带研究仲裁法，另一派是研究国际私法的同时研究国际仲裁法，观其研究论文或者著作，极少同时将中国仲裁法和国际仲裁法融合研究。在国际视野不足的情况下，仲裁法研究的经度、纬度都不够，或者只介绍国际仲裁，论述国际上的仲裁是如何产生、发展和应用的，未与中国特色仲裁实践相结合，没有落地，缺乏土壤。本书力图解决这一问题，故在介绍中国仲裁法的同时，也根据仲裁的意思自治原则和仲裁法的程序规定应是任意性规范的原理，把国际上一些通行的仲裁程序制度一并介绍，以便大家在实务中选择适用。

我国《仲裁法》于 1994 年 8 月 31 日通过，1995 年 9 月 1 日生效并施行。该法在当时具有相当的进步性，其贯彻意思自治、一裁终局原则，确立了我国现代意义上的商事仲裁制度，同时因该法诞生于我国改革开放初期，对国际仲裁制度采取有保留借鉴的态度。该法施行至今已有 25 年，对外开放已经从引进外资模式转变为对外投资模式，“一带一路”倡议的实施要求国际商事规则特别是仲裁制度进一步与国际接轨，可见《仲裁法》应作修改了。2018 年 1 月 23 日，中共中央总书记、国家主席、中央军委主席习近平主持召开中央全面深化改革领导小组会议，审议通过了《关于建立“一带一路”国际商事争端解决机制和机构的意见》，提出推进《仲裁法》的修改。现在，《仲裁法》正在修改过程中，预计在 2022 年提交全国人民代表大会常务委员会通过，为此，本书除介绍现行《仲裁法》的原则和基本制度外，还在最后一编对《仲裁法》修改应遵循的理念和立法的框架、具体制度和建议条文进行探讨。这样，本书直至《仲裁法》修改后仍具有研究参考价值，还不至于过时。

第一章

仲裁在现代商事中的优越地位

毋庸置疑，仲裁在现代商事中具有不可替代的优越地位。

商事仲裁，就是在商事交往中，当事人各方依据合同中的仲裁条款或单独的仲裁协议，自愿将现在或将来的具有商事性质的争议提交给各方同意的仲裁庭进行审理，并作出有约束力的裁决的一种争议解决方式。费用低、高效是常被提及的仲裁的优势。但这些优势具有相对性，在不同的国家，情况可能完全不同。如费用问题，在中国，同一纠纷，当事人到法院提起诉讼包括上诉，费用可能不会高于仲裁，但在英、美等国，一般情况下，同一案件到法院起诉的费用会高于仲裁费用。而且，仲裁中没有法律援助制度，难以支付仲裁费用的当事人可能较难寻求仲裁救济，这也就体现了仲裁的民间性。关于仲裁效率，仲裁是一裁终局，诉讼是两审或三审终审制，一般情况下，后者的时间自然更长，当然也存在例外，因为每个国家的仲裁制度不同，法律对于仲裁制度不适当的诉讼化或受司法程序的过分干预，仲裁的结案速度可能没有当事人预期的那么快捷。本章将介绍仲裁的特点和局限性，并且笔者会在后面的章节中提出《仲裁法》修改的一些建议和设想。

第一节　商事仲裁的特点

商事仲裁具有以下要素：

1. 合意。仲裁必须基于当事人的合意，由这种合意衍生出仲裁庭的管辖权和其他各种权限，这种合意的表现形式是仲裁协议，即双方当事人一致同意将其争议提交仲裁的意思表示。仲裁以当事人意思自治为基础，仲裁程序的选择、仲裁员的选定、仲裁的范围甚至法律适用都以当事人的约定优先，当事人对仲裁程序起到了支配作用，仲裁程序相对灵活，这是诉讼无法做到的。

2. 准司法程序。仲裁员不是法官，不具有专职特性，但具有类似于法官的权力。仲裁员一般是具有法律专业知识或争议相关专业知识、在争议领域具有一定权威性的人，仲裁员只是兼职身份，仲裁员一定是某个具体案件的仲裁员，案件审理完毕，审理者就不再是仲裁员，其职务具有临时性。但是，仲裁庭作出的裁决与法院判决具有同等法律效力，都具有强制执行力，当事人应予履行。

3. 存在争议以及所依据的仲裁协议。仲裁协议的当事人间必须存在争议，任何不一致均构成争议，没有争议就没有仲裁。仲裁协议的约定必须是当事人之间的真实意思表示，符合法律规定，争议事项具有可仲裁性。

4. 仲裁终局性。仲裁遵循一裁终局原则，仲裁结果一锤定音，不可上诉，也不存在上一级的仲裁庭，但若仲裁程序存在违法情形，则可寻求撤销仲裁裁决或申请不予执行等救济途径。一裁终局大大降低了当事人的时间成本。

5. 裁决结果具有约束力和可执行性。仲裁裁决是国家法律确认其具有法律约束力并可以强制执行的。若负有履行义务的一方当事人在规定期限内不履行裁决事项，另一方当事人可持仲裁裁决书及生效证明（即送达证明）直接向法院申请强制执行。在上述要素中，最实质性的要素是仲裁协议的存在和仲裁裁决的法律约束力和可强制执行性，二者结合就是“意思自治”。仲裁的实质就是私法的基本原则——意思自治原则在商事纠纷解决程序上的体现。

因此，与民事诉讼相比，仲裁具有以下优越性：

1. 选择裁判者。这是仲裁最重要的特点，这也是和法院诉讼最本质的区别。仲裁中，以当事人自愿为前提，当事人享有充分的意思自治，包括自主决定是否采用仲裁方式解决争议、争议事项、选定的仲裁机构、指定仲裁员、约定仲裁程序等。意思自治也体现为程序的非形式性和灵活性。其中的指定仲裁员，就是选择裁判者，意味着当事人在一定程度上可以把握自己案件的命运，这是当事人最希望的，故可以选择裁判者成为仲裁的最大优越性。当事人一般会选择自己信任的、具有良好仲裁声誉的仲裁员，不排除自己熟悉的朋友，但必须遵守回避的规则。被指定的仲裁不代表任何一方当事人，应独立公正地行事，平等对待双方当事人。

2. 仲裁裁决是法律确认其法律效力的。当一方不履行裁决时，另一方可以申请强制执行。仲裁地在我国领域内的临时仲裁裁决，我国《仲裁法》不确认其法律效力，自贸区内除外。最高人民法院关于先予仲裁这种没有纠纷的裁决，其仲裁协议无效的批复。笔者的看法是“先予仲裁”不符合《仲裁法》第二条“平等主体的公民、法人和其他组织之间发生的合同纠纷和其他财产权益纠纷，可以仲裁”的规定，不是法律确认其效力的仲裁，所以申请强制执行没有依据。这里关键要注意“纠纷”，没有纠纷就没有诉讼、仲裁，这是一项原则。

3. 仲裁程序具有灵活性。当事人可以选择仲裁形式、仲裁机构、仲裁员、仲裁规则、仲裁程序及其适用法、仲裁协议的准据法、仲裁地、仲裁语言、友好仲裁、裁决书是否给出裁决理由、是否开庭或书面审理。体现了仲裁高度的意思自治。

4. 保密性。相对于诉讼而言，仲裁以不公开审理为原则，这是国际习惯做法。仲裁的这一特性有利于当事人保护自己的商业秘密和经营秘密，也有利于当事人在小范围内平和地解决争议，为下次合作留下可能性。我国《仲裁法》第四十条规定：“仲裁不公开进行。当事人协议公开的，可以公开进行，但涉及国家秘密的除外。”这说明仲裁之保密原则也是基于意思自治，故当事人同意公开的，就不需要保密了，但法律应当保护当事人的仲裁秘密。仲裁员、当事人、其他仲裁参与人违反保密规定有什么法律后果？我国《仲裁法》没有规定，笔者认为，除公法规定的除外，当事人享有法律保护自己的商事信息不被公之于众的保密权是一种民事权益，任何人违反都应承担侵权民事责任。

关于保密性，有的法律如香港法律，禁止任何人对仲裁不公开开庭审理的内容进行任何公开披露，禁止任何人在没有当事人同意的情况下披露仲裁的任何过程及裁决结果。违反保密义务怎么办？在香港，可以申请法官对违反保密义务者追究法律责任，不仅限于民事责任。从证据法的角度来看，香港法律的理念和原则是，没有经当事人许可的仲裁裁决书及仲裁过程中形成的笔录，因违反保密规定，不具有证据能力，不能在其他案件中作为证据使用，该保密性原则的适用更为严格。

需要注意的是，保密性不是绝对的。在申请司法复核或申请撤销仲裁裁决的情况下，法官可以调阅该仲裁案卷中的任何资料。会计师出于审计目的，可以查看仲裁的资料，但须对仲裁资料保密，不得向任何第三人泄露。鉴定机构为了出具鉴定结论，可以查看与鉴定标的、鉴定范围有关的仲裁材料，当然也须遵守保密义务。还有，上市公司应银保监会、证监会等监管机构的要求需要披露的，必须披露。

5. 国际性。仲裁天然有国际性，1923 年《关于承认仲裁条款的日内瓦议定书》（以下简称《日内瓦议定书》）、1927 年《关于执行外国仲裁裁决的日内瓦公约》（以下简称《日内瓦公约》）、1958 年《纽约公约》均赋予了仲裁裁决国际执行力，仲裁的原则在公约中有规定，故使仲裁法律制度成为国际法律。仲裁裁决和法院判决一样，同样具有法律约束力。仲裁裁决较之法院判决，更易于在国际上得到执行。

在国际商事交往中，仲裁因其可以自主选择裁判者的优势，往往成为不同国家的当事人在拟定合同争议解决条款时的最佳选择，甚至是不二选择。因为谁都不愿意将合同争议的裁判权放在对方国家法院，所以双方博弈的结果就是通过仲裁解决争议，我国大型国有企业和外国客户签订的合同中的争议解决方式，经常约定将争议提交第三国如新加坡的仲裁机构仲裁。

6. 仲裁具有效率性和经济性。简言之，就是指案件办理速度快、费用低。这是就一般情况而言的，在西方国家，仲裁的费用比法院诉讼要低。但是我国目前的司法实践中，仲裁费用一般高于法院的诉讼费用，而且没有法律援助制度。仲裁是一裁终局制，诉讼是两审终审制，一般而言，后者的时间自然更长。

7. 仲裁是专家裁判。仲裁案件常常涉及比较复杂的法律、经贸和技术问题，当事人可以指定来自各行业的行家、专家作为仲裁员，在思维上的局限性更小，在认定事实上具有明显优势。国际商事合同的当事人，选择仲裁的初衷是排除对方国家的法院对本国当事方的偏袒，但就裁判而言，法官本来就是最权威的专业人士，排除法官等于排除权威人士，替代的方法就是选择国际上有名的专家来裁判，这就导致仲裁就是专家裁断。国际仲裁中，专家作为仲裁员不一定在仲裁机构的仲裁员名册中，但一般应是专家。

我国《仲裁法》实行强制性仲裁员名册制，只能在仲裁机构的仲裁员名册中选择仲裁员，这会影响国际当事人选择中国的仲裁委员会作为合同争议的仲裁机构，但在经济全球化和一体化的趋势下，这种局限性已有所突破，包括中国国际经济贸易仲裁委员会（以下简称中国贸仲）在内，越来越多仲裁机构的仲裁规则规定，外国当事人可以在名册之外指定仲裁员，但该仲裁员人选应报仲裁机构主任依据《仲裁法》第十三条规定的仲裁员条件确认。突破《仲裁法》规定的法理基础应该是从意思自治原则出发，对《仲裁法》第十三条、第三十条、第三十一条、第三十二条的规定理解为任意性规范，这也提示我国《仲裁法》修改时应考虑采用仲裁员推荐名册制。

8. 仲裁的独立性。顾名思义，仲裁独立性是指仲裁机构、仲裁庭和仲裁员的仲裁裁决权独立，不受任何第三方（包括行政机关、社会团体和个人等）的干预。我国《仲裁法》第八条规定："仲裁依法独立进行，不受行政机关、社会团体和个人的干涉。"第十四条进一步规定："仲裁委员会独立于行政机关，与行政机关没有隶属关系。仲裁委员会之间也没有隶属关系。"在中国仲裁实践中，独立性原则主要体现在：仲裁委员会独立于行政机关；某一仲裁委员会独立于其他仲裁委员会；仲裁庭独立履行职责，不受其他外界因素的干预，也不受仲裁机构内部人员的干预。仲裁独立性原则是现代国际仲裁的生命，没有独立性的仲裁就不是《纽约公约》下的仲裁。

第二节　商事仲裁的局限性

仲裁的局限性主要体现在以下几点：

1. 仲裁存在当事人滥用意思自治的可能性。当事人之间可以通过仲裁协议约定所进行的仲裁程序，但所约定的仲裁程序可能最终无法执行，导致当事人处于尴尬境地。例如，当事人约定的仲裁机构根本不存在，或者约定的仲裁事项超出了仲裁法规定的范畴，等等。

2. 仲裁协议不约束第三人。仲裁协议仅约束签署仲裁条款的当事人，仲裁机构也仅对签署仲裁协议的当事人具有管辖权。仲裁审理过程中，仲裁庭首先要审查的便是仲裁条款，因仲裁立案时，仲裁机构的立案秘书仅作形式审查，所以仲裁庭组成后，仲裁员依然负有审查仲裁条款和适格主体的义务和责任。但也存在一些特殊情况，有些案件需要第三人参与才能达到案结事了的结果。没有仲裁条款的第三人，在双方当事人同意的情况下，申请加入该仲裁案件作为第三人，目的是便于仲裁庭查明案件事实，而且该行为并不会损害其他当事人的利益。所以，有人认为“仲裁中不存在第三人”是以偏概全的看法，一些仲裁机构的仲裁规则中对第三人有专门的规定，例如中国广州仲裁委员会对此有所规定。

3. 仲裁员的权力是有限的。仲裁员没有法官固有的职权，因此，必然要依赖于法院的支持。例如，许多国家不允许仲裁员自行采取保全措施。但此局限性与仲裁的优越性相比较，明显瑕不掩瑜。据笔者所知，在香港高等法院，国际商事案件寥寥可数，绝大多数国际商事案件都是通过仲裁解决的，仲裁的公信力很高，现代国际仲裁的优越性不言而喻。

第二章

仲裁的历史沿革与基本原则

第一节　仲裁的形成与发展

仲裁作为争议解决方式并被各个国家广泛接受与应用的历史可谓悠久。仲裁的历史发展较国家审判制度的历史更久远，也有学者称，国家审判制度源于仲裁，仲裁制度乃是原始社会私力救济向国家审判制度发展的中间过渡形态。

仲裁最早起源于奴隶制的古希腊、古罗马时期。古希腊的城邦国家之间普遍采用仲裁的方法，根据公平原则解决双方之间的争议；在简单商品经济比较发达的古罗马，以仲裁这种方式解决经济往来中纠纷的情形更加普遍。通常，当事人如果自己协商解决不了彼此之间的争议，就会找一位大家熟悉且具有威望的人居中调和解决，他作出的决定多为当事人双方信服和遵守。罗马法《民法大全》记载了当时五大法学家之一的保罗的论述："为解决争议，正如可以进行诉讼一样，也可以进行仲裁。"在古罗马的仲裁中，仲裁者根据当事人的协议进行裁断，根据"善良和公平"的标准判定当事人一方向另一方赔偿。当古罗马成为强国以后，各城邦都纷纷将争议提交元老院仲裁。元老院就是仲裁机构的雏形。

早期的仲裁一般在民间进行，主要是以道德舆论来约束当事人。此时的仲裁从形式到内容都较为简单，尚未形成国家层面上的制度。随着商品经济的进一步发展，仲裁中的一些做法逐渐固定化、制度化，久而久之形成了仲裁法律制度。

随着商品经济的进一步发展，中世纪的欧洲各国之间贸易往来日益频繁，随之而来的纠纷增多，仲裁作为一种快捷、高效的争议解决手段遂在实践中得到完善并逐步制度化、法律化，得到国家公权力的支持，形成民商争议解决的重要制度。

11 世纪开始，随着商事交易活动在地中海北部沿岸、意大利各城邦国家之间日益频繁地开展，在发生争议时，商人们通常都会自己选任中间人，采用较为简单的形式和程序，依照公平合理原则和行业惯例来处理双方之间的争议。后来，随着航海贸易的发展，这种商事仲裁方式又逐步扩展到了大西洋沿岸各主要国家。地中海沿岸各港口所采用的《商事法典》中即提到了以仲裁方式解决商事争议的问题。一些国家的地方法院也开始承认以仲裁方式解决商事争议的合法性，甚至在当时编纂的地方法典中还包含承认仲裁是解决商事争议的一种方式的成文条款。

现代意义上的仲裁制度的普遍确立却是 19 世纪中期以后的事情。仲裁作为争议解决方式之一日益受到广泛的欢迎。当时的西方各国都开始顺应时代的要求，纷纷开展仲裁立法，将其纳入国家程序法律制度的范畴，正式确认了仲裁的法律效力；此外，也希望通过国家法律的规定来严格规范仲裁活动，使其能够更加适应社会发展的需要。如法国于 1872 年修订其民事诉讼法，德国于 1877 年制定其民事诉讼法时，都专章规定了仲裁制度。瑞典于 1887 年制定了第一部专门的仲裁法令，英国于 1889 年制定了第一部专门的仲裁法，日本于 1890 年民事诉讼法典中设专章规定了仲裁程序。至此，为了顺应社会经济的快速发展，仲裁制度法律化、规范化，准司法特性更加明显和确定。

20 世纪初期，仲裁制度在国际社会得到进一步的推广和确认。更多国家先后在国内建立起本土的仲裁法律制度。20 世纪中期以后，仲裁制度进入迅速发展的阶段。此期间，各国都根据其社会发展的实际需要，多次修改或重新制定其国内仲裁法，使其仲裁制度日趋完善和成熟。例如，瑞典在对其仲裁制度进行多次改革之后，于 1999 年制定了新的仲裁法。法国则在修订其民事诉讼法中有关仲裁的规定的同时，于 1980 年 10 月颁布实施了《法兰西共和国仲裁法令》。

总体而言，仲裁制度形成以后，应社会实践的需要而迅速发展和演进，从形式到内容均发生了巨大的变化。主要表现为：（1）仲裁范围不断扩大，由传统的国内民商事仲裁扩展到国际经济贸易仲裁、海事仲裁甚至解决国与国之间经济争端的国际仲裁。（2）仲裁的居中断案之人由原先的享有一定威望的个人担任发展为设立更专业化的仲裁组织机构，各国都设立了专门的仲裁机构。这些机构在长期的仲裁实践中积累了丰富的经验，推动了仲裁法律制度的发展。（3）仲裁所依据的规则发生了变化，由最初的依原则、惯例、道德舆论等进行仲裁，发展为依据现有的实体法和程序规则进行仲裁，使得仲裁结果具有一定的可预见性。（4）从仲裁裁决的执行来看，变化也十分明显，由早先的单纯依赖当事人的自觉履行，发展到由国家确认裁决的法律效力并赋予强制执行的保障。国际商事仲裁制度的完善，不仅是各国仲裁制度日益走向现代化和国际化的必然产物，更是各国开展国际商事合作的重要法律基础。

第二节　我国仲裁法的基本原则

一、意思自治原则

意思自治即私法自治，它不仅是民法的基本原则，也是仲裁法的基本原则，仲裁实质是意思自治原则在民商事纠纷解决程序中的唯一体现。因为仲裁发生的唯一依据是争议当事人之间存在仲裁协议，而仲裁协议具有契约的本质特征，即仲裁当事人关于他们之间已经发生或将来可能发生的争议如何解决的约定。“就仲裁协议本身的性质而言，其说到底也是一种‘契约’，即当事人之间订立的如何解决他们之间争议的契约”[①]，这种约定不仅体现在作为仲裁发生依据的仲裁协议，还贯穿仲裁程序的始终，仲裁程序中当事人双方达成的一切程序协议事实上是仲裁协议的补充。所以，当事人的意愿主导整个仲裁程序，故意思自治原则是仲裁法的最大原则。

---

① 参见赵秀文主编：《国际商事仲裁法》，中国人民大学出版社 2007 年版，第 13 页。

我国仲裁法确定了意思自治原则。《仲裁法》第四条规定："当事人采用仲裁方式解决纠纷，应当双方自愿，达成仲裁协议。没有仲裁协议，一方申请仲裁的，仲裁委员会不予受理。"可见，意思自治原则涵盖了自愿原则。

意思自治原则在仲裁中体现为以下几个方面：

首先，当事人之间的仲裁协议是通过仲裁方式解决他们之间争议的基本前提条件。如果当事人之间不存在仲裁协议，就不会有仲裁解决争议方法的使用。

其次，当事人可以自主选择由谁主持仲裁程序，即仲裁庭的组成人员、适用什么样的仲裁规则进行仲裁、仲裁审理地点、仲裁使用的语言等。

再次，当事人也可以就仲裁程序和解决争议实体问题的适用法律作出选择，达成约定，可以授权仲裁庭作为友好仲裁人，按照公平合理的原则解决他们之间的争议。

最后，在仲裁程序进行的过程中，当事人还可以共同选择由仲裁庭主持调解他们之间的争议。如果达成和解协议，可由仲裁庭根据他们达成的和解协议的内容作出仲裁裁决书或调解书。如果达不成和解协议，还可以继续进行仲裁程序。而调解过程中双方所进行的陈述，不作为裁决依据。

意思自治原则非常有用，下面以中国互联网仲裁联盟制度《临时仲裁与机构仲裁对接规则》的仲裁事例予以说明。

2016 年 12 月 30 日最高人民法院公开发布《关于为自由贸易试验区建设提供司法保障的意见》，其中第九条规定："……在自贸试验区内注册的企业相互之间约定在内地特定地点、按照特定仲裁规则、由特定人员对有关争议进行仲裁的，可以认定该仲裁协议有效……"这被认为在中国有限度地打开了临时仲裁的大门，该条的重大意义还在于突破了《仲裁法》第十八条关于没有约定仲裁机构的仲裁协议无效的"红线"，也引发了国内仲裁制度的创新。2017 年 9 月 19 日的大中华仲裁论坛上，中国互联网仲裁联盟正式公布了《临时仲裁与机构仲裁对接规则》(以下简称《对接规则》)，这是一次运用仲裁法理进行的制度创新。《对接规则》的内容如下：当事人协议约定因合同引起的争议提交仲裁解决，选用《对接规则》为仲裁规则，按照该规则，仲裁庭由仲裁员库中的一人或三人组成，仲裁庭采用：(1)线下书面审理；（2）线下开庭审理；（3）线上线下相结合方式审理；（4）线上审理等四种方式中的一种方式审理并作出裁决结果，然后根据当事人的协议，将裁决结果提交给中国互联网仲裁联盟中经双方选定的任意一家仲裁机构进行确认，由该机构出具裁决书。因为仲裁裁决书是中国的仲裁机构出具的，这种仲裁是机构仲裁，仲裁机构也是当事人约定或通过其选定的仲裁庭决定的，符合《仲裁法》第十六条的规定，不违反《仲裁法》第十八条的规定，但裁决书作出前的程序事实上是临时仲裁的程序，仲裁员的选择和仲裁庭的组成突破了仲裁法规定的名册范围，其他程序也和仲裁法规定不一致。试问：按照这样的规则作出的仲裁裁决是否违反《仲裁法》第四章第一节"申请和受理"、第二节"仲裁庭的组成"、第三节"开庭和裁决"，从而符合第五十八条第一款第三项"仲裁庭的组成或者仲裁的程序违反法定程序的"撤销情形？无疑，规则表面上是违反《仲裁法》第四章的规定，但从《仲裁法》的意思自治原则出发，可以推导出仲裁法的程序规定都是任意性规范，故当事人的约定优于仲裁法规定，当事人约定的程序规则可以排除《仲裁法》规定的程序适用。而仲裁规则的法律性质只是仲裁机构制定的固定格式的规则条款，一经当事人采用，就是当事人仲裁协议的一部分，对当事人有约束力。因此当事人采用的《对接规则》并不违反《仲裁法》的强制性规定，据此仲裁而出具的裁决书是合法有效的。

当时笔者写了一篇文章对该《对接规则》进行了合法性论证，其内容要点如下：（1）按《对接规则》进行的仲裁，事实上在中国试行了临时仲裁，但并没有突破《仲裁法》第十七条和第十八条的效力性强制性规定，是合法化的制度创新。根据以上分析，在我国现有仲裁立法的背景下，仲裁制度的创新模式和路径是：意思自治—仲裁协议（包括选定的仲裁规则）—法院确认裁决。《对接规则》的仲裁和按照《最高人民法院关于为自由贸易试验区建设提供司法保障的意见》"三特定"的仲裁协议进行的临时仲裁有一定的差别，但更具有可操作性。而由于"三特定"的意见只是确认临时仲裁协议有效，突破了《仲裁法》第十八条关于"仲裁协议对仲裁事项或者仲裁委员会没有约定或者约定不明确的，当事人可以补充协议；达不成补充协议的，仲裁协议无效"之规定。仲裁裁决的可强制执行性还有待最高人民法院确认。

（2）仲裁的意思自治原则贯穿始终，在我国《仲裁法》还很不完善的情况下，建立完善的仲裁法律环境就应该在这个原则上想办法、找出路，借用仲裁规则的方法，达到创新制度的目的。（3）《仲裁法》是程序法，一般而言，程序法属于公法，其规范应属于强行性规范。但《仲裁法》是意思自治原则在程序法中的唯一体现，应该属于唯一的例外。《纽约公约》第五条在规定不予承认和执行的条件时，在其第一款第四项规定："仲裁庭的组成或仲裁程序同当事人间的协议不符，或者当事人间没有这种协议时，同进行仲裁的国家的法律不符"，该规定正是体现了"仲裁程序协议约定优于仲裁法程序规定适用"的原则。

世界上仲裁法最有代表性的1996年《英国仲裁法》，以及我国香港地区2010年11月11日采纳《联合国国际贸易法委员会国际商事仲裁示范法》(以下简称《示范法》）而修订的《仲裁条例》就是这样。因此关于《仲裁法》的程序规范除效力性的强制性规范外，应基本上是任意性规范，即属于当事人有约定时适用当事人的约定，当事人没有约定时才适用《仲裁法》的任意性规范。当事人可以通过仲裁协议约定仲裁程序，或约定采用机构的仲裁规则或联合国贸易和发展会议的仲裁规则，甚至学者拟订的公开发表的仲裁规则。因为在仲裁理论界，普遍认为当事人选定的仲裁规则是当事人意思表示的延伸，选定的仲裁规则相当于仲裁程序的"格式条款"。这些仲裁程序协议、规则，与仲裁地国家的仲裁法不相符合时，该约定应为有效。该《对接规则》的出台也给大家一个提醒，未来仲裁立法应规定对仲裁机构制定的仲裁规则进行合法性审查和备案，此职责可以由中国仲裁协会承担。

二、仲裁排除司法管辖原则

按照仲裁是当事人自己解决私权纠纷并得到法律认可这一本质属性，当事人既然约定了仲裁，就必然不想诉讼。因此，当事人约定了仲裁，其争议就不应由法院管辖处理。这就是仲裁排除司法管辖原则。我国《仲裁法》确定了这一原则，其中第五条规定："当事人达成仲裁协议，一方向人民法院起诉的，人民法院不予受理，但仲裁协议无效的除外。"从这条看，不受理意味着对仲裁协议的效力不作审查。如果要确定仲裁协议无效，就必须受理，再由合议庭对仲裁协议的效力作出认定。这就有矛盾了，既然这条是仲裁排除司法管辖原则的具体规定，就应作这样的理解：只要存在表面约束当事人的仲裁协议，法院就应不予受理，告知当事人向约定所指向的仲裁委员会申请仲裁，仲裁委员会发现仲裁协议无效，经征求双方当事人意见修改仲裁协议后，或根据表面约束标准受理后，当事人如不根据《仲裁法》第二十条向法院或仲裁委员会提出效力异议，则说明当事人接受仲裁管辖。如果当事人提起仲裁协议异议之诉，法院确定仲裁协议无效，《仲裁法》第五条的前半段条文“当事人达成仲裁协议，一方向人民法院起诉的，人民法院不予受理”当然不适用。无须在条文后面规定“但仲裁协议无效的除外”。根据意思自治原则和仲裁排除法院司法管辖的原则，又发展出了“尽量使仲裁协议有效”和“尊重和实现当事人通过仲裁解决纠纷的意愿”的司法政策。除非案件属于《仲裁法》第三条规定的、不能通过仲裁解决的纠纷，都应该由仲裁机构先受理，征求双方当事人的意见后修改成有效协议，尽量实现当事人通过仲裁解决纠纷的意愿。

在适用仲裁排除司法管辖权的原则时往往面临一些障碍，下面的案例值得我们思考。广州某基层法院，针对一宗房屋买卖合同案被告方提出的应提交仲裁之司法管辖权异议案裁定：该合同中“因本合同引起的争议，均由 ×× 仲裁机构仲裁解决”是格式条款，故该仲裁条款无效，该院对案件有管辖权。这一裁定真是一石激起千层浪，以上合同中约定的仲裁条款是《仲裁法》实施后，国务院办公厅发布的国办发〔1996〕22 号文件推荐使用的条款。该条款虽然简单，但却包含《仲裁法》第十六条规定的仲裁协议的三个要件：（1）请求仲裁的意思表示；（2）仲裁事项；（3）选定的仲裁委员会。全国 255 家仲裁机构，包括中国贸仲，都是用该条款作为推荐的仲裁条款。这个司法判例成立，意味着从根本上否定仲裁。所以，被否定的 ×× 仲裁机构自然紧张万分，高度重视，召集包括原国务院法制办领导在内的各路专家讨论，结果认为法院此裁定错误，理由是：并非所有格式条款都无效，只有《合同法》第四十条、第五十二条、第五十三条规定的提供格式条款一方免除其责任、加重对方责任、排除对方主要权利，造成对方人身伤害的免责条款，故意或过失造成他人重大财产损失的免责条款等情形才能确认格式条款无效，而仲裁条款是争议解决条款，不属于以上无效情形，故不能以格式条款为由确认无效。笔者当时参加了该专家讨论会，提出以下观点：这是一个如何贯彻《仲裁法》第五条规定的“当事人达成仲裁协议，一方向人民法院起诉的，人民法院不予受理，但仲裁协议无效的除外”的“仲裁排除司法管辖权”原则的问题，按照该条规定，法院在立案时发现合同有仲裁条款，应不予受理，告诉当事人到约定的仲裁委员会申请仲裁，在仲裁程序中，被申请人有权向仲裁委员会或法院提出仲裁协议效力异议，仲裁委员会或法院经审理决定或裁定仲裁协议无效时，当事人到法院立案，法院才受理。在此期间，有可能仲裁协议无效而当事人不提出异议，则视为当事人接受仲裁管辖。法院不应当先受理并审查仲裁协议效力，或先受理，等当事人放弃异议而实现司法管辖权，这与最高人民法院“尊重和尽量实现当事人通过仲裁解决争议的意愿”的仲裁司法政策是不相符的。

三、依法裁决和当事人同意下的友好仲裁相结合原则

独立公正是仲裁的生命，不独立公正的仲裁将会受到全社会的唾弃，仲裁也因此丧失公信力而无法生存下去。我国《仲裁法》第七条规定：“仲裁应当根据事实，符合法律规定，公平合理地解决纠纷。”该条法律规定确定了“依法仲裁”原则，“公平合理”是依法裁判所要达到的目的和效果。

《仲裁法》第八条规定：“仲裁依法独立进行，不受行政机关、社会团体和个人的干涉。”该条确定了“独立仲裁”原则。实际上仲裁过程也应不受司法机关——法院的干涉，法院对仲裁的监督是仲裁程序结束后的监督。对仲裁管辖权的异议审查不涉及仲裁实体审理和裁决。而且所谓仲裁，当然是指有管辖权的仲裁，没有管辖权的仲裁不能进行下去或虽进行下去但最终会被撤销。法院对仲裁的支持不是干涉仲裁。《仲裁法》第十四条又进一步规定，“仲裁委员会独立于行政机关，与行政机关没有隶属关系。仲裁委员会之间也没有隶属关系”，该条明确了仲裁机构的独立性。机构不独立，仲裁程序和结果就不可能独立和公正。仲裁机构之间没有隶属关系，也是相互独立的问题，意味着不存在上一级的仲裁庭，仲裁庭只能独立审案，独立作出裁决结果，并且一裁终局。从以上分析可知，《仲裁法》第八条的规定还是

不完善的，只是强调了依法裁判原则，笔者认为将来《仲裁法》修改时应把“自然公正原则”的内涵体现出来。

按照仲裁的意思自治原则，在双方当事人都同意的情况下，可以不根据法律，而按仲裁员认为的公允和正义的价值观进行仲裁，这样的仲裁就叫作友好仲裁。友好仲裁和独立公正、依法裁判原则并不冲突，而是互相补充。友好仲裁原则在《仲裁法》第八条没有体现，但我国《仲裁法》是有关于友好仲裁制度规定的：

第一，《仲裁法》第五十四条规定：“裁决书应当写明仲裁请求、争议事实、裁决理由、裁决结果、仲裁费用的负担和裁决日期。当事人协议不愿写明争议事实和裁决理由的，可以不写……”当事人协议不写明争议事实和裁决理由，意味着有可能不按法律规定裁决，而当事人对此没有异议，这就是友好仲裁。

第二，《仲裁法》第四十九条、第五十条规定的和解，第五十一条、第五十二条规定的调解，均可以根据和解、调解协议作出裁决书，与友好仲裁实质上一致。

第三，国际仲裁法理，不写裁决理由的裁决、调解或和解的裁决书和友好仲裁的裁决一样，都不支持向法院要求撤销仲裁裁决的司法复审。

总而言之，公正独立依法裁决和友好仲裁相结合，应是我国《仲裁法》的基本原则。

案例指引

以下为上海市第一中级人民法院审查撤裁申请人某发电公司与被申请撤销人某工程勘察院案，可以帮助我们更好地理解和思考调解和友好仲裁的理念。

案情简介

撤裁申请人某发电公司称，2019 年 5 月，申请人接到江苏省仪征市人民法院（2019）苏 1081 执 922 号案件执行通知，得知在申请人不知情的情况下，案外人顾某伪造申请人的公章、委托手续，代表申请人参与了上海仲裁委员会（2018）沪仲案字第2800号案件的仲裁，并与被申请人达成调解协议，该仲裁案件的调解书、仲裁通知等均未向申请人送达，严重侵害了申请人的利益。据此，某发电公司依据我国《仲裁法》第五十八条第一款第一项、第三项、第四项的规定，请求上海市第一中级人民法院撤销（2018）沪仲案字第2800号调解书。

被撤销申请人某工程勘察院的答辩意见：根据法律规定，当事人只能对仲裁裁决提出撤销申请，而本案涉及的是仲裁调解书，故申请人的申请缺乏法律依据。此外，仲裁程序并未违反法定程序，申请人的申请应予驳回。[①]

法院裁判

法院查明：2018年9月28日，某工程勘察院依据其与某发电公司签订的两份《某发电工程勘测合同》中的仲裁条款向上海仲裁委员会提出仲裁申请，请求裁决：（1）某发电公司按合同约定支付某工程勘察院工程勘察费584000元；（2）仲裁费由某发电公司承担。上海仲裁委员会于2018年10月19日受理该案。仲裁中，案外人顾某向仲裁庭提交了由“于某”签字并盖有某发电公司印章的授权委托书，顾某凭此授权委托书代理某发电公司出庭参加审理，并与某工程勘察院达成调解协议。2018年11月30日，上海仲裁委员会出具（2018）沪仲案字第2800号调解书，对双方当事人签署的调解协议的内容予以确认。后因某发电公司未按调解书履行付款义务，某工程勘察院向江苏省仪征市人民法院申请执行，该院以（2019）苏1081执992号立案执行。本案审理中，某发电公司向本院提交了南京东南司法鉴定中心出具的司法鉴定意见书，并依据鉴定结论主张顾某向仲裁庭提交的授权委托书上的“于某”的签字以及某发电公司的印章均系伪造。

我国《仲裁法》第五十八条规定了当事人可以申请撤销裁决的几种情形，但未规定当事人可以向人民法院申请撤销仲裁调解书。对于上述条款的理解，双方当事人意见不一致。申请人认为，《仲裁裁决执行规定》第一条已将仲裁裁决扩大到仲裁调解书，故对于《仲裁法》第五十八条中的“裁决”

① 上海市第一中级人民法院（2019）沪01民特555号民事裁定书。

也应作扩大解释，此条文中的“裁决”应当包括仲裁中的所有有效法律文书。对此，本院认为，人民法院对于仲裁司法监督实行的是有限监督原则，在法律未授权法院行使撤销仲裁调解书的权力的情况下，法院不得超越法律规定行使。《仲裁裁决执行规定》第一条虽然将仲裁调解书的执行案件包含在仲裁裁决执行案件的范围之内，但在其他条款中将仲裁裁决和仲裁调解书作出了明确的区分，尤其是针对当事人申请不予执行的相关规定，更能看出人民法院对于仲裁裁决和仲裁调解书的司法监督是有所不同的，故根据最高人民法院的上述规定，本院无法得出我国《仲裁法》第五十八条中的“裁决”包括仲裁调解书的结论，申请人向本院申请撤销仲裁调解书缺乏法律依据，本院难以支持。鉴于本案审查的基础不具备，本院对申请人提出的各项撤销事由不再进行审查。据此，依照《仲裁法》第六十条之规定，裁定如下：驳回申请人某发电公司的申请。

笔者观点

以上案例，笔者的看法和意见是：纯粹从法理上考虑，调解书并非绝对不能撤销。仲裁庭处理纠纷的结果表现就是出具裁决书或调解书这两种形式，我国《仲裁法》第五十一条规定，裁决书和调解书具有同等法律效力。该条同时规定，仲裁庭也可以根据当事人调解协议的结果出具裁决书。在这种情况下，裁决书和调解书是完全相同的，其可以被撤销，撤销的条件也应相同。但二者并不完全一样。调解书体现当事人的意思自治比裁决书的程度更高，类似于友好仲裁，在国际上，友好仲裁裁决和不需要给出裁决理由的仲裁裁决，是不能上诉的，也就不得申请撤销。

在《关于申请人南方国际租赁有限公司申请撤销深圳仲裁委员会〔007〕深仲调字第20-1号补正调解书一案的请示的复函》(〔2010〕民四他字第45号）中最高人民法院认为“对于涉外和涉港澳台的仲裁调解书，可以按照《仲裁法》第七十条的规定撤销”。在《关于人民法院应否受理撤销仲裁调解书申请的复函》(〔2013〕民四他字第39号）中最高人民法院指出，根据《仲裁法》第五十八条第一款的规定，当事人可以向人民法院申请撤销仲裁裁决，该法第五十一条同时又规定，仲裁调解书与仲裁裁决书具有同等法律效力，这就意味着，仲裁调解书也应纳入司法审查的范围。据此，根据最高人民法院的观点，无论是涉外仲裁中的调解书还是纯国内仲裁中的调解书均可参照裁决书的撤销事由予以审查。但是，在《最高人民法院研究室关于人民法院应否受理当事人提起的申请撤销仲裁调解书之诉问题的研究意见》中，最高人民法院研究室却对此持否定的观点。其主要观点和理由为两点：第一，《仲裁法》只规定了裁决书的撤销，因此，人民法院受理当事人申请撤销仲裁调解书并无法律依据。第二，当事人之间达成仲裁调解书，是当事人处分自己的私权、平等协商形成合意的结果，司法权作为国家公权力不可过多干预。即从减少对当事人意思自治的职权干预、坚持仲裁司法监督有限原则而言，人民法院不应受理当事人提起的申请撤销仲裁调解书之诉。对此笔者认为，上述最高人民法院研究室的第一点观点不合适，第二点观点是正确的，对于调解书能否撤销的问题，笔者认为：仲裁调解书和裁决书是基本相同的仲裁法律文书，但基于调解书比裁决书就裁判结果体现了当事人更多的合意，故调解书一般否定撤销申请或否定不予执行申请。但在出席仲裁庭的被申请人代表是冒名顶替、授权文书是伪造的情况下，让被冒名顶替一方承担不代表其意愿的调解书的债务，有违公序良俗，调解书应予撤销。

最高人民法院在《仲裁裁决执行规定》中也支持调解书可以不予执行。我国《仲裁法》规定的撤销仲裁裁决和不予执行仲裁裁决的对象都是仲裁裁决书，故此两者事实上是相同的司法监督措施，学理上称双轨制监督。《仲裁法司法解释》第二十八条规定“当事人请求不予执行仲裁调解书或者根据当事人之间的和解协议作出的仲裁裁决书的，人民法院不予支持”。《仲裁裁决执行规定》第十七条规定，被执行人申请不予执行人民法院仲裁调解书或者根据当事人之间的和解协议、调解协议作出的仲裁裁决，人民法院不予支持，但该仲裁调解书或者仲裁裁决违背社会公共利益的除外。因社会公共利益原因仲裁调解书可以不予执行或撤销，这就说明仲裁调解书并不是不可撤销的。因此，仲裁调解书不是因为《仲裁法》第五十八条没有明确包括而不能撤销，而是因为仲裁调解书类似于友好仲裁，一般不给予当事人向法院申请司法复核的机会。

但上述案例的情况未必是伪造和冒名顶替，需要从事实上查清楚。查明事实的关键问题是：（1）仲裁通知和指定仲裁员的通知、仲裁申请书是否有效送达被申请人？（2）如已送达，被申请人为何缺席仲裁庭审？（3）如被申请人真的决定缺席，则意味被申请人放弃对仲裁程序、证据质证、裁决结果的异议权，为何又在仲裁程序结束后提出异议？（4）顾某冒充被申请人出席仲裁庭又与申请人达成一个被申请人想通过仲裁程序撤销的调解书有什么好处？除非顾某是申请人安排的。若是申请人事先知道被申请人将缺席而安排了一个冒充的人，还不如任由被申请人缺席而取得的胜诉利益大。（5）几个问题提出后，大致可以推知顾某出席仲裁开庭时是不是被申请人安排的，假章是不是被申请人自己盖的。

四、独立仲裁和司法监督相制约原则

我国《仲裁法》第八条规定："仲裁依法独立进行，不受行政机关、社会团体和个人的干涉。"第六条规定："仲裁委员会应当由当事人协议选定。仲裁不实行级别管辖和地域管辖。"第十四条规定："仲裁委员会独立于行政机关，与行政机关没有隶属关系。仲裁委员会之间也没有隶属关系。"以上法律规定确定了仲裁和仲裁机构的独立性，说明仲裁要去行政化，不实行级别管辖，没有上级仲裁庭。

《仲裁法》第九条规定："裁决被人民法院依法裁定撤销或者不予执行的，当事人就该纠纷可以根据双方重新达成的仲裁协议申请仲裁，也可以向人民法院起诉。"第五十八条规定："当事人提出证据证明裁决有下列情形之一的，可以向仲裁委员会所在地的中级人民法院申请撤销裁决：（一）没有仲裁协议的；（二）裁决的事项不属于仲裁协议的范围或者仲裁委员会无权仲裁的；（三）仲裁庭的组成或者仲裁的程序违反法定程序的；（四）裁决所根据的证据是伪造的；（五）对方当事人隐瞒了足以影响公正裁决的证据的；（六）仲裁员在仲裁该案时有索贿受贿，徇私舞弊，枉法裁决行为的。人民法院经组成合议庭审查核实裁决有前款规定情形之一的，应当裁定撤销。人民法院认定该裁决违背社会公共利益的，应当裁定撤销。"以上法律条文是关于司法监督的，仲裁的司法监督是全世界仲裁立法都有的，独立仲裁和司法监督是仲裁制度不可分割的两个方面。这两方面结合才能既保障仲裁的独立性和公正性，又不受其他第三人的不恰当干预，同时也给予当事人一定的救济途径。关于仲裁的司法监督，本书将在第十章详细论述。

五、一裁终局原则

我国《仲裁法》第九条规定："仲裁实行一裁终局的制度。裁决作出后，当事人就同一纠纷再申请仲裁或者向人民法院起诉的，仲裁委员会或者人民法院不予受理……"一裁终局，即裁决作出后当事人没有上诉途径，这是由仲裁的独立性决定的，因为不存在上下级仲裁庭，所以只能够一裁终局。此规定后半段是一案不再理的内容，笔者认为，两个内容不同的规定放一起，立法的逻辑结构有问题。

关于一裁终局原则在仲裁实践中的应用，笔者用以下案例作分析。

案例指引

北京市第四中级人民法院在申请人某会社与被申请人某街管委会关于裁定撤销中国贸仲作出的〔2018〕中国贸仲京裁字第 0913 号裁决书一案中的处理，值得根据一裁终局和一案不再理的原则进行思考。关于该撤裁案件，笔者观点与法院不同。

案情简介

申请人某会社申请撤销上述裁决，理由为：一是 0913 号裁决认定的某餐厅出资问题错误，裁决错误。某会社所提出的三项仲裁申请是建立在已经生效的〔2014〕中国贸仲京裁字第 1029 号、〔2015〕中国贸仲京裁字第 1198 号裁决书基础上的合理请求，理应获得支持。以上足以证明〔2018〕中国贸仲京裁字第 0913 号裁决认定的某餐厅出资问题错误，裁决错误。二是裁决无权对某餐厅出资及违约问题再次进行认定。（1）中国贸仲已对某餐厅出资及违约问题作出过裁决，〔2014〕中国贸仲京裁字第 1029 号、〔2015〕中国贸仲京裁字第 1198 号裁决书分别从建筑物所有权出资，出资不到位及违约等方面对某餐厅出资问题进行了认定。（2）〔2018〕中国贸仲京裁字第 0913

号裁决再次对某餐厅出资及违约问题进行认定违背一事不再理的诉讼原则。（3）裁决对某餐厅出资问题再次进行认定的做法违反《仲裁法》规定。三是裁决关于建筑物土地使用权与建筑物产权登记之间关系的认定违背法律及与此有关的社会公共利益。[①]

法院裁判

北京市第四中级人民法院的意见为：

某会社系在日本国注册成立的企业法人，故本案所涉及的0913号裁决为涉外仲裁裁决。关于涉外仲裁裁决，《仲裁法》第七十条规定："当事人提出证据证明涉外仲裁裁决有民事诉讼法第二百五十八条（该法修正后的第二百七十四条）第一款规定的情形之一的，经人民法院组成合议庭审查核实，裁定撤销。"《民事诉讼法》（2017年修正）第二百七十四条规定："对中华人民共和国涉外仲裁机构作出的裁决，被申请人提出证据证明仲裁裁决有下列情形之一的，经人民法院组成合议庭审查核实，裁定不予执行：（一）当事人在合同中没有订有仲裁条款或者事后没有达成书面仲裁协议的；（二）被申请人没有得到指定仲裁员或者进行仲裁程序的通知，或者由于其他不属于被申请人负责的原因未能陈述意见的；（三）仲裁庭的组成或者仲裁的程序与仲裁规则不符的；（四）裁决的事项不属于仲裁协议的范围或者仲裁机构无权仲裁的。人民法院认定执行该裁决违背社会公共利益的，裁定不予执行。"本院将依据上述法律规定对本案进行审查。

本案中某会社要求撤销涉案0913号裁决的第一项理由指向"仲裁庭错误认定事实"，但根据本院引述法律依据，仲裁庭对于案件事实认定是否正确不属于撤销仲裁裁决案件的审查范围，故本院对此不予审查。

某会社还提出0913号裁决违背社会公共利益，就此本院认为，0913号裁决仅仅在双方当事人之间设定权利义务，不涉及案外人权益，与社会公共利益无关。至于仲裁庭适用法律是否正确，不属于本案审查范围，且亦与社会公共利益无关。

---

① 北京市第四中级人民法院（2019）京04民特105号民事裁定书。

但是本院注意到，根据本案查明的事实，某会社就同一合同项下争议，先后以不同的仲裁请求，三次以某街管委会为仲裁被申请人提起仲裁。其中第二次仲裁裁决，即〔2015〕中国贸仲京裁字第1198号裁决，主文部分已经明确裁决“确认某街管委会未完整履行本案合同第九条及附件一明确的出资义务”。基于该裁决，某会社提起第三次也就是本案仲裁申请，要求某街管委会继续履行合同第九条约定的出资义务。但是第三次仲裁期间，仲裁庭却对已经发生法律效力的〔2015〕中国贸仲京裁字第1198号裁决项重新进行了审查，并作出相反判断，认定某街管委会不构成违约，在此基础上驳回了某会社本次仲裁请求。

对比〔2015〕中国贸仲京裁字第1198号裁决以及0913号裁决，两案当事人相同，诉讼标的相同，且0913号裁决实质否定前案裁决。鉴于0913号裁决涉嫌违反一裁终局制度以及《仲裁规则》第四十九条第九项规定，根据《仲裁司法审查报核规定》第二条第一款之规定，本院向上级法院报请审核。

上级法院经审查认为，某会社申请撤销0913号仲裁裁决的理由涉及案件的实体认定，仲裁庭作出0913号仲裁裁决的程序合法，本案不存在《仲裁法》第七十条和《民事诉讼法》第二百七十四条对涉外案件仲裁裁决撤销的情形，故某会社申请撤销0913号仲裁裁决的理由不成立，其申请应予驳回。因此，本院对某会社请求撤销0913号裁决的申请不予支持。

基于相同理由，本院对某会社要求重新进行仲裁的申请亦不予支持。

据上述意见，最终裁定驳回某会社的申请。

笔者观点

笔者认为，本案关于一案不再理问题的处理，应适用《仲裁法》第九条第一款后半段“裁决作出后，当事人就同一纠纷再申请仲裁或者向人民法院起诉的，仲裁委员会或者人民法院不予受理”。此问题不是不得上诉的一裁终局问题，也不涉及既判力问题。前后三个裁决，第一个裁决作出后，第二个裁决基于第一个裁决的结果，提出不同的合同请求权，不属于一案再理。而第三个裁决在事实认定上否定了第一个裁决确认的“支持某会社关于合同第九条的‘建筑物出资’为建筑物所有权出资而非建筑物使用权出资的仲裁请求”，在裁决内容上否定了第二个裁决“确认某街管委会未完整履行本案合同第九条及附件一明确的出资义务”构成一案再审。对于违反一案不再审问题的救济，仲裁法没有具体规定，笔者认为，按照《仲裁法》第九条规定“仲裁实行一裁终局的制度。裁决作出后，当事人就同一纠纷再申请仲裁或者向人民法院起诉的，仲裁委员会或者人民法院不予受理”。同一纠纷，第一个裁决作出后，不应当再有另一仲裁案件，仲裁委员会不再有权受理此种案件。《仲裁法》第七十条规定，“当事人提出证据证明涉外仲裁裁决有民事诉讼法第二百五十八条（该法 2017 年修正后的第二百七十四条）第一款规定的情形之一的，经人民法院组成合议庭审查核实，裁定撤销”。《民事诉讼法》（2017 年修正）第二百七十四条第一款规定：“对中华人民共和国涉外仲裁机构作出的裁决，被申请人提出证据证明仲裁裁决有下列情形之一的，经人民法院组成合议庭审查核实，裁定不予执行：……（四）裁决的事项不属于仲裁协议的范围或者仲裁机构无权仲裁的。”本案中第三个仲裁裁决属于以上第四项规定的“仲裁机构无权仲裁”的情形，应裁定撤销。

至于本案可能事实上存在第一个裁决和第二个裁决明显适用法律错误而裁决明显错误，有无纠错机制问题，有待《仲裁法》修改时在第五十八条可以撤销情形中参考英国立法例增加一条“明显适用法律错误”。总之，笔者认为，该案例中第三个裁决明显违反《仲裁法》第九条规定的一案不再理规定，应予撤销。

第二编

仲裁基本制度与仲裁司法监督

第三章

可仲裁性

第一节　可仲裁性概述

可仲裁性（Arbitrability），或称仲裁的适用范围，是指依一国法律规定，哪些争议可通过仲裁解决，哪些争议不能通过仲裁解决。简而言之，可仲裁性问题就是民商事争议能否约定仲裁解决的问题。它涉及国家对仲裁这一非司法机制解决争议的授权范围。通常来讲，没有仲裁协议就没有仲裁，反过来，有仲裁协议不一定有仲裁，例如仲裁协议无效就没有仲裁。

可仲裁性包括下列两种含义：一是当事人没有约定的事项不可提交仲裁、不具有可仲裁性；二是即便是当事人约定的事项，也并不必然可以仲裁和具有可仲裁性，即当事人约定的仲裁事项必须不能超越仲裁法律规定的范畴。本节主要研究的是后者，即法律对仲裁制度本身的限制。

我国《仲裁法》规定了仲裁协议的成立要件应当具备：仲裁的意思表示、仲裁事项、选定的仲裁委员会，包含这三项内容的协议可以叫仲裁协议，而要成为有效的仲裁协议还得具备“不得违反法律的效力性强制性规定”这一条件。我国《仲裁法》第十七条、第十八条规定以下行为因违反效力性强制性规定而导致仲裁协议无效：（1）约定的仲裁事项超出法律规定的仲裁范围的；（2）无民事行为能力人或者限制民事行为能力人订立的仲裁协议；（3）一方采取胁迫手段，迫使对方订立仲裁协议的；（4）没有约定仲裁委员会或者仲裁委员会约定不明确又不能达成约定明确仲裁委员会的补偿协议的。其中第一项就是可仲裁性问题，约定的仲裁事项超出法律规定的仲裁范围，导致仲裁协议无效，也就是说，争议标的具有可仲裁性是仲裁协议生效的先决条件。

更值得关注的是，各个国家关于可仲裁性的不同规定在国际上发生冲突，导致裁决不能跨国执行。在国际仲裁案件中，如果A国规定某些争议可以通过仲裁解决，而B国规定不可以，则若欲在B国执行A国仲裁裁决，裁决将因为法律上的冲突而无法在B国得到承认和执行。该案例很简单且明了地体现了执行阶段可仲裁性在国际上的冲突。

一些国际性法律文件规定了可仲裁性对于裁决执行的重要性，但并不能解决上述因法律冲突导致的可仲裁性对裁决的影响。如1923年《日内瓦议定书》限定仲裁协议为“涉及商事或其他能够通过仲裁解决的事项”。《纽约公约》规定，缔约国有义务承认符合以下条件的仲裁协议并使之产生效力：当事人以书面协定承允彼此间所发生或可能发生之一切或任何争议，如关涉可以仲裁解决事项之确定法律关系，不论为契约性质与否，应提交仲裁时，各缔约国应承认此项协定。《纽约公约》第一条第三项同时规定了缔约国可以声明商事保留，即缔约国承认和执行裁决的义务只适用于根据本国法律属于商事法律关系，无论为契约与否。《示范法》规定拒绝执行的理由和《纽约公约》规定一致：（1）该国法律规定争议标的不能通过仲裁解决；或者（2）承认执行该裁决将会违反该国的公共政策。所以，国际商事仲裁中，裁决能否被执行，需要看在裁决作出地或执行地是否具有可仲裁性。

现在实践中还存在一个难点，按照国际商事仲裁的发展趋势，反不正当竞争或反垄断争议、知识产权争议（除专利商标授权的合法性）、证券交易纠纷、与合同相关的侵权纠纷（不包括人身损害赔偿）等，都在多个国家具有可仲裁性，且得到司法公权力的确认。关于特殊类型争议的可仲裁性，会在本章第三节详述。

第二节　可仲裁性的立法规范

对可仲裁性如何规定是仲裁立法上的一个难题。按一般原理，现代仲裁作为民事诉讼之外解决民商事纠纷的另一种重要方式，其范围应是民事诉讼的一部分，且这部分是当事人之间订有仲裁协议的；其中，即便当事人约定了仲裁管辖条款，但是约定事项是法律规定的不可仲裁的事项，基于司法管辖的强制性，该部分约定也是无效的。也就是说，当事人可以约定提交仲裁管辖的争议范围，但并非由当事人随心所欲。原因在于，仲裁是一种会产生公共后果的私人程序，合法的仲裁裁决会被国家公权力确认并得到执行，出于公共政策的考虑，法律规定某些类型的争议只能由国家法院管辖。例如，《法国民法典》第二千零五十九条虽然规定“所有的人均可签订有关其可自由处分的权利的仲裁协议”，但第二千零六十条进一步规定“当事人对特定领域的争议（如家事法）不得约定仲裁”，并且，更为重要的是，在所有涉及公共利益的事项上不得约定仲裁。

我国《仲裁法》采用概括性和列举性相结合的方式对可仲裁性进行规定，是一种较为完整的规定方式，虽然如此，还是有缺陷。我国《仲裁法》第二条、第三条构成可仲裁性的内容。第二条规定：“平等主体的公民、法人和其他组织之间发生的合同纠纷和其他财产权益纠纷，可以仲裁。”此乃概括性规定，意思是凡民商事纠纷中有仲裁协议的那部分应当仲裁解决。民商事纠纷一般都是通过诉讼解决，而一旦有仲裁条款，就排除司法管辖，由仲裁处理；但不是所有的民事诉讼只要加上当事人之间签订仲裁协议这一因素就都可以由仲裁解决。所以在此基础上还要用减法，我国《仲裁法》用列举性条文减去一部分不可仲裁的民商事案件，其中第三条规定，婚姻、收养、监护、扶养、继承纠纷和依法应由行政机关处理的行政争议不能仲裁。第三条是列举性条文，但笔者认为，该条文不够严密：（1）不完整。既然排除了婚姻、收养、监护、扶养、继承等纠纷的可仲裁性，那家庭成员法律地位及法律关系、赡养关系、人身伤害侵权、人格权损害等涉及人身关系的纠纷为什么不排除？列举立法较明确具体，有利于判断一个争议有无可仲裁性，但存在不完整性的缺陷。（2）为什么要规定“行政争议”？行政争议本来就不在《仲裁法》规定的平等主体之间的合同和其他财产纠纷的仲裁范围之内，该规定是否多此一举？事实上立法有其更深一层的考虑，如果行政机关作为平等主体签署民事法律关系的合同，应该是可以仲裁的，故第二条不是直接规定“民商事争议”，而是规定“平等主体的公民、法人和其他组织”。但如果规定“依法应由行政机关处理的行政争议不能仲裁”，而没有“行政机关作为平等主体签署民事法律关系的合同的争议除外”的规定，立法的行文就不通顺，显得突兀。因此，以后仲裁法修改时，第二条建议修改为：“平等主体的公民、法人和其他组织之间发生的合同纠纷和其他财产权益纠纷，可以仲裁。本法和其他法律规定不能仲裁的除外。”第三条建议修改为：“下列纠纷不能仲裁：（一）婚姻家庭、收养、监护、扶养、赡养、继承纠纷和人身权、人格权损害赔偿纠纷；（二）依法应当由行政机关处理的行政争议。行政机关以平等主体身份参加民事法律关系的合同纠纷除外。”

根据我国现行《仲裁法》规定，除行政争议及一部分婚姻家事方面的非商事争议之外，其他的民商事争议都可以仲裁。故目前国际上有可仲裁性的反垄断和反不正当竞争争议、知识产权的权利有效性争议、证券投资争议、BOT 特许权协议争议、PPP 特许经营合同争议，在我国都是可以仲裁的，除非以后相关法律规定该类案件不可仲裁。《仲裁法》第二条规定：“平等主体的公民、法人和其他组织之间发生的合同纠纷和其他财产权益纠纷，可以仲裁。”第五条规定，“当事人达成仲裁协议，一方向人民法院起诉的，人民法院不予受理”，因此，凡是民商事纠纷中有仲裁协议的那部分均可提交仲裁。这就解决了有的法律条文中只规定“有权向法院起诉”的事项，只要当事人达成仲裁条款，就应提交仲裁的问题。如《公司法》第二十二条规定，“公司股东会或者股东大会、董事会的决议内容违反法律、行政法规的无效，股东会或者股东大会、董事会的会议召集程序、表决方式违反法律、行政法规或者公司章程，或者决议内容违反公司章程的，股东可以自决议作出之日起六十天内，请求人民法院撤销”，如果公司章程有约定仲裁条款，则应由仲裁审理该撤销问题。

“其他法律规定不可仲裁的合同或其他财产纠纷”，法理上具体应是指哪方面纠纷？笔者认为，这是由一个国家对仲裁范围的立法理念和价值取向决定的。一般法律规定不应提交仲裁解决的争议是非商事性的如家庭关系、人身权、人格权的纠纷，或者涉及公共利益的如反不正当竞争或反垄断争议或证券争议，或者与当事人无权作出处分的行政权力如行政许可权、登记权、确认权有关的合同。各个国家在立法时，排除仲裁审理的考虑因素主要为“特定领域”“非商事性的家事纠纷”“具有公共利益的所有事项”“当事人不能自主处分合同项下权利义务”等，以上所列均是不可仲裁的。世界各国的立法例，多有以下表述：“一切具有财产性质的争议均可提交仲裁”“法律不准许和解与调解解决争端，不能提交仲裁，否则仲裁无效”“涉及个人法律能力和地位的争端、国家及其财产的某些争端、道德情感和可接受的标准的争端排除在仲裁范围之外。”

意大利公司诉伊拉克国防部案可以给我们很好的启发：当事人意大利船舶制造商（Fincantieri–Cantieri Navali Italiani SPA，Italy）与伊拉克国防部（Ministry of Defense，Armament and Supply Direco–rate of Iraq，Republic of Iraq）订立了向伊拉克海军提供轻型护卫舰若干的合同，所有的合同都约定了仲裁条款：“由于本合同引起的所有争议，应当最终由巴黎商会依据该会仲裁与调解规则并根据该规则指定的三位仲裁员仲裁解决。”合同订立后，伊拉克入侵科威特。1990 年 8 月，联合国安理会宣布对伊拉克实行禁运。此后不久，欧盟和意大利也先后通过了对伊拉克禁运法。在对伊拉克实施禁运时，意大利各厂商与伊拉克国防部订立的多数合同项下的轻型护卫舰都还没有开始生产或者交付。于是，双方当事人之间就合同的履行发生了争议。意大利当事人将此争议提交当地法院依据意大利的法律进行了审理。1990 年 8 月 6 日和 23 日，意大利颁布了两项对伊拉克实施禁运的法令，禁止意大利公民与伊拉克做生意。在此情况下，意大利的当事人向热那亚一审法院起诉称，他们与伊拉克国防部订立的合同已经落空，并请求损害赔偿。而伊拉克当事人则对法院的管辖权提出异议，称法院应当按照合同中的规定，将争议提交仲裁解决。一审法院支持了伊拉克当事人的请求，认定法院对本案争议无管辖权，当事人应当按照合同中的规定，将争议提交仲裁解决，而上诉法院推翻了一审法院的判决，认为本案合同争议的性质由于意大利对伊拉克的禁令而发生了根本性的转变，在禁运令发布之前属于可以通过仲裁解决的事项，而在禁运令发布之后，争议事项成为不能通过仲裁解决的事项，因为当事人再也不能自由地处置合同项下的权利与义务。而对于不能通过仲裁解决的事项，仲裁庭无权作出裁决。本案涉及的法律问题是：在意大利对伊拉克实行禁运的情况下，意大利公司此前与伊拉克国防部订立的合同引起的争议，是否应当按照合同中的仲裁条款通过仲裁的方法解决？还是在禁令颁布后，该合同项下的争议再也不属于可以通过仲裁解决的事项了？[①]

由此案可以得出结论，可仲裁性的范围也随着国家的经济政策和外交、国防政策的变化而变化。

第三节　特殊类型纠纷的可仲裁性探讨

一、侵权争议

侵权包括对他人财产权利的侵犯和对他人人身权利的侵犯两个方面。根据我国《仲裁法》第二条限定性规定，对他人人身权利的侵犯是不可仲裁的。事实上，我国《仲裁法》第三条所列举的婚姻、收养、监护、扶养、继承等纠纷很多情况下是侵权争议，不能仲裁，自不待言。值得关注的问题是，侵犯财产权利的侵权纠纷能否提交仲裁？若言侵犯财产权益的侵权纠纷不能仲裁，该观点过时已久。在1994年我国《仲裁法》颁布前后，曾出现两个代表性案例，**一是某进出口公司诉某工业资源公司钢材买卖合同案**，某进出口公司以受欺骗为由对某工业资源公司提起诉讼，某工业资源公司提出合同中订有仲裁条款，法院没有管辖权的抗辩，该抗辩被上海市高级人民法院驳回。上海市高级人民法院判称，某工业资源公司在无钢材的情况下，谎称货物已备妥，诱使某进出口公司签订合同修改协议书，又伪造全套单据骗取货款，某工业资源公司利用合同形式诈骗，已超出合同履行的范畴，双方的纠纷已非权利义务争议，而是侵权损害赔偿纠纷，某进出口公司有权向法院起诉，而不受仲裁条款约束。该案是在《仲裁法》颁布之前受理的。笔者认为，若该案放于现今中国仲裁实务较为丰富之时处理，侵权行为是在合同签订和履行过程中产生的，《仲裁法》第二条规定的其他财产权益纠纷包括侵权纠纷，本案存在有效的仲裁协议，该仲裁纠纷应由仲裁解决，法院应驳回起诉，告

---

① 参见赵秀文主编:《国际商事仲裁法》，中国人民大学出版社2007年版，第111页。

知原告申请仲裁解决。**第二个案例是江苏省某轻工纺织总公司诉（香港）某集团有限公司、加拿大某发展有限公司侵权损害赔偿纠纷案**。案中原审法院曾经否定侵权应通过仲裁解决，但最高人民法院最终认可了侵权争议的可仲裁性。本案双方当事人签订了两份普通旧电机销售合同，被告交货的是各类废结构件、废钢管、废齿轮箱、废元钢，原告遂以被告侵权给其造成损失为由提起诉讼，被告提出管辖权异议称“本案当事人之间已达成仲裁协议，法院依法不应当受理”。江苏省高级人民法院经审理后认为，本案是因欺诈而引起的侵权损害赔偿纠纷，虽然原被告之间的买卖合同中订有仲裁条款，但由于被告是利用合同进行欺诈，已超出履行合同范围，构成侵权。双方当事人的纠纷已非合同权利义务争议，而是侵权损害赔偿纠纷。原告有权向法院提起诉讼，而不受双方所订立的合同的仲裁条款的约束。最高人民法院认为，本案争议的焦点在于仲裁机构是否有权对当事人之间的侵权纠纷作出裁决。《仲裁法》第二条规定：“平等主体的公民、法人和其他组织之间发生的合同纠纷和其他财产权益纠纷，可以仲裁。”从被上诉人在原审起诉状中所陈述的事实和理由看，其所述被告的侵权行为，均是在签订和履行合同过程中产生的，故本案应通过仲裁解决，人民法院无管辖权。以上两个案例都可以说明我国的司法导向是，涉及财产权利的侵权案件是具有可仲裁性的。再者，1987 年中国加入的《纽约公约》规定争议涉及的是“契约性和非契约性商事法律关系”，但未对此作详细的说明。在 1987 年《最高人民法院关于执行我国加入的〈承认及执行外国仲裁裁决公约〉的通知》中，最高人民法院指出，这个表述“具体的是指由于合同、侵权或者根据有关法律规定而产生的经济上的权利义务关系……”故此，从公约条款和最高人民法院的上述规定来看，无论是合同还是侵权或是其他经济权利义务关系，只要是不涉及人身权利的纠纷都可能具有仲裁性。该理念在中国应无异议。

以上可知，侵权纠纷，只要有仲裁协议就可以仲裁。但一般情况下，当事人一般不会为实施侵权行为而事先订立仲裁协议。若侵权行为发生后，双方达成仲裁协议将侵权纠纷提交仲裁解决，机会也比较少，因为既然能够达成仲裁协议，说明双方有大概率自行和解的可能，也就不用仲裁了。侵权纠纷的仲裁协议，经常就是合同的仲裁协议，只不过侵权的请求附带于合同的请求，如侵权的请求和当事人之间的合同义务不直接相关，说明当事人的请求包含超过违约的主张，就没有可仲裁性了。一般地，国际商会推荐条款规定“所有相关于本合同产生的争议”提交仲裁，其应被解释为包括可仲裁问题的广泛范围。如果仲裁条款是广泛的仲裁条款，则只要侵权争议直接或间接与合同标的相关，侵权争议即是可仲裁的。

二、行政协议纠纷

有观点称，自 2014 年修正的《行政诉讼法》及最高人民法院 2015 年发布的关于该法的司法解释施行之日起，PPP 合同（特许经营协议）就归法院专属管辖，不再具有可仲裁性，仲裁机构不能受理。其原因在于，2014 年修正后的《行政诉讼法》第十二条第一款第十一项规定，法院受理行政诉讼的范围包含“认为行政机关不依法履行、未按照约定履行或者违法变更、解除政府特许经营协议、土地房屋征收补偿协议等协议的”。2015 年《最高人民法院关于执行〈中华人民共和国行政诉讼法〉若干问题的解释》第十一条规定:“行政机关为实现公共利益或者行政管理目标，在法定职责范围内，与公民、法人或者其他组织协商订立的具有行政法上权利义务内容的协议，属于行政诉讼法第十二条第一款第十一项规定的行政协议……”从法律规定及立法目的来看，笔者认为，PPP 合同虽然属于行政协议，但和《仲裁法》第三条第二项规定的行政争议有区别，行政争议是由行政机关的具体行政行为和行政相对人的争议引起，争议的解决方式是行政复议或行政诉讼，不是合同纠纷引起的民事诉讼；此外，PPP 合同属于行政机关以平等主体身份参加民事法律关系的合同，双方在合同中地位平等、权利义务对等，虽然行政机关签订该协议是为了实现公共利益或行政管理目标，但目的本身不影响合同的商事性质，从以往的司法实践看，此类合同属于法院民事庭审理的案件。卢松教授在《PPP 合同的可仲裁性》一文中指出: PPP 合同虽然属于行政协议，但不一定没有可仲裁性。理由是: 法院有权受理有关“特许经营协议”的行政诉讼，并不排除 PPP 合同的可仲裁性。

《行政诉讼法》及其司法解释的上述规定概括起来为: 法院有权受理特许经营协议纠纷。但是，某类争议在法院的管辖范围内并非排除仲裁对该类争议管辖权的法定事由。法院有权审理买卖合同纠纷，从来没有听到法律人说仲裁庭因此无权审理买卖合同纠纷。仲裁本来就是替代诉讼的一种争议解决方式。何况，即使立法规定为法院专属管辖范围内的纠纷，有些仲裁也可以审理，比如有关所谓“三资企业”合同纠纷。

某类合同被定性为“行政协议”并不排除该类合同的可仲裁性。关于PPP合同从2015年5月1日后不具有可仲裁性的主张，或许更多的是因为该类合同具有一定的行政属性。然而，判断某类争议是否具有可仲裁性，其判断依据应是《仲裁法》，不是《民事诉讼法》或《行政诉讼法》。仲裁受理纠纷范围的立法依据是《仲裁法》第三条，该条规定：“下列纠纷不能仲裁：（一）婚姻、收养、监护、扶养、继承纠纷；（二）依法应当由行政机关处理的行政争议。”首先，立法规定不能仲裁的是某类“行政争议”，没有规定“行政协议”不可以仲裁。其次，立法规定“依法应当由行政机关处理的行政争议”不可仲裁，PPP合同争议是否属于“依法应当由行政机关处理的行政争议”？《行政诉讼法》没有规定（也不会在该法中规定）。所以，认为PPP合同争议只能由法院审理的观点并不符合《仲裁法》的规定及其立法目的。

卢松教授还进一步指出，“实践中，中国仲裁机构已经裁决过大量有关特许经营协议的争议”。自改革开放以来，包括1995年《仲裁法》施行之前，中国的仲裁机构审理和裁决了相当多的特许经营协议纠纷，包括外国企业参与的和中国企业参与的特许经营协议纠纷。对此，中国贸仲、北仲等仲裁机构都能够提出数据予以证实。以生硬的条文解读方式排除PPP合同的可仲裁性没有充分的实践依据。

比如我国同意国际投资争端解决中心（以下简称ICSID）仲裁关于政府征收补偿的争议，如果列举哪种争议涉及政府为公共利益单方面作出行政决定，征收及补偿算得上典型。征收及其补偿是纯粹的行政决定，政府出于公共利益目的通过法令征收他人的财产，并自己决定补偿数额。我国在加入《华盛顿公约》时，明确同意将此类纠纷提交ICSID仲裁解决。既然我国在国际上明确承担义务，同意对这样的行政决定争议进行仲裁并执行其裁决，为什么在国内对有关PPP合同的纠纷不可以通过仲裁解决呢？更何况PPP合同纠纷说到底是合同纠纷，政府行为的适当性也要根据合同约定加以判定。所以，不能“一刀切”。

又如《纽约公约》与“一带一路”倡议，“一带一路”是我国新时代的国策，涉及我国企业在沿线国家承建的众多基础设施项目。这些项目差不多都是当地政府特许的，项目合同基本上都涉及特许经营协议。履行这些协议过程中免不了出现纠纷。从我国企业的角度出发，选择当地法院或当地行政程序来解决这些项目合同争议，想必是下下策。我国企业中大多数会考虑选择仲裁作为解决争议方式，因为《华盛顿公约》和《纽约公约》为裁决的执行提供了国际保障。

ICSID 仲裁裁决的执行由于有独特的体制，将不成为问题，《纽约公约》则不然。《纽约公约》第五条第二项规定，拒绝执行裁决的理由之一是有关争议不具有可仲裁性。而这个可仲裁性的标准是执行地国家的标准。如果我国的法律或司法实践中特许经营协议（PPP 合同）不可仲裁，就意味着中外仲裁机构裁决的“一带一路”上的特许经营协议在我国无法得到执行，意味着我国企业要求在这些特许经营协议中写入仲裁条款的要求难以得到当地政府的同意（理由是即便赢了官司在中国也无法执行）。而且，若 PPP 合同不具有仲裁性，则意味着我国正在筹备设立的多元化争议解决机制中的仲裁机构关于受理“一带一路”上的众多特许经营协议纠纷的设想和希望基本落空，将削弱中国仲裁在国际上的影响力。

笔者认为，可仲裁性问题，涉及国家对仲裁这一非司法机制解决争议的授权范围，虽然其背后的考虑因素有涉及行政权的纠纷不可仲裁、涉及社会公共利益的纠纷不可仲裁，甚至还排除了非商事因素的纠纷，但并不是绝对的，比如美国、法国等西方国家以前认为涉及公共利益的争议不能仲裁，但现在纷纷改变其立场，所以，可仲裁性问题归根结底是由一国国家的经济政策和价值观决定的。故在《仲裁法》修改中，笔者提出，《仲裁法》第二条、第三条可修改为：“平等主体的公民、法人和其他组织之间发生的合同纠纷和其他财产权益纠纷，可以仲裁。本法和其他法律规定不能仲裁的除外。”“下列纠纷不能仲裁：（一）婚姻家庭、收养、监护、扶养、赡养、继承纠纷和人身权、人格权损害赔偿纠纷；（二）依法应当由行政机关处理的行政争议，行政机关以平等主体身份参加民事法律关系的合同纠纷除外。”这样，只要以后其他法律没有规定 PPP 合同不能仲裁，它就是可以仲裁的。

三、公司纠纷

与公司有关的纠纷是否具有可仲裁性，通过司法实践总结，笔者得出的答案是肯定的。仲裁协议是当事人约定将双方之间已经发生或者可能发生的争议提交仲裁解决的协议，其本质上是约定争议解决方式的特殊合同，具有合同的相对性，因而也只能对签订仲裁协议的当事人产生效力。公司纠纷则通常因当事人违反《公司法》项下的权利义务而产生，其权利义务主体众多，既包括公司本身，也包括股东、董事、监事、高级管理人员以及公司的债权人、债务人等，各主体之间多具有特殊的身份关系。在实践中，当事人之间的纠纷往往同时涉及《公司法》及《合同法》，仲裁协议的相对性以及公司纠纷的特殊性这一矛盾，也频频引起管辖权争议。以下案例可以说明，目前司法实践中，法官倾向于承认公司纠纷具有可仲裁性。

在北京市第四中级人民法院审理的（2019）京 04 民特 250 号案中，当事人提出的撤裁理由是：尽管各方当事人（投资人）之间签署的《附生效条件投资协议》及之后补充签订的《附生效条件投资协议补充协议》中约定有仲裁条款。但是，之后，公司股东会议审议通过了对于《公司章程》的修改方案，《公司章程》第二十六条规定："公司董事、监事、高级管理人员、持有公司股份 5% 以上的股东，将其所持有的公司股份在买入之日起 6 个月以内卖出，或者在卖出之日起 6 个月以内又买入的，由此获得的收益归公司所有。本公司董事会将收回其所得收益。但是证券公司因包销购入剩余股票而持有 5% 以上的股份的，卖出该股票不受 6 个月的时间限制。公司董事会不按前款规定执行的，股东有权要求董事会在 30 日内执行。公司董事会未在上述期限内执行的，股东有权为了公司的利益，以自己的名义直接向人民法院提起诉讼。"所以，当事人均为公司持股超过 5% 的股东，如发生《公司章程》中规定的情形，管辖权应归法院，故向法院申请确认《附生效条件投资协议》《附生效条件投资协议补充协议》中的仲裁条款无效。法院经审理后查明，各方当事人就公司增资、股权转让等内容签署投资协议及其补充协议，均约定有仲裁条款，即因履行本协议产生的争议，相关各方应当通过友好协商的方式解决，如经协商未能解决，各方同意将相关争议提请中国贸仲并适用该委员会的仲裁规则仲裁，仲裁地点为北京，仲裁语言为中文。仲裁裁决是终局的，对各方均有约束力。仲裁协议（仲裁条款）系合同双方当事人约定将争议提交仲裁解决的意思表示，其是否具有效力决定了争议解决方式的选择。法院应适用《仲裁法》第十六条、第十七条及第二十条第一款规定对仲裁协议效力进行审查。对于当事人订立协议约定通过仲裁解决合同争议的，应尊重当事人的自由选择，维护民商事审判理念中的当事人意思自治原则。本案中，各方当事人签署的《投资协议》及其补充协议中约定有仲裁条款，从形式上来看该仲裁条款具备《仲裁法》第十六条规定的要件，有请求仲裁的意思表示、仲裁事项和选定的仲裁委员会。且没有《仲裁法》第十七条规定的无效情形，因此应认定协议中各方将所涉争议提交仲裁的意思表示是明确的。至于仲裁条款是否被《公司章程》中的诉讼方式所替代，法院认为，《公司章程》是对公司特定人员、持有公司股份5%以上的股东，将其所持有的公司股份在买入之日起6个月内卖出，或者在卖出之日起6个月内又买入的，由此获得的收益应归属公司的规定，对于董事会拒绝执行该项制度，则股东有权为公司利益向人民法院提起诉讼。而《投资协议》及其补充协议则是关于当事人新增注册资本及相关权利义务的规定。二者界定的是完全不同的法律关系，《投资协议》及其补充协议独立于《公司章程》，上述协议中的仲裁条款是有效的。

从该案例来看，笔者的观点是：

1. 尽管《公司法》对某些特定事项有明确规定，但这并不影响因该特定事项产生的争议作为“合同纠纷”或“财产纠纷”的可仲裁性，也不影响仲裁协议的效力。例如，《公司法》第四十三条规定：“……股东会会议作出修改公司章程、增加或者减少注册资本的决议，以及公司合并、分立、解散或者变更公司形式的决议，必须经代表三分之二以上表决权的股东通过。”第七十一条规定：“股东向股东以外的人转让股权，应当经其他股东过半数同意。股东应就其股权转让事项书面通知其他股东征求同意，其他股东自接到书面通知之日起满三十日未答复的，视为同意转让。其他股东半数以上不同意转让的，不同意的股东应当购买该转让的股权；不购买的，视为同意转让。

经股东同意转让的股权，在同等条件下，其他股东有优先购买权。两个以上股东主张行使优先购买权的，协商确定各自的购买比例；协商不成的，按照转让时各自的出资比例行使优先购买权。”根据上述规定，公司增加或者减少注册资本，必须获得持三分之二表决权的股东过半数同意，公司股东向股东以外的第三方转让股权的，也必须经其他股东过半数同意，且其他股东有优先购买权。本案中，戴某与阙某峰、某公司签订的《投资协议》及其《补充协议》涉及增加注册资本、向股东以外的第三方转让股权等《公司法》已有明确规定的事宜。但北京市第四中级人民法院适用了《仲裁法》第十六条、第十七条及第二十条第一款规定对仲裁协议的效力进行了审查，认为《附生效条件投资协议》《附生效条件投资协议补充协议》对仲裁事项的约定并未违反第十七条第一项的规定，即“约定的仲裁事项超出法律规定的仲裁范围的”，公司注册资本增加及其认购、投资者转让其股权等引起的争议具有可仲裁性，仲裁条款有效。北京市第四中级人民法院的上述认定，也符合我国法院长久以来倾向于支持仲裁的政策。不过，值得注意的是，在解散公司案件中，根据《公司法》及其司法解释的相关规定，由于被解散的目标公司为案件当事人，且解散公司案件中可能会涉及公司事务及案外利害关系人，当事人有关公司解散的请求只能向人民法院提出，现行法律并未赋予仲裁机构解散公司的裁决权。

2. 公司章程与股东协议存在本质性的区别，可用于界定不同性质的法律关系。在实践中，常有当事人混淆公司章程与股东协议，基于公司章程中的仲裁条款主张其在股东协议项下的权利，或基于股东协议中的仲裁条款主张其在公司章程项下的权利。事实上，公司章程是对公司、股东、董事、监事和高管等具有约束力的、用以调整公司内部组织关系和经营行为的自治规则，依法受我国《公司法》的规则规范和调整，而股东协议则是公司股东之间签署的约定彼此权利和义务的文件，依法受《合同法》的规则规范和调整。**在（2012）沪二中民四商终字第65号某物业有限公司与陈某某公司决议纠纷一案中**，上海市第二中级人民法院认为，“股东投资协议与公司章程系由投资人形成的两种在本质上存在不同的协议安排，两者之间应为相互平行而非前后承接的法律关系。基于此，股东投资协议的效力存续与否，同公司章程的制定不存在效力上的关联性，依法只受限于该协议本身的约定条款内容以及我国《合同法》的相关调整规范……”上海市第二中级人民法院曾在（2013）沪二中民四（商）终字第733号案件中认为：“公司章程作为对公司重要和基本问题作出明确规定的公众法律文件，对公司股东以外的债权人以及其他社会公众而言是其赖以了解公司的基本依据。但对股东之间来说，公司章程仅是股东之间的一种契约，股东可以通过其他合意且在不违反强制性规定的情况下进一步明确各自的权利义务，甚至否定公司章程的约定，故在股东之间应以股东的真实意思合意为准。”在本案中，北京市第四中级人民法院亦指出：“该条款是对公司特定人员、持有公司股份5%以上的股东，将其所持有的公司股份在买入之日起6个月以内卖出，或者在卖出之日起6个月以内又买入的，由此获得的收益应归属公司的规定……而《投资协议》及其补充协议则是对某公司作为投资人认购某教育的新增注册资本及相关权利义务的规定。二者界定的是完全不同的法律关系，《投资协议》及其补充协议独立于《公司章程》。”上述意见清晰地表明，股东协议在没有被修改、变更、解除的情况下，其效力并不自然终止或被公司章程的效力所取代，其仲裁条款也并不因章程的不同规定而无效。具体到本案而言，案涉股权协议的仲裁条款虽与公司章程的规定不一致，但该条款内容并未违反法律的强制性规定，故依法对各缔约投资股东仍具有规范和约束的效力。因此，戴某提出的仲裁协议无效的主张不能成立。

四、专利纠纷

围绕专利权发生的纠纷在实践中种类繁多、性质各异，专利纠纷主要包括专利得失纠纷、专利归属纠纷、专利交易纠纷和专利侵权纠纷等。一般认为，此类纠纷事项属于当事人有完全自由处分权的可以纳入仲裁审理的范围。由于专利权本质属于私权，因而只要纠纷当事人同意将相关的私权纠纷提交仲裁解决，仲裁庭就应当具备管辖权。但是，又由于专利具备一定的公共属性，因而在牵涉公权力的行使以及可能发生影响公共利益后果的纠纷类型时，仲裁这类私人争议解决机制就不能涉足。所以，专利纠纷的可仲裁性具有很大的探讨空间。可以明确的是，专利纠纷是否具有可仲裁性应当甄别具体类型分别判断，不能一概而论。在学术界争议最大的是专利效力争议可否仲裁的问题。

从专利权的性质来看，其根本属性为私权，那么是否意味着所有的专利纠纷都属于当事人可以自由处分的纠纷类型，并能够纳入仲裁审理的范围呢？我国《专利法》及其实施细则都没有对专利纠纷的可仲裁性作出明确规定。不容忽视的是，专利权具有一定的公权属性。专利权在取得、行使和救济等方面都有国家公权力的介入，《专利法》中存在大量公法规范，体现了私法与公法一定程度上的融合。比如，专利权并非依法自动产生，而需要相关国家主管行政机关的审查后才授予；专利转让以及质押应当向相关专利行政部门登记并予以公告；专利强制许可制度也主要体现为行政性规范等。因此，本节拟以类型划分对专利纠纷是否具有可仲裁性作出判断。

1. 专利权授予纠纷

在我国，专利权是典型的注册性知识产权，需要相关行政机构的审查并授权。在实践中，专利权获得过程中经常会发生纠纷的争议点在于，申请客体是否能够满足法律规定的要件从而获得权利。我国《专利法》对发明专利采取实质审查，对于外观设计和实用新型采取形式审查的原则。因此，如果申请人申请要求被相关的行政机构驳回，申请人不服行政机构的决定所发生的纠纷是行政授权纠纷，这类纠纷当然不具有可仲裁性，救济途径是当事人通过向专利复审委员会申请复审（行政复审）和行政诉讼。

2. 专利权撤销纠纷

专利权消灭分为当然消灭及专利权撤销两类，前者在实践中没有什么争议，后者所引发的争议是亟待解决的法律问题。专利权当然消灭，是指专利权自然终止，比如专利权到了法定期限自动消失，或者没有按照规定缴纳年费，抑或权利人书面声明放弃等。专利权当然消灭在实践中并不容易发生争议。专利权撤销纠纷在实践中的具体形态主要为权利人以及申请撤销专利的异议人与专利复审委员会有关是否撤销专利权的决定的争议。例如，专利权授予后，有关主体请求专利复审委员会宣告该专利权无效，如果专利复审委员会经审查认为专利权确实存在无效情形，应当撤销已经授予的专利并且进行公告。由于这类纠纷涉及国家公权力的行使，属于行政争议，根据《仲裁法》第三条的规定，专利权撤销纠纷不属于可仲裁的范围。

3. 专利申请权及权利本身归属纠纷

由于专利申请权及专利权本身可以转让，基于权利申请及权利转让协议引发的纠纷较为常见。比如，发明人完成发明后将专利申请权转让给他人；或者发明人获得专利权以后，将专利转让给他人，而后双方就转让协议的效力发生纠纷。根据我国《专利法》第十条的规定，专利申请权及专利权转让都应当向相关的专利行政机关进行登记，并由专利行政机关予以公告。由于专利权是无形财产权，具有排他的独占性，权利转移并不具有外在表现形态，因此，为了保护受让人和善意第三人的利益，法律规定专利权利转移应进行“公示”，以便社会大众知晓专利权的法律状态，此规定类似物权转移。

专利申请权及专利权转让协议经过行政机关的登记就发生权利转移，并产生对抗第三人的效力。那么有关专利申请权及专利权转让协议的纠纷是否因为涉及国家公权力的介入以及影响社会公共利益而排除在可以仲裁的范围之外呢?

笔者认为，首先，专利申请权或者专利转让的效力与专利申请权或者专利权转让合同的效力是不同的，转让效力需由国家公权力机关登记确认，而专利申请权及专利权转让协议则是平等民事主体之间达成一致的契约。当事人之间签订的转让专利申请权或者专利权的合同，自合同成立之日起生效。而专利申请权或者专利权转让则自登记之日起生效。后者属于行政性质，围绕着行政行为所引发的争议当然不具有可仲裁性。而前者所指当事人因签订的专利申请权及专利权转让协议而引发纠纷，是否可仲裁，则是实践中经常遇到并需要探讨的问题。

在转让协议的成立、生效以及履行过程中，由于协议自订立之日起就生效，没有国家公权力的介入，那么双方因此发生纠纷，在双方一致同意将转让协议效力提交仲裁解决时，仲裁庭则由于当事人的“授权”而有权对转让协议本身的效力作出判断。但是由于转让协议进行登记后发生了对抗善意第三人的法律效力，因而仲裁裁决仅对同意通过仲裁解决纠纷的双方当事人有效。当然，如果当事人可以在获得仲裁裁决后主动向行政机关申请变更或者注销登记，由此专利权利实际状态及效力以变更后的行政登记为准。另一类常见的纠纷是，仲裁庭在审理有关专利合同纠纷或者专利侵权纠纷的过程中，当事人以行政机关出具的专利转让登记证明作为支持己方仲裁请求或者对抗对方诉请的证据。比如，当事人以持有专利转让登记证明主张为专利真正的所有权人等。由此，如果当事人对知识产权行政机关进行的专利转让登记有异议，可能包含对行政机关颁发证书行为违法的异议以及对专利权真正归属的异议，这种情况下，仲裁庭是否有权作出裁断？由于行政登记行为在行政法上普遍被认为是一种具体行政行为，该行为是国家行政机关为实现行政管理的目的而行使行政权的行为。虽然民事领域的行政登记最终影响的仍然是民事主体之间的权利义务关系，但是在登记过程中所体现出来的仍然是管理者与相对人之间的法律关系，并且由于行政登记作为专利权变动生效的条件，行政相对人所享有的权利因为登记而推定为正确、真实，并由此对社会公众产生证明力、推定力和公示力。因此，仲裁不能僭越行政权力行使的范围，对于具体行政行为的审查只能通过行政复议或者司法诉讼的方式，因而这类围绕行政登记所发生的纠纷不具有可仲裁性。

其次，由于专利申请权及权利本身都可以继承，如果专利申请人或者专利权人死亡，其继承人之间发生的继承权纠纷是有关人身关系的争议，不属于财产权益纠纷的范畴，因而不具有可仲裁性，仲裁庭无权管辖。

最后，专利权申请及归属纠纷还多发生在双方当事人存在一定法律关系的情况下，比如职务发明、委托开发或者共同开发等情形下涉及的职务发明创造人、设计人奖励及报酬纠纷以及发明创造人、设计人署名权纠纷等。由于这类纠纷属于典型的私人财产权益纠纷，与公权力行使无关，因而具有可仲裁性。

4. 专利侵权纠纷

专利侵权纠纷主要围绕是否构成侵权以及对侵权导致的损害赔偿责任的争执。我国《专利法》第六十条规定："未经专利权人许可，实施其专利，即侵犯其专利权，引起纠纷的，由当事人协商解决……"该条对专利侵权纠纷的救济途径没有作出限制性规定，而且这类纠纷是具有可和解性的财产争议，因而具有可仲裁性。但是，在实务操作中，专利侵权案件中可能会遇到当事人提出专利无效的抗辩，应如何处理？如果在仲裁庭审理专利侵权案件过程中，被指控侵权人以专利无效作出抗辩，仲裁庭是否有权裁判专利效力问题呢？正如上文所述，权利人获得专利权是经过国家行政机关审查并授予的，因此有关专利效力纠纷是否应当排除仲裁，由国家公权力机关专属管辖呢？对此在学术界及实务界态度并不统一。

5. 专利效力纠纷

对于专利效力纠纷能否提交仲裁，法律界观点不一。

反对者的观点是，专利权来源于国家授权，权利是经过特定的程序，由国家行为确立的，涉及多方面因素的判断与考量，因而私人的争议解决机制无权撤销行政机关的授权。同时，专利权是公开的绝对权，具有排他性。除法律规定的例外情形，未经权利人许可，其他任何人不得享有或擅自处置、实施或使用。因此专利是否有效往往涉及第三人和社会公共利益，相关争议应当由国家授权的机关进行处理。如果将专利有效性争议提交仲裁，便会置公共利益于仲裁员可能会有的“独断专裁”之下，这与法律精神相违背，是不可取的。

针对此观点出现了另一种声音，他们认为，以公共政策为由否定专利效力争议可仲裁性，缺乏稳定性，经不起推敲。因为“公共政策”本身是一个极为不确定的概念，而且各国对于公共政策的界定存在较大差异，即便在司法实践中，各个法院甚至同一法院的法官的观点也有所不同，至今都不存在一个在世界范围内能够被普遍接受的关于“公共政策”的完整定义。

关于这个争议问题，笔者认为，还是要通过审查专利效力案件的具体内容才能作出准确判断。仅针对专利行政机关授权行为或者登记行为引发的效力争议是不可仲裁的（因为这属于行政争议）。但是，在仲裁庭审理专利侵权或者合同等相关纠纷过程中，如果一方当事人以专利无效作为抗辩，仲裁庭可以在个案中针对专利效力问题作出有效或者无效的判定，由此作为裁决是否违约或者侵权的基础。比如，仲裁庭认为专利无效，侵权当然不成立；反之，则存在侵权的可能性。但是仲裁庭对专利效力的裁决结果仅对双方当事人具有约束力，对案外第三人的法律效力仍然以行政机关的登记或者司法机关的终局判决为准，并不产生全面正式的拘束力。由此，即便专利在仲裁中被判定无效，但是在行政机关及司法机关没有否定其效力的情况下，任何其他人未经权利人许可仍然不能非法使用权利。而且仲裁庭的相关裁决也不能成为司法机关以及行政机关日后对于该项专利效力进行重新审查及判断的依据。根据国家鼓励仲裁的政策导向，并且结合仲裁本身的优越性，笔者认为，赋予仲裁庭对专利效力审理的权力是可行的，具体理由如下：

其一，国家对专利申请的审查以及登记等规范行为，虽然也体现了国家行政管理的职能，但更多的是对民事主体权利合法性和真实性的一种公示，行政登记本身并非赋权行为，不直接创设权利和义务，并不影响专利的私权本质，当然也不能就此排斥将这一私权纠纷提交仲裁解决。

其二，当事人放弃选择司法机构或者行政机关作为专利纠纷裁判机构的行为，并不会损害公共政策或者公共利益。法治社会应当以尊重当事人自治权和处分权为基础，为社会主体尽可能地提供发挥自主性和积极性的空间。尊重当事人的意思自治，不仅体现在当事人实体权利的处理和实现方面，也当然包括当事人有选择纠纷解决方式的自由。当事人作为理性的经济人，有权选择争议解决中最恰当的方式对私人财产或利益进行处置。法治大环境下，应当允许当事人自愿放弃通过司法途径解决纠纷，这是尊重当事人的程序选择权的表现，不会违反公共政策或者损害公共利益。

五、反垄断争议

关于反垄断争议是否具有可仲裁性，美国及欧盟等国家的态度经历了从否定到肯定的过程。美国是世界上第一个制定反垄断法的国家，其制定了诸如《谢尔曼法》、《克莱顿法》及《联邦贸易委员会法》，对世界各国尤其是西方国家的反垄断立法影响甚远。

1968 年美国联邦第二巡回上诉法院对 American Safety 案（美国安全设备案）的判决已经明确，反托拉斯争议因其实施过程违反了社会的公共利益而不可仲裁。同时法院认为，该类案件引发的法律责任的特殊性质，也不适合通过仲裁裁决程序来解决。直至 1985 年美国的 Mitsubishi 案（三菱汽车公司案），该案中美国联邦最高法院的法官认为此案讨论的首要问题就是反垄断纠纷是否可以提交仲裁解决，涉及的法律规定包括 FAA（Federal Arbitration Act）、《纽约公约》、《谢尔曼法》以及双方当事人关于仲裁的协议。该案主审法院美国联邦最高法院，最后确认了反垄断争议的可仲裁性。在美国，反垄断争议是否可以申请仲裁的实践大致可以分为三个阶段：禁止任何反垄断争议的仲裁—允许有条件的反垄断争议适用仲裁—基本放开（现阶段）。

欧盟对反垄断争议是否可申请仲裁一直未有明确的肯定或否定的态度，直到 1986 年的 Eco Swiss 案，法院在该判例中，间接允许了欧盟反垄断争议提交仲裁，该案在欧盟反垄断可仲裁性问题上具有里程碑意义。随着欧盟对反垄断争议可仲裁性的确认，西欧一些国家，如英德等国纷纷改革其国家的仲裁制度，通过借鉴 1985 年联合国国际贸易法委员会出台的《示范法》的相关规定，如尊重当事人在仲裁协议中意思自治、削弱法院对仲裁的监管力度和范围等。在对待竞争纠纷的可仲裁性问题上，欧洲国家的立法较为宽松，态度也比欧盟明确。一些国家在立法上采取了比较肯定的态度，德国 1998 年《仲裁程序修订法》删除了《反限制竞争法》第九十一条第一款关于反垄断争议可仲裁性的传统限制，即合同当事人之间涉及竞争、反垄断的争议可以通过仲裁解决。

但仍然存在一些国家还持有保留态度，认为反垄断争议不能提起仲裁。例如巴西明确规定反垄断争议不得申请仲裁。

我国对于反垄断纠纷能否仲裁的问题。从目前的立法来看，我国立法对于反垄断争议是否可以提交仲裁解决没有明确的规定。我国《反垄断法》第五十条规定：“经营者实施垄断行为，给他人造成损失的，依法承担民事责任。”但是，该条对于损失如何承担、法律救济途径是什么，没有作出明确规定，当然也没有否定可以通过仲裁解决的可能性。我国《民事诉讼法》第二百七十一条所规定的仲裁范围包括“涉外经济贸易、运输和海事中发生的纠纷”,《仲裁法》第二条和第三条规定对于可提交仲裁的事项确定了两项重要原则：当事人地位平等；当事人有权自由处分的争议事项。上述法律规范为将反垄断争议纳入仲裁范围留下空间。

国际贸易过程中，经常会涉及跨国的反垄断纠纷，而在实践中，大多数涉外反垄断争议均在西方国家进行仲裁，适用西方国家的法律，并且大多数仲裁员也基本上来自西方国家。在此种情形下，涉及亚洲国家的涉外反垄断争议案件往往以失败告终。据不完全统计，中国的企业在国际商事仲裁中有

90%—95% 的案件均以败诉告终。如此高的败诉率对我国企业向海外投资的积极性无疑是个严重的打击，长此以往，将给我国经济造成很大的影响。

笔者认为，可以在司法实践中尝试性地承认某一些不违反法律强制性规定及国家公共利益的反垄断争议可以提交仲裁解决。从目前很多国家的立法和实践中可以看出，反垄断争议允许提交仲裁解决已经是大势所趋，而且也是当事人的优先选择。尤其是在国家商事交往过程及“一带一路”政策之下，全面否定反垄断争议的仲裁性弊大于利。

第四节　可仲裁性抗辩与公共利益抗辩

有些学者认为，《纽约公约》第五条第二项规定是同义反复，因为第五条第二项（乙）款所规定的公共政策抗辩已经将（甲）款涵盖在内。可仲裁性在本质上是国内公共政策问题。但是，也应当指出，限制可仲裁性的法律规则并不必然是公共政策的一部分。虽然限制可仲裁性的法律规则总是被认为不以当事人意志而改变，具有强制性，但是，此种强制性规范并不必然与公共策规则一致，也不必然反映具有根本性质的国内政策，以至于当事人可以认为其属于公共政策问题。该两种抗辩本身可能涉及不同的审查。不可仲裁性来源于国家法院的专属管辖权，构成对仲裁裁决承认和执行的绝对阻却。而公共政策抗辩涉及实体和程序审查，确立了仲裁员及其作出的裁决需要遵守的标准和原则。一国在确定仲裁范围时，需考虑经济发展程度及立法目标、法律传统、文化背景等因素，这些因素可能构成该国国内的公共秩序，但不一定是国际公共秩序，而一国法院以缺乏可仲裁性为由拒绝或撤销一项仲裁裁决时，也完全不必动用公共秩序这个安全阀。

此外，如争议本身涉及公共政策，其是否具有可仲裁性？如《法国民事诉讼法》规定，涉及公共团体及公共机关以及概括地涉及公共秩序的一切方面的争议，不得提交仲裁。按照该规定，法国法院最初采取非常严格的方式，举凡需要解释或适用公共政策规则的争议均不可仲裁。不过这种立法态度随着经济发展和社会进步，在法国司法实践中有所变化。在一判例中，法国法院认为，某项交易产生公共政策问题的争议，本身不足以使得该争议不具有可仲裁性。直到 1991 年 Ganz 案和 1993 年 Labinal 案后，法国法院明确了国际商事仲裁的可仲裁性与公共政策。在 Ganz 案中，某突尼斯公司与匈牙利公司 Ganz 之间签订合同，约定由匈牙利公司 Ganz 向某突尼斯公司交付铁路设备。Ganz 随后分立成几个公司，其中之一被认为是原 Ganz 的承受人。突尼斯方提起仲裁程序，要求认定公司分立构成欺诈和违反国际公共政策。仲裁庭支持了该请求。匈牙利方要求法国上诉法院撤销该裁决，但法国法院驳回了该撤销申请。Labinal 案中，一方提出，所涉协议与欧共体《罗马条约》第八十五条第一款和第八十六条相悖。但法国法院最终认为，此种争议也是可仲裁的。由这两案可以看出，法国上诉法院认为，在国际商事仲裁中，仲裁员在考虑国际公共政策的概念后，对争议的可仲裁性有权作出决定：如果仲裁员认为争议可以仲裁，则其可以适用任何与争议相关的规则，无论是否为公共政策规则。这表明仲裁员适用的任何法律规则所具有的公共政策性，在确定可仲裁性问题上，不再发挥作用。在欧洲的其他国家，也采取了类似的方法。

第四章

仲裁协议与仲裁管辖

当事人达成一致同意将其争议提交仲裁解决的意思表示，是仲裁发生的前提和仲裁管辖权的唯一依据，没有仲裁协议就没有仲裁，仲裁协议无效将导致仲裁庭没有仲裁管辖权。所以，仲裁协议在仲裁法中居于基础地位。

围绕仲裁协议，会有很多种类的案件发生。双方当事人达成仲裁协议，一方就协议项下的争议向法院起诉，法院不予受理，这是仲裁排除司法管辖原则，对违反仲裁协议到法院诉讼的另一方提起的请求即“申请止诉禁令”，我国现行《仲裁法》中没有规定这项制度，但司法实践中已有相关案例。法院不知道当事人间存在仲裁协议而立案受理，另一方在首次开庭前提交仲裁协议的，法院应驳回起诉，这便是“妨诉抗辩”。没有仲裁协议，一方强行仲裁，仲裁机构受理并作出裁决，被申请人可向法院申请撤销仲裁裁决，这是对仲裁的司法监督。对仲裁协议效力有异议，一方可请求仲裁机构作出决定或请求法院作出裁定，这是“仲裁协议效力异议”。若没有在仲裁过程中提出仲裁协议无效的抗辩，那么，在撤销程序中就不能以仲裁协议无效为由提出撤销裁决，这是“仲裁协议效力异议放弃”。

何为仲裁管辖权异议？仲裁程序启动后，一方当事人认为对方无权将纠纷提交仲裁机构仲裁，或者认为对方提起仲裁申请的仲裁机构并非双方约定的机构，于是要求法院或仲裁机构对仲裁管辖异议作出裁断，这就是仲裁管辖权异议。我国《仲裁法》第二十条规定：“当事人对仲裁协议的效力有异议的，可以请求仲裁委员会作出决定或者请求人民法院作出裁定……”应当指出，对仲裁协议效力的审查就是仲裁管辖权异议之一，但不是全部。仲裁管辖权异议应包括仲裁协议效力异议、有无仲裁协议异议、仲裁机构是否非仲裁协议所约定的仲裁机构等三种情况，其中只有《仲裁法》第二十条规定的仲裁协议效力异议可以在仲裁程序中向法院提出，也可以向仲裁机构提出，其他两种情况的管辖权异议只能根据仲裁机构的仲裁规则向仲裁机构提出。有的仲裁机构的仲裁规则还规定，仲裁委员会根据表面证据作出其对仲裁案件有管辖权的决定，不妨碍仲裁庭根据查明的事实作出本仲裁庭对案件没有管辖权的决定。这是因为，仲裁机构接受当事人立案时，仅进行形式审查，仲裁庭组成之后，会对整个案件进行实质审查，其中最先审查的就是仲裁协议及仲裁管辖问题。有的仲裁机构的仲裁规则规定，仲裁委员会可以委托仲裁庭根据查明的事实作出本仲裁委员会对案件有无管辖权的决定。这就是中国的仲裁庭自裁管辖权制度的实践。关于仲裁管辖权异议的三种情况，分别规定在《仲裁法》第四条、第五条和第二十条，但第四条、第五条只有仲裁请求权基础，却没有在《仲裁法》中规定向法院行使请求权的程序。对此，笔者认为，关于管辖权异议的程序应当在仲裁立法中作出明确规定，这是目前我国仲裁立法的缺陷，在《仲裁法》修改时应加以完善。

就我国《仲裁法》第二十条规定的仲裁协议效力异议而言，《纽约公约》第二条第三项规定，“当事人就诉讼事项订有本条所称之协定者，缔约国法院受理诉讼时应依当事人一造之请求，命当事人提交仲裁，但前述协定经法院认定无效、失效或不能实行者不在此限”。效力异议包括无效、失效或不能实行。

下面举三个例子说明仲裁协议效力异议的三种情况。

案例一：这是笔者亲历的一个仲裁案件，可以说明没有仲裁协议的仲裁案件的存在。案件的申请人为林某，被申请人为广州某能源公司，林某称其为福建某建筑工程公司的代理人、实际施工人，其以自己的名义提起仲裁要求广州某能源公司支付工程款，仲裁依据是福建某建筑公司与广州某能源公司签订的合同中的仲裁条款“因本合同引起的一切争议，均提交广州仲裁委员会仲裁”。广州某能源公司以其与林某之间没有仲裁协议为由，请求法院裁定本案广州仲裁委员会无权仲裁。立案时，广州市中级人民法院回复广州某能源公司，“只有仲裁协议效力异议”的案件，法院才能受理，而仲裁管辖权异议案件法院没有受理依据。广州某能源公司遂将请求事项改为“请求确认我公司与福建某建筑公司的合同中的仲裁条款对我公司和林某没有效力”勉强通过了法院的立案审查。经审查，法院的裁定结果是广州某能源公司与福建某建筑公司的合同中的仲裁条款有效，驳回异议申请。因为对广州某能源公司、福建某建筑公司而言，该协议确实是有效的。至于林某是否主体适格，是否有权提起仲裁，这属于实体审理问题，法院没有管辖权不作裁处。裁定后，仲裁庭依法对该案进行了实体审理，仲裁庭经审理后认为，林某和广州某能源公司之间没有仲裁协议，仲裁庭对本案没有管辖权，林某可以根据《最高人民法院关于审理建设工程施工合同纠纷案件适用法律问题的解释》，以实际施工人员身份向法院提起诉讼，遂驳回林某的仲裁申请。

本案的情况属于《仲裁法》第四条规定的“当事人采用仲裁方式解决纠纷，应当双方自愿，达成仲裁协议。没有仲裁协议，一方申请仲裁的，仲裁委员会不予受理”而仲裁委员会予以立案的情况，同时涉及仲裁庭自裁管辖权。虽然林某申请仲裁所依据的合同有仲裁条款，但林某作为申请人，其和广州某能源公司之间没有合同，也没有仲裁协议，故仲裁委员会不应受理林某对广州某能源公司提起的仲裁。仲裁庭最终作出的无权管辖决定无疑是正确的，如果仲裁庭作出实体裁决，嗣后将很可能被法院以没有仲裁协议为由而撤销。

案例二：广州仲裁委员会受理的申请人广州某建筑设备租赁有限公司与被申请人南京某钢结构工程有限公司等三人建筑设备租赁合同纠纷一案中，双方签订的设备租赁合同的仲裁条款为：因本合同引起的一切争议，提交合同签订地的仲裁委员会裁决。合同签订地：广州新塘。案件受理后，被申请人向仲裁委员会提出管辖权异议，理由是合同签订地实际上是昆明市。仲裁委员会遂作出驳回管辖权异议决定书，理由是根据合同记载，合同签订地在广州，故本会对案件有管辖权。被申请人主张合同签订地实际上在昆明市没有证据证实，故驳回被申请人的管辖权异议申请。开庭前，被申请人提供了证人证言证明合同签订地是昆明市，证人也到庭准备出庭作证。被申请人仲裁开庭时，仲裁庭作出决定，不同意接受被申请人提供的证人出庭作证，理由是本会已就被申请人的管辖权异议作出有法律效力的决定。出乎意料的是，庭审时，申请人提出合同确实是在昆明市签订的。仲裁庭问，既然申请人合同签订地在昆明，为什么来广州仲裁委员会仲裁，其回答，因本会不同意其调查申请，他们想否定广州仲裁委员会的管辖，到法院提起诉讼。仲裁庭当即作出释明，仲裁条款有仲裁的意思表示，因本合同引起的一切争议，就是仲裁事项，约定的仲裁委员会虽未确定，但可以从合同签订地推出确定的仲裁机构，故仲裁协议有效，案件应当到昆明市仲裁委员会仲裁，不能到法院诉讼。仲裁庭决定休庭，庭后再发出本会无权管辖的决定书。

庭后，申请人向仲裁庭提交申请书，说明根据合同法司法解释规定，合同约定地与实际签订地不一致的，以约定为准，认为本会有权管辖。

仲裁庭经合议认为，《广州仲裁委员会仲裁规则》第十三条第五款规定："本会根据表面证据作出对案件有管辖权的决定，不妨碍仲裁庭组成后，根据审理过程中发现的事实或者证据重新作出与原决定不一致的管辖权决定。"本案争议的合同中的仲裁协议约定是："因本合同引起的纠纷，由合同签订地的仲裁机构仲裁。"该仲裁协议因仲裁委员会可以推定，故符合《仲裁法》第十六条的规定，为有效的仲裁协议。现在的问题是需要确定哪一个仲裁委员会是双方当事人约定的仲裁机构。根据合同中约定的仲裁条款，应为合同签订地的仲裁委员会。经开庭审理，关于合同签订地双方均承认是在昆明市，故昆明市的仲裁委员会是双方约定的仲裁委员会。这是一个事实判断问题，无疑必须根据查明的事实进行判断。而《最高人民法院关于适用〈中华人民共和国合同法〉若干问题的解释（二）》第四条"采用书面形式订立合同，合同约定的签订地与实际签字或者盖章地点不符的，人民法院应当认定约定的签订地为合同签订地"的规定是法律推定，这种情况在国际仲裁中也存在，例如法律确定仲裁地以合同约定的仲裁地为准，不受实际的开庭地、合议地、裁决书作出地的影响，因为仲裁地概念已经演化成了某一具体仲裁和某一国家法律秩序之间的连结点，是决定国际仲裁的国籍，以及仲裁准据法和司法管辖的依据，而并不仅仅是仲裁行为、程序的发生地。本仲裁庭根据仲裁当事人之间的仲裁协议确定具体的仲裁委员会，应该根据其真实意思和客观事实即实际仲裁地是昆明市这一事实推定，是根据查明事实推出另一事实的逻辑过程，在此处不是要最终确定合同签订地，而是还原当事人当时签署仲裁条款时的真实合意是什么，并不涉及法律适用问题。

因此，根据《广州仲裁委员会仲裁规则》第十三条第六款的规定，应裁决本会非双方仲裁协议约定的仲裁机构，本会对本案没有管辖权。这是笔者审理的案件，案件的争议不在仲裁协议是否有效，而在受理案件的仲裁机构是否为仲裁协议约定的仲裁机构。本案还涉及仲裁庭自裁管辖权问题。

案例三：最高人民法院在某石化申请确认仲裁协议效力案中，采取按照有利于实现当事人仲裁意愿和目的之解释方法，推断出当事人选定的仲裁机构是中国贸仲。涉案仲裁条款约定为："The arbitration shall take place at China International Economic Trade Arbitration Centre（CIETAC），Beijing，P.R.China and shall be settled according to the UNCITRAL Aribitration Rule as at present inforce。"某中级人民法院和高级人民法院均认为本案仲裁协议中没有选定仲裁委员会，仅约定该仲裁案进行的地点在贸仲，并选择使用《联合国国际贸易法委员会仲裁规则》，因此认定仲裁协议无效。最高人民法院认为，当事人在仲裁条款中虽然使用了"take place at"的表述，此后的词组一般被理解为地点，然而按照有利于实现当事人仲裁意愿目的解释的方法，可以理解为该仲裁条款也包括对仲裁机构的约定。虽然当事人约定的仲裁机构中文名不准确，但从英文简称 CIETAC 可以推定当事人选定的仲裁机构是中国贸仲。因此，本案的仲裁条款并不违反《仲裁法》的规定，应为有效。

最后，再举一个仲裁管辖权异议的案例。中国贸仲是 1956 年由国务院批准设立的仲裁机构，中国贸仲下设机构原华南分会是应广东省和深圳特区请求于 1988 年经国务院批准由中国贸促会决定设立的隶属中国贸仲的一个分会。2012 年 5 月，原华南分会自行宣称为独立的仲裁机构，并改名为华南国际经济贸易仲裁委员会（又称深圳国际仲裁院，简称深国仲），拒绝接受中国贸仲的统一业务管理。2014 年 12 月 31 日，中国贸仲华南分会根据国务院的批复重组。在此之前，香港 PS 公司诉广州某畜牧公司一案在中国贸仲华南分会（深圳市）立案，广州公司遂向深圳市中级人民法院主张应由深国仲仲裁，而不应向中国贸仲华南分会申请仲裁。这无疑是仲裁管辖权异议问题，但根据《仲裁法》第二十条的规定，这不属于仲裁协议效力问题，法院没有受理依据。但若法院不受理，纠纷如何解决？这也是立法中没有明确规定仲裁管辖权导致的。前引之《纽约公约》第二条第三项提及的仲裁协议经法院认定“不能实行”即无仲裁管辖权之规定，仲裁机构选择不明确实是其情形之一。本案中，当事人的选择本来是明确的，但因出现了分会的独立风波，才导致当事人之前的约定看似“不明确”。

此案是 2012 年至 2015 年中国贸仲的分会独立之争在仲裁案件管辖权异议中的体现，可以说明仲裁机构“非仲裁协议所约定的仲裁机构”情形的存在。关于此问题，《仲裁裁决执行规定》第十三条规定，“下列情形经人民法院审查属实的，应当认定为民事诉讼法第二百三十七条第二款第二项规定的‘裁决的事项不属于仲裁协议的范围或者仲裁机构无权仲裁的’情形：……（四）作出裁决的仲裁机构非仲裁协议所约定”。

第一节　仲裁协议概述

一、仲裁协议的概念

仲裁协议是指当事各方将他们之间已经发生或可能发生的争议提交仲裁解决的协议。我国《仲裁法》第十六条第一款规定，仲裁协议包括合同中订立的仲裁条款和以其他书面方式在纠纷发生前或纠纷发生后达成的请求仲裁的协议。再来看国际上的规定，《示范法》第七条第一款规定，“仲裁协议”是指当事人各方同意将他们之间的契约性或非契约性的特定法律关系上已经发生或可能发生的一切或某些争议提交仲裁的协议。仲裁协议可以采取合同中的仲裁条款形式或单独协议的形式。众所周知，当事人签订仲裁协议的目的是将争议通过仲裁解决。因此，除当事人可以协议约定的内容外，仲裁协议本身需包含使其有效的要件，此要件可分为形式要件和实质要件。

一般情况下，仲裁协议应具有书面形式。这是仲裁协议成立的形式要件。一项有效仲裁协议还应满足法律规定的实质要件。我国《仲裁法》第十六条第二款规定，仲裁协议应当具有下列内容：（1）请求仲裁的意思表示；（2）仲裁事项；（3）选定的仲裁委员会。这就是仲裁协议的实质要件或必要条款。通常情况下，有效的仲裁协议，应当具有明确的仲裁意愿、仲裁事项和确定的仲裁机构，而临时仲裁的仲裁协议，无须约定仲裁机构。为什么在中国仲裁协议中没有约定仲裁机构就会导致协议无效，而在外国仲裁实践中这种情况一般不会被认定为无效或者被认定为临时仲裁协议？原因就是中国现行《仲裁法》不承认临时仲裁，只承认机构仲裁，故仲裁协议没有约定仲裁机构，协议就陷入《纽约公约》第二条第三项规定的“不能实行”，故我国《仲裁法》把“约定的仲裁委员会”作为协议有效的要件，即没有约定仲裁委员会的，协议无效。此外，一项有效的仲裁协议除应具备以上形式要件和实质要件外，还应不违反法律的强制性规定，如《仲裁法》第十七条关于行为能力、可仲裁性、欺诈、胁迫等规定。

二、仲裁协议的性质

仲裁协议属于合同的一种，其权利义务内容是约定通过仲裁解决争议，有别于作为民事法律行为之一的民商事合同，又不同于和不平等主体签订的涉及行政权力的行政合同。从合同相对性看，一般民事合同只约束订约人，只对订约人产生法律约束力，但仲裁协议却对非合同订约方的法院和仲裁机构产生效力：

1. 对法院的效力。有效仲裁协议具有排除法院管辖的效力。《仲裁法》第五条规定，当事人达成仲裁协议，一方向人民法院起诉的，人民法院不予受理，但仲裁协议无效的除外。仲裁协议排除法院管辖权通过以下两种方式体现出来：一是使当事人不向法院提起诉讼，直接诉诸仲裁机构；二是在一方当事人向法院提起诉讼的情况下，依据有效仲裁协议，使法院中止诉讼，或驳回起诉。此外，如果一方当事人提起诉讼，而另一方未及时提出异议，则视为放弃仲裁协议，诉讼继续进行。这是仲裁权利的放弃。我国《仲裁法》第二十六条明确规定：“……另一方在首次开庭前未对人民法院受理该案提出异议的，视为放弃仲裁协议，人民法院应当继续审理。”一般地，当事人放弃权利的标准以首次开庭或对争议实体进行审理前为准。《仲裁法司法解释》第十四条规定，《仲裁法》第二十六条规定的“首次开庭”是指答辩期满后人民法院组织的第一次开庭审理，不包括庭前程序中的各项活动。如果当事人未在此前提出异议，则法院认定当事人放弃仲裁协议。当事人放弃或视为放弃仲裁协议的后果是法院可以继续行使其管辖权。不过，应当指出，这里的“放弃仲裁协议”是在本案中放弃，而不是指当事人彻底解除仲裁协议。在一个法院诉讼案件中，因被申请人没有在首次开庭之前向法官提交仲裁协议，视为被申请人放弃妨诉抗辩，但在被申请人另案提起的仲裁中，本案的申请人提出本案的被申请人已放弃仲裁协议，故仲裁机构没有管辖权，这种观点是错误的。

2. 对仲裁机构的效力。仲裁协议生效后，如果选定了仲裁机构，则一旦争议发生，当事人只能向该选定的仲裁机构提起仲裁。仲裁机构不能拒绝受理案件。

因此，仲裁协议是不同于民事合同的一种合同，判断其效力不能适用《民法总则》和《合同法》中关于民事法律行为和合同的规定，而应适用《仲裁法》第十六条、第十七条、第十八条的规定和其他仲裁程序法律的规定。简单讲，其条款有提交仲裁意思表示的，该协议就是仲裁协议，能够确定仲裁管辖权有效成立的，该仲裁协议就是有效的仲裁协议。

三、仲裁协议的种类

仲裁协议的分类标准不同，所得出的种类也有所不同。

1. 从《仲裁法》对仲裁协议的定义可知，从协议达成的时间来看，仲裁协议通常可以分为两类：事先协议和事后协议。

事先协议是在争议发生前达成的仲裁协议，事后协议是在争议发生后达成的仲裁协议。事先协议一般包括在合同中，构成合同的一个条款。事先协议由于是在争议尚未发生、双方协商友好气氛下签订的，故而较为常见。大多数仲裁协议均是这种以仲裁条款形式出现的事先协议。事后协议一般是独立协议，一旦当事人发生争议，签订仲裁协议的可能性就相对小得多，当事人较难达成合意。虽然双方存在争议，但是若双方均认为诉讼耗时冗长，且对仲裁具有信心，则会就争议解决方式达成一致。此种事后协议常见于商事交往过程中，对商事主体来说，能达到高效解决争议目的且具有保密性的仲裁不失为首选。

2. 从协议的形式来看，仲裁协议可以分为以下五类：

（1）包含在合同中的仲裁条款。此种约定最为常见，即当事人在基础合同中约定“因本合同发生争议，双方友好协商，协商不成，一致同意本合同项下纠纷提交某仲裁机构根据现行仲裁规则进行仲裁”。

（2）单独签订的仲裁协议。通常为当事人在争议发生后达成的将该争议提交仲裁的约定。

（3）通过合同转让或分立、合并继受的仲裁条款。在学术界称为仲裁协议效力的延伸或扩张。

（4）当事人通过援引等其他形式确定的仲裁协议。如并入提单的租船合同中的仲裁条款；有的仲裁机构的仲裁规则规定，当事人同意使用其仲裁规则而没有明确仲裁机构的，视为同意该机构为其选定的仲裁机构；《仲裁法司法解释》第十一条规定，合同约定解决争议适用其他合同、文件中的有效仲裁条款的，发生合同争议时，当事人应当按照该仲裁条款提请仲裁。涉外合同应当适用的有关国际条约中有仲裁规定的，发生合同争议时，当事人应当按照国际条约中的仲裁规定提请仲裁。

（5）其他方式确定的仲裁协议。例如，《纽约公约》规定的互换函电方式。虽然并非体现为合同中的仲裁条款，或单独的仲裁协定，但当事人可以通过其他方式表明存在有效的仲裁协议。

3. 根据仲裁协议是否具有涉外因素，仲裁协议可以分为国内仲裁协议和国际仲裁协议、外国仲裁协议。

区分国内仲裁协议和国际仲裁协议的意义在于，《仲裁法》对于内国仲裁（不具有涉外因素的仲裁）与国际仲裁适用的规定不同，由此产生的法律效果也不同。如中国对国内仲裁与涉外仲裁规定了不同的司法审查制度。《仲裁司法审查规定》第十二条规定：“仲裁协议或者仲裁裁决具有《最高人民法院关于适用〈中华人民共和国涉外民事关系法律适用法〉若干问题的解释（一）》第一条规定情形的，为涉外仲裁协议或者涉外仲裁裁决。”《最高人民法院关于适用〈中华人民共和国涉外民事关系法律适用法〉若干问题的解释（一）》第一条规定：“民事关系具有下列情形之一的，人民法院可以认定为涉外民事关系：（一）当事人一方或双方是外国公民、外国法人或者其他组织、无国籍人;（二）当事人一方或双方的经常居所地在中华人民共和国领域外;（三）标的物在中华人民共和国领域外;（四）产生、变更或者消灭民事关系的法律事实发生在中华人民共和国领域外;（五）可以认定为涉外民事关系的其他情形。”此外，根据《纽约公约》第一条规定，由于自然人或法人间的争执而引起的仲裁裁决，在一个国家的领土内作成，而在另一个国家请求承认和执行时，适用本公约。在一个国家请求承认和执行这个国家不认为是本国的仲裁裁决时，也适用本公约。

外国仲裁裁决是在一个国家的领土内作成，而在另一个国家请求承认和执行的仲裁裁决。判断外国仲裁协议的标志是，仲裁地在外国或者仲裁适用的程序法是外国法，外国仲裁在我国或其他国家申请执行适用的是《纽约公约》规定的承认和执行程序，而内国仲裁申请执行就如同法院的判决裁定，无须经过承认程序，直接执行。

第二节　仲裁协议的成立要件

一、形式要件

仲裁协议应为具有书面形式的协议。既然书面形式为仲裁协议的形式要件，那么不具备该要件的仲裁协议就是无效的。当今社会，“书面形式”的表现形式相当宽泛，而且大众对此的承认程度也是比较高的。在信息技术飞跃发展的现代社会，商事交易手段已由原来广泛采用的电报、电传、传真发展到电子数据交换以及通过互联网的电子邮件、微信、微博、Instagram、Snachat 等高速传输手段，为什么仲裁还强调仲裁协议的书面形式？仲裁协议应采用书面形式的规定来源于《纽约公约》，而《纽约公约》作为有 164 个联合国会员国参加的国际公约，修改并不容易，故各国仲裁法均对书面仲裁协议作了宽松的界定。最有代表性的是 1996 年《英国仲裁法》，其第五条规定，下述均构成书面协议：（1）协议以书面形式达成（无论当事人签署与否）（2）协议以交换书面通信达成；（3）协议有书面证据证实；（4）如当事人以书面形式同意援引某书面条款，则其达成书面协议；（5）如非以书面达成之协议由协议当事人授权的一方当事人或第三方予以记录，则该协议被证明具备书面形式；（6）仲裁或法律程序之文件交换中，一方当事人宣称存在书面形式的协议，且对方当事人在其答复中不作反对，该文件交换构成具有所宣称效力的书面协议。1996 年《英国仲裁法》吸收了《示范法》的成果，《示范法》第七条第二款规定，仲裁协议应是书面的。协议如载于当事各方签字的文件中，或载于往来的书信、电传、电报或提供协议记录的其他电讯手段中，或在申请书和答辩书的交换中当事一方声称有协议而当事他方不否认，即为书面协议。在合同中援引载有仲裁条款的一项文件即构成仲裁协议，但该合同须是书面的而且这种援引足以使该仲裁条款构成该合同的一部分。我国现行《仲裁法》第十六条第一款规定，仲裁协议包括合同中订立的仲裁条款和以其他书面方式在纠纷发生前或者纠纷发生后达成的请求仲裁的协议。应当注意的是，在英美等普通法国家，书面和签名是分开的两个要件。“书面”表示仲裁协议存在的形式，“签名”则表明双方的合意。仲裁协议须记载于某书面文件上，无论该协议是否为双方签署，是书面证据、双方的通信往来或是存在于其他书面文件中的仲裁条款。书面不等于达成合意，但如不存在书面，则不存在《纽约公约》承认外国仲裁裁决的前提。一份仲裁条款可以是未经签署的，或者包括在合同草案中，其效力应由法院予以确认或否认。原则上，有效的仲裁协议需要双方签名。签名是合意的表示，表明仲裁条款是双方自愿达成的。凡能表明仲裁条款是由当事人自愿达成的，则对签名的方式不应以过于严格的方式处理。《示范法》对《纽约公约》有关书面要件作出更宽泛的解释。国际贸易法委员会秘书处的说明中指出，虽然口头仲裁协议在某些国家实践中出现并为某些国内法所承认，第七条第二款仍依据 1958 年《纽约公约》要求书面要件的规定。该说明扩大了《纽约公约》第二条第二项书面形式的定义，增加“电报或提供协议记录的其他电讯手段”，包括“在申请书和答辩书的交换中当事一方声称有协议而当事他方不否认，即为书面协议”，并规定“在合同中援引载有仲裁条款的一项文件”（如一般条款）“即构成仲裁协议，但该合同须是书面的而且这种援引足以使该仲裁条款构成该合同的一部分”。2006 年 7 月 6 日，联合国国际贸易法委员会第 39 届年会在美国纽约联合国总部通过《示范法》第七条“仲裁协议的定义和形式”。示范法提供了两种备选案文，其一如下：（1）“仲裁协议”是指当事人同意将他们之间一项确定的契约性或非契约性的法律关系中已经发生或可能发生的一切或某些争议提交仲裁的协议。仲裁协议可以采取合同中的仲裁条款形式或单独协议的形式。（2）仲裁协议应为书面形式。（3）若仲裁协议的内容以任何形式记录下来，则为书面形式，无论该仲裁协议或合同是以口头方式、行为方式还是以其他方式订立的。（4）电子通讯所含信息可以调取以备日后查用的，即满足了仲裁协议的书面形式要求。“电子通讯”系指当事人以数据电文方式发出的任何通讯；“数据电文”系指经由电子手段、电磁手段、光学手段或类似手段生成、发送、接收或储存的信息，这些手段包括但不限于电子数据交换、电子邮件、电报、电传或传真。（5）另外，如在申请书和答辩书的交换中，一方当事人声称有仲裁协议而另一方当事人不予否认的，则仲裁协议即为书面协议。（6）在合同中援引载有仲裁条款的任何文件的，只要该援引可使该仲裁条款成为合同的一部分，即构成书面形式的仲裁协议。其二如下：“仲裁协议”是指当事人同意将他们之间一项契约性或非契约性的法律关系中已经发生或可能发生的一切或某些争议提交仲裁的协议。以上无论哪种案文，在书面要件上均有实质性发展。例如，备选案文一中，虽然再一次强调仲裁协议应为书面形式，但与原规定相比，将可以任何形式记录的仲裁协议内容，均视为具有书面形式，而无论该仲裁协议或合同是以口头方式、行为方式还是以其他方式订立的。备选案文二则不再对形式要件作出规定。

我国《仲裁法司法解释》第一条规定，《仲裁法》第十六条规定的“其他书面形式”的仲裁协议，包括以合同书、信件和数据电文（包括电报、电传、传真、电子数据交换和电子邮件）等形式达成的请求仲裁的协议。然而，仲裁协议或合同以口头方式、行为方式订立的且仲裁协议的内容以任何形式记录下来的，依中国法律并不能认为是书面形式。以下具体介绍几种仲裁协议之外的在实践中经常被采用的书面形式。

1. 互换函电

互换函电是达成书面仲裁协议的一种方式。在何种情况下，互换函电都可以构成有效仲裁协议吗？答案不是固定的，需要具体案件具体审查。

何种情况下，互换函电并不构成有效仲裁协议？**下面以德国法院判决的一个案件说明，该案涉及仲裁协议的形式要件，也涉及互换函电问题。**争议产生于南斯拉夫卖方和德国买方之间签订的三份销售合同。合同细节由当事人通过电话谈妥，后由南斯拉夫卖方填入空白格式合同。该格式合同包含由当事人签署的一页纸，该纸复印后用于各类不同的销售合同。合同填完后传真给德国买方。德国买方既未书面确认，也未拒绝。后德国买方（被申请人）因所谓的货物不符而拒绝支付，南斯拉夫卖方（申请人）向贝尔格莱德商会提起仲裁。德国买方拒绝参与仲裁程序。仲裁庭确定其有管辖权，并作出有利于申请人的裁决。在随后于德国请求宣布裁决可执行的程序中，被申请人否认存在仲裁协议。被申请人认为其从未书面或口头同意仲裁。申请人称其已经在合同协商阶段口头通知被申请人，争议通过仲裁解决是合同条款的一部分。德国法院认定，《纽约公约》第二条第一项和第二项规定的书面协议要件未被遵守。合同文件并未为当事人签署，而是以复印方式提供。而且，最后的文件由卖方通过传真方式传送不被认为是第二条第二项第二个选择项意义上的“互换函电”。法院强调，只有相互交换文件才能满足这一要件，单方的传送或单方的确认均不符合该条规定。无论是口头还是默示地接受包含仲裁协议的要约，不足以构成有效的仲裁协议。

2. 援引

中国《仲裁法》没有明确规定援引，但在仲裁实践中，如当事人的合同未写明仲裁条款，而只援引了其他载有仲裁条款的书面文件，并使该文件作为原合同的一部分，则也符合书面要件。从《最高人民法院关于福建省生产资料总公司与金鸽航运有限公司国际海运纠纷一案中提单仲裁条款效力问题的复函》可以看出，具备一定条件的援引才能构成有效的仲裁协议。援引应具有下列基本要素：一是合同中未载明仲裁条款。援引是对他文件的援引，而主文件本身并不包含仲裁条款。二是合同援引了其他书面文件。合同中虽然未载明仲裁条款，但关于争议解决，援引了其他书面文件中的规定。三是所援引的书面文件中包含有效的仲裁条款。如果所援引的仲裁条款无效、失效或不可履行，则也未达成有效的仲裁协议。缺乏上述任何一项基本要素，当事人都可以对该援引的仲裁协议作出的裁决提出异议，并可能得到支持。

3. 提单

提单中经常出现援引某些格式合同的情况。例如，在海运提单中包含仲裁条款的情况下，发货人并未签署提单，此时，仲裁协议的效力如何？中国最高人民法院在某案批复中表明：上诉人福建省生产资料总公司虽然不是租船合同和海上货物运输合同的签约人，但其持有承运人签发的含有合并租约和仲裁条款的提单，并明示接受该仲裁条款，因此，该条款对承运人和提单持有人均有约束力。

4. 法律程序中的书面确认

《示范法》、1996 年《英国仲裁法》等均规定，在法律程序中，一方宣称存在仲裁协议，而他方不作反对表示的，此种法律程序中的文件之交换构成书面协议。这样可以避免一方当事人在仲裁裁决不利于己方的情况下，以不存在仲裁协议为由对仲裁裁决提出异议。中国法院的审查仍然较为严格。早先中国贸仲裁决的一些案件，法院对于开庭前双方当事人所签的书面声明（含仲裁协议内容）是不予承认的。法律程序中的书面确认是对严格书面要件的突破。但是，如果准据法对书面要件有严格的限制，或者司法部门在适用仲裁法时采取严格的态度，那么，一方当事人提出实体答辩，同时作出保留，则并不必然在双方当事人之间形成仲裁协议。

5. 公司章程

公司章程是确立公司内部管理体制和公司运行程序，明确股东及公司机关权利义务关系的法律文件。《公司法》规定，制定公司章程是成立公司的必要条件之一。公司章程包括绝对必要记载事项、相对必要记载事项和任意约定记载事项。公司章程中也自然可以规定仲裁条款。公司章程中仲裁条款与合同中仲裁条款主体不同。《公司法》第十一条规定，公司章程对公司、股东、董事、监事、高级管理人员具有约束力。因此，公司章程中的仲裁条款的主体不仅包括公司的股东，还包括公司的董事、监事、高级管理人员等受章程约束的主体。在公司章程中规定了仲裁条款的情况下，公司、股东、董事、监事、高级管理人员之间发生的相关争议亦应采取仲裁方式解决。在仲裁协议的效力上，以该种方式存在的仲裁协议是否具备《仲裁法》要求的形式要件？公司章程的制定应由并且仅由股东或其代表或发起人参与制定并签名盖章，待成立的公司及公司的董事、监事之间发生争议，一方依据公司章程提出仲裁，另一方是否可以其未在公司章程上签字为由提出不存在仲裁协议？该异议是否会得到仲裁机构和法院的支持？笔者认为，该异议不能得到支持。理由是：第一，公司一经成立，公司章程即为有法律约束力的文件，担任公司董事、董事长、监事、总经理的人士在接受任命的同时就意味着接受章程的约束，接受了仲裁条款；第二，作为一种在公司范围内公开的文件，公司章程规定的内部规则为各方所知，其仲裁条款亦以书面形式记载，法律又明确规定公司章程的约束力。因此，公司章程虽未经有关董事、监事、高级管理人员等签字，但公司章程中的仲裁条款已经被他们所接受，并符合法律要求的书面形式，是合法有效的。

6. 附件合同

如合同约定另一合同为其附件，则除非存在相反约定，主合同中的仲裁条款应适用于附件合同。**在珠海经济特区某工业有限公司申请撤销仲裁裁决案中，**申请撤销人提出的理由之一是：申请人与被申请人之间没有仲裁协议，申请人与被申请人于 1992 年 12 月 18 日签订了一份《关于成立中外合作“单项经营房地产公司”的协议书》（以下简称协议书），该协议书中并无仲裁条款。同日，某工业有限公司和珠海市香洲区前山某工贸公司与两被申请人还签订了一份《合作经营珠海经济特区金钟山花园有限公司合同书》（以下简称合同书），该合同书中订立有仲裁条款。中国贸仲华南分会的仲裁裁决涉及协议书和合同书两份文件，但仲裁裁决的全部内容均是协议书项下的争议，中国贸仲华南分会实际是将协议书和合同书分割开来，作为相互独立的合同来审理，中国贸仲华南分会以协议书为依据进行审理，而该协议书中并没有仲裁条款，中国贸仲华南分会如以合同中的仲裁条款为依据审理仲裁案，而由于合同书与协议书相互独立，因而合同书中的仲裁条款不能及于协议书，况且合同书中的当事人与协议书中的当事人并不完全一致。因此，中国贸仲华南分会依据协议书所作出的仲裁裁决是在没有仲裁协议的情况下作出的，应予以撤销。在撤销诉讼中，法院认为：申请人与被申请人所签订的协议书中虽然没有仲裁条款，但该协议书是作为合同书的附件，是合同书不可分割的一部分，与合同书具有同样的法律效力，因而合同书中的仲裁条款效力应及于协议书，而且仲裁条款具有独立性，它不受合同或协议书是否有效的影响。此外，在金某公司与真某公司向珠海市中级人民法院提起诉讼时，某工业有限公司与某村委均向法院提出根据合同书和协议书，此案均应交由仲裁庭解决，珠海市中级人民法院也采纳某工业有限公司和某村委的异议，并作出了相应的裁定。因而，无论从合同书和协议书的约定以及某工业有限公司与某村委的意思表示来看，均表明该案应由仲裁庭解决，中国贸仲华南分会对该案依法享有仲裁管辖权。

二、实质要件

根据我国《仲裁法》的规定，仲裁协议通常应具备三个要素：请求仲裁的意思表示、仲裁事项和明确的仲裁机构。中国是实行机构仲裁的国家，所以在其仲裁法中，对于仲裁协议规定了这三个实质要素。对于其他同时也实行临时仲裁的国家，情况有所不同，可能只需要其中的一个要素，如仲裁意愿；或者两个要素，如仲裁意愿和仲裁事项。

1. 仲裁意愿

仲裁协议是当事人的真实意思表示，是当事人意思自治原则的体现。一方可能在仲裁执行程序中提出异议，认为仲裁协议并非其真实意思表示。此时，有管辖权的法院应当依据仲裁协议的表面措辞，结合签订合同时双方的真实意思，考察双方是否同意将争议提交仲裁。

在某德国食品贸易有限公司申请承认和执行德国汉堡交易所商品协会仲裁法庭仲裁裁决案中，被申请人收到执行通知书后，向厦门市中级人民法院提出了执行异议，理由之一即双方所签订的合同书条款中并无仲裁条款，只是在合同条文之前的总则中含有仲裁之意的文字，不能作为解决争议的仲裁条款。法院经审查后认为，当事人双方在合同中约定的仲裁内容，是其真实意思表示，且约定内容明确。因此，申请执行人所提异议不能立。

在某机械进出口公司申请撤销仲裁裁决案中，法院认为，涉及将当事人服从仲裁程序的行为解释为接受仲裁管辖。1990 年 5 月 31 日，某机械进出口公司与陈某、朱某签订了一份继续承包某酒楼的合同，合同的仲裁条款是

“合同在履行期间若发生争执，应由双方本着友好、合作精神协商解决，经协商解决不了的，通过合同仲裁机关仲裁解决”。法院认为，合同第五条仲裁条款中的“通过合同仲裁机关仲裁解决”的文字是不明确的。但是，当申诉人申请仲裁到中国贸仲深圳分会，某机械进出口公司第一次开庭审理时不到庭应诉，但其后用书面方式请求仲裁庭第二次开庭审理，并准时出庭应诉，这一服从仲裁程序的行为足以表明其已接受中国贸仲深圳分会对该案的管辖权，因此，某机械进出口公司要求撤销裁决书的理由不成立。

2. 仲裁协议中约定的“仲裁机构”

依据《仲裁法》第十八条的规定，仲裁协议对仲裁事项或者仲裁委员会没有约定或者约定不明确的，当事人可以补充协议；达不成补充协议的，仲裁协议无效。但何谓“明确约定”？笔者认为，可以推定出当事人真实约定的仲裁机构是哪一个的，就为明确约定。因仲裁条款通常采用原国务院法制办 1996 年 22 号文的推荐条款：因本合同引起的或者与本合同相关的一切争议，均提交 ××× 仲裁委员会仲裁。该条款有“提交……仲裁”的表述，即为仲裁的意思表示，“因本合同引起的或者与本合同相关的一切争议”，就是仲裁事项。这两项一般不会写错，容易写错的就是仲裁机构的名称，如中国贸仲，五花八门的名称不可胜数，所以有相当一部分仲裁协议效力异议案件会涉及仲裁机构的名称约定错误问题。

（1）仲裁机构名称变更

在 A 有色金属进出口公司与 B 有色金属进出口有限公司债权转让协议纠纷案中，一审法院认为名称变更导致仲裁条款约定不明，从而使仲裁条款无效。但二审法院（最高人民法院）撤销了一审法院的决定。二审法院认为：首先，双方当事人在合同中约定：“Arbitration：FTAC of China”，故双方通过仲裁方式解决纠纷的意思真实、明确。其次，仲裁条款约定由 FTAC of China 进行仲裁，而 FTAC of China 系“Foreign Trade Arbitration Commission of China”的英文缩写，译文为“中国对外贸易仲裁委员会”，是中国贸仲的旧名称。根据《中国国际经济贸易仲裁委员会仲裁规则》的规定，使用中国国际经济贸易仲裁委员会旧名称的，应视为双方当事人一致同意由该机构仲裁。因此，根据《仲裁法》第十六条的规定，该仲裁条款应为有效。原审以我国对外贸易仲裁机构的名称已作变更，认定本案仲裁条款对仲裁机构约定不明而无效，没有法律依据，应予纠正。

在另外一个案例中，**某包装设计公司在荷兰申请执行 CIETAC 裁决案中，**被告提出的抗辩之一与上述情形几乎相同，即当事人同意其争议由“中国国际贸易促进委员会对外经济贸易仲裁委员会”（FETAC）仲裁，而裁决是由“中国国际经济贸易仲裁委员会”（CIETAC）作出，二者不能认为是相同的仲裁机构。一审法院批准执行。在有关仲裁机构变更上，一审法院认为，对外经济贸易仲裁委员（FETAC）改称 CIETAC 不足以推导出当事人不再同意将争议提交仲裁的结论，特别是被申请人在仲裁开始时并没有反对此种变更。由此，不能推导出仲裁裁决或仲裁裁决作出的方式违反公共政策这个可能导致拒绝执行申请的唯一相关的理由。

以上两个案例很明确地说明，仲裁机构名称变更，但是可以根据合同约定以及事实推导出当事人的真实意思表示的，应认定当事人关于仲裁机构的约定是明确的，仍应以仲裁方式解决双方纠纷。这也是“尽量使仲裁协议有效”原则在实践中的体现。

（2）约定的仲裁机构名称不确切

由于笔误或其他书写错误，双方所签仲裁协议中约定的仲裁机构名称可能不确切，双方当事人对此可能产生争议。此时，应当依据案件的具体情况，认定约定的仲裁机构是否明确。《仲裁法司法解释》第三条规定：“仲裁协议约定的仲裁机构名称不准确，但能够确定具体的仲裁机构的，应当认定选定了仲裁机构。”该条规定中的“能够确定”，意为不以文字上的疏漏来否定当事人通过仲裁解决争议的意愿。比如，**在某日用化工实业公司和某学校申请确认仲裁协议无效案中，**各方当事人分别于 1995 年和 1996 年签订了含有仲裁条款的仲裁协议。该仲裁条款中选定的仲裁委员会名称比实际受理此纠纷的仲裁委员会法定名称多一“市”字。法院认为，北京地区当时只有一家受理国内仲裁案件的仲裁委员会，即北京仲裁委员会，且异议人已向该仲裁委员会提交答辩书。因此，当事人在仲裁条款中约定的仲裁委员会是明确的。**又如，某城市建设工程公司申请执行仲裁裁决案也涉及仲裁机构不明的问题。**申请执行人要求被申请执行人按北京仲裁委员会（1996）京仲裁字第57号裁决书履行义务。被申请执行人提出书面异议，认为北京仲裁委员会（1996）京仲裁字第57号裁决书违反《仲裁法》的有关规定，请求法院依法裁定不予执行。法院经审查认为：执行申请人于1994年6月6日与被申请执行人签订水曲柳木门框工矿产品购销合同，该购销合同中的仲裁条款是："协商不成时到有管辖的机构仲裁。"根据我国《仲裁法》第六条，仲裁委员会应当由当事人协议选定。仲裁不实行级别管辖和地域管辖。故仲裁条款中"有管辖权权的机构仲裁"的约定不明确，不能够确定具体的仲裁机构，根据《仲裁法》第十八条"仲裁协议对仲裁事项或者仲裁委员会没有约定或者约定不明确的，当事人可以补充协议；达不成补充协议的，仲裁协议无效"的规定，当事人也没有补充协议确定具体的仲裁机构，故该合同的仲裁协议无效，裁决不予执行。

再举一个关于当事人在仲裁协议中约定的仲裁机构名称不确切的案例。上海某照明器材有限公司与某工程公司签订的买卖合同约定："争议应提交青岛市经济贸易仲裁委员会根据该会仲裁程序规则进行仲裁。"关于仲裁协议效力异议，最高人民法院认定，青岛市并不存在当事人所约定的仲裁机构，故仲裁协议无效。

笔者认为，从以上三个案例可以看出，司法实践中对仲裁机构约定的判断，首先是从合同约定的书面文字入手。可以确定的是，当事人当初签署合同的合意是通过仲裁方式而非诉讼方式解决以后可能会产生的纠纷，从最大限度保障当事人意思自治的初衷出发，虽然书面约定的文字有疏漏或者错误，但是若经过逻辑判断或者推理能够确定该约定指向的唯一一家仲裁机构，那么仲裁协议即是有效的。

（3）约定两个仲裁机构

《仲裁法司法解释》第五条规定："仲裁协议约定两个以上仲裁机构的，当事人可以协议选择其中的一个仲裁机构申请仲裁；当事人不能就仲裁机构选择达成一致的，仲裁协议无效。"在此之前，最高人民法院曾于1996年就同时选择两个仲裁机构的仲裁条款效力问题作出复函，所涉案当事人订立的合同中仲裁条款约定："合同争议应提交中国国际贸易促进委员会对外经济贸易仲裁委员会或瑞典斯德哥尔摩商会仲裁院仲裁。"最高人民法院认为，该仲裁条款对仲裁机构的约定是明确的，亦是可以执行的。当事人只要选择约定的仲裁机构之一即可进行仲裁。有的观点认为，《仲裁法司法解释》该相关规定是倒退。事实上，因仲裁的独立性原则，各仲裁机构互不统属，互相独立，不可能像法院对民事纠纷案件的管辖一样，如果两个法院对案件都有管辖权，则案件由最先受理的法院管辖。如果确认仲裁协议可以约定两个以上仲裁机构，则会出现一案两审、两个裁决书都有效的局面，国际上的仲裁机构尤其如此。所以，《仲裁法司法解释》对此问题的规定是正确的。

（4）约定先裁后审

实践中，有的当事人约定，如有争议，先提交某机构仲裁；如对仲裁裁决不服，则提交法院判决。这种约定与《仲裁法》规定的一裁终局相冲突，而且当事人的本意可以推定为以司法裁判作为最终解决争议的方式。因此，仲裁条款应当无效。

（5）同时约定法院和仲裁机构

在实务中，有的示范合同文本的争议解决条款中约定：如发生争议，可提交某仲裁机构或有管辖权的法院解决。按照最高人民法院于1996年4月18日对广东省高级人民法院的复函（法经〔1996〕110号），此种或仲裁或诉讼条款无效。《仲裁法司法解释》第七条规定：“当事人约定争议可以向仲裁机构申请仲裁也可以向人民法院起诉的，仲裁协议无效。但一方向仲裁机构申请仲裁，另一方未在仲裁法第二十条第二款规定期间内提出异议的除外。”或裁或审条款无效，是中国法院一贯的立场。2006年施行的《仲裁法司法解释》仍持此种立场。不过，该司法解释增加的一个规定是，被申请人若未在仲裁庭首次开庭前提出异议，则仲裁协议仍然是有效的，双方仲裁协议中约定的仲裁机构可以受理案件。该规定事实上明确了不按照《仲裁法》规定提出异议的后果，也排除了一方当事人以此种仲裁协议无效在将来提出撤销或不予执行的可能性。这一点从该司法解释第二十七条也可以看出。

（6）约定国外仲裁机构

非涉外案件的双方当事人约定争议由境外仲裁机构裁决，该约定在我国目前的司法实践中被认定为无效约定。而且目前的司法实践导向是，国内当事人将其不具有涉外因素的合同或者财产权益纠纷约定提请外国仲裁机构仲裁的，仲裁协议应认定为无效；外国仲裁机构已经作出仲裁裁决的，人民法院对于申请人要求承认该仲裁裁决的申请应予以驳回。

2005 年 12 月 23 日，A 公司与 B 公司签订贸易协议，其中约定：如果首次提出善意协商请求后 30 天内未开始协商，可将纠纷提交国际商会并根据其仲裁规则进行仲裁。后来双方发生纠纷，A 公司向南通市中级人民法院申请确认该仲裁条款无效，理由是根据《合同法》第一百二十八条，只有涉外合同当事人可选择境外仲裁，而本案双方当事人、标的物制造、运输、合同签订地和履行地均在国内，并非涉外合同，故应认定该仲裁协议无效。最高人民法院在 2012 年 8 月 31 日作出的（2012）民四他字第 2 号《关于江苏航天万源风电设备制造有限公司与艾尔姆风能叶片制品（天津）有限公司申请确认仲裁协议效力纠纷一案的请示的复函》中指出，“由于仲裁管辖权系法律授予的权力，而中国法律没有规定当事人可以将不具有涉外因素的争议交由境外仲裁机构或者在中国境外临时仲裁，故本案当事人约定将有关争议提交国际商会仲裁没有法律依据”。最终，主审法院认定本案属于国内商事纠纷而非涉外案件，因此双方约定涉案争议交由外国仲裁机构进行仲裁的条款违反我国相关法律规定，所以认定涉案《贸易合同》第十九条关于仲裁条款的规定无效。

另一个案例中，2007 年 7 月 20 日，C 公司与 D 公司签订《合同书》，约定双方合作经营位于北京市朝阳区的高尔夫球场，并约定若双方发生纠纷，先协商解决，协商不成，提交大韩商事仲裁院仲裁。后双方发生纠纷，大韩商事仲裁院依据双方的仲裁条款受理申请并作出裁决，后 C 公司向北京第二中级人民法院申请承认和执行该裁决。经过审理，北京市第二中级人民法院认为本案双方当事人都是依据中国法律设立的法人公司，涉案协议中的标的即高尔夫球场也位于国内，对股权转让之规定也是中国法人股权的转让，并且基于双方民事法律关系的产生、变更和结束的民事法律事实也都发生在中国境内，大韩商事仲裁院进行仲裁时的准据法也是中国法，故认定该仲裁协议无效，并依据《纽约公约》第五条拒绝承认和执行该裁决。

上述两个案例的案情和法院裁判结果基本一致。首先，当事人均为我国法人，且一方或双方企业为外商投资企业；其次，商事合同关系的产生、变更和终止的事实均发生在我国境内；再次，所涉标的均在我国境内；最后，当事人均约定提交外国仲裁机构仲裁。笔者认为，我国现行立法并未禁止无涉外因素的纠纷约定外国仲裁，因此上述司法案例的结论是错误的。

（7）仲裁条款仅约定进行仲裁，但未约定仲裁机构；或者约定了仲裁地点，但未约定具体的仲裁机构

双方达成的仲裁协议中仅约定发生纠纷应提交仲裁解决，但未约定仲裁机构；或者约定了仲裁地点，但未约定具体的仲裁机构。在此情况下，如当事人未能达成补充协议，则此仲裁条款为无效仲裁条款。相关案例可参见《最高人民法院关于仅选择仲裁地点而对仲裁机构没有约定的仲裁条款效力问题的函》。该函涉及的内容即后一种情况。应当注意到，这种情况下，即使该选择的地点只有一家仲裁委员会，也不能推定仲裁委员会的约定是明确的，理由是仲裁机构没有地域管辖。例如，当事人选定仲裁地点为石家庄，但如没有指明石家庄仲裁委员会，则由于别的仲裁委员会（如 CIETAC）根据其规则亦可将石家庄作为仲裁地点，而使得该仲裁条款因为仲裁机构的约定不明确而无效。但如果约定当事人所在地仲裁机构仲裁，则情况又不同。1998 年 7 月 6 日最高人民法院对河北省高级人民法院的某案件复函如下：本案双方当事人在租赁经营合同中约定，租赁双方因执行本合同发生争议，任何一方均可向甲方（石家庄某广场有限公司）所在地仲裁机关申请仲裁。该合同中虽未写明仲裁委员会的名称，仅约定仲裁机构为“甲方所在地仲裁机关”，但鉴于在当地只有一个仲裁委员会，即石家庄市仲裁委员会，故该约定应认定是明确的，该仲裁条款合法有效。当事人因履行该合同发生纠纷，应提交仲裁解决，人民法院对本案不享有管辖权。此案例与上述假设情况的区别是，一个指明的是仲裁地，另一个则指明的是仲裁机构所在地。这是两个不同的法律概念。当然，也应该注意的是，倘若当事人约定“发生纠纷的当地仲裁机关”，或者约定“中国涉外合同的仲裁机构”，此种条款会被中国法院认定为无效。

在辽宁省锦州市黑山县人民法院审理的原告某农机设备有限公司与被告王某可、吴某鹏案中，双方于 2014 年 8 月 26 日签订《联合开发协议书》，协议第十条第一款约定：本协议在履行过程中发生的争议，由双方当事人协

商解决，也可由有关部门调解；协商或调解不成的，提交协议签订地仲裁委员会仲裁。本案的协议签约地为黑山县。一审法院认为，虽然双方在《联合开发协议》中约定了仲裁条款，但是该条款约定的仲裁委员会为“协议签订地仲裁委员会”，本案的协议签约地为黑山县，而黑山县没有仲裁委员会，即选定的仲裁委员会不存在，等同协议没有约定。《仲裁法》第十八条规定：“仲裁协议对仲裁事项或者仲裁委员会没有约定或者约定不明确的，当事人可以补充协议；达不成补充协议的，仲裁协议无效。”故本案原告有权选择向人民法院起诉，依据《仲裁法司法解释》第二百一十五条、第二百一十六条以及《仲裁法》第十六条、第十八条之规定，裁定如下：驳回被告王某可、吴某鹏对本管辖权提出的异议。二审法院的观点与一审一致，维持了原裁定。本案经再审认为，本案的争议焦点问题是二审上诉人提出的管辖异议是否成立。《仲裁法司法解释》第六条规定，仲裁协议约定由某地的仲裁机构仲裁且该地仅有一个仲裁机构的，该仲裁机构视为约定的仲裁机构。该地有两个以上仲裁机构的，当事人可以选择其中的一个仲裁机构申请仲裁；当事人不能就仲裁机构选择达成一致的，仲裁协议无效。本案中，二审上诉人王某可、吴某鹏与二审被上诉人某农机设备有限公司于2014年8月26日签订《联合开发协议书》，协议约定双方发生争议由协议签订地仲裁委员会仲裁。同日，二审被上诉人某农机设备有限公司与二审上诉人王某可、吴某鹏、一审被告某房地产开发有限公司签订“联合开发现代家园住宅小区协议书”，协议约定解决方式仍为由协议签订地仲裁委员会仲裁，合同签订地点注明为“现代农机办公室”。上述两份协议约定解决争议方式为仲裁，协议签订地为二审被上诉人处。二审被上诉人注册及办公地点在黑山县境内，因黑山县境内无仲裁机构，但黑山县属锦州市辖区县，锦州市存在仲裁委员会，且只有一个，符合双方合同约定，可以认定双方约定的仲裁协议明确。故裁定上诉人对管辖权提出的异议成立。

第三节　仲裁协议的效力延伸——“长臂效力”

仲裁协议的效力延伸也被称为仲裁协议的“长臂效力”。国际仲裁中，尤其是“二战”以后，随着商业的发展，出现了大量未经当事人亲笔签署的仲裁协议。仲裁实务中不可避免地要面临一个问题：判定仲裁协议是否对这些未签字人继续有效。经过一段时期的学理争论以及仲裁实务的检验，国际上对这一问题已逐渐形成较为统一的观点和做法，即仲裁协议应当继续约束由于法律运作引发的合同主体变更的合同继受方和原合同方。美国著名合同法专家科宾认为，如果债务人与让与人订立的合同中规定，因该合同发生的争议用仲裁解决，那么这一条款正如同可适用于让与人一样，它也对受让人适用。在美国，也有法院的判决体现了这一观点。**在 TechneTronics Inc v. LeyboldCeaeus GmbH 案中**，被告作为卖方与一家芬兰公司签订了一份买卖合同，合同中有仲裁条款；同时，合同还规定芬兰公司有权将其在合同中的所有权利义务转让给原告（美国宾夕法尼亚的一家公司）。原告受让合同权利义务后，履约过程中发生争议。原告向宾夕法尼亚州法院提起诉讼，而被告以合同中订有仲裁条款为由，要求法院驳回原告的诉讼请求。原告认为，其没有在芬兰公司与被告订立的仲裁协议上签字，因此他不受该合同中的仲裁条款约束。法院判决，未在合同上签字并不能阻止仲裁条款的执行。根据《宾夕法尼亚统一仲裁法》的规定，原告接受合同项下的权利义务构成了一项确定的承诺，即它将履行已经接受的义务，而且包括执行强制的国际商事仲裁条款的义务。

在这方面，联合国国际贸易法委员会也作出了积极的探索，并在世界范围产生了广泛的影响。2001 年，联合国国际贸易法委员会在纽约召开工作组会议，会议审议了特定情况的若干典型例子，归纳为字面上不能满足仲裁协议形式要件的 13 种情形，倾向于认定在这些情形下均存在“书面”的仲裁协议。其中，除与“书面”和“互换函电”的形式要求相关的 8 种情形外，该报告还提出了 5 种涉及仲裁协议是否可以延伸适用于第三方未签字人问题的特殊情形，分别涉及第三方利益合同、合同转让、代位、公司合并与分立、母子公司等情形，原当事人已经达成有效的仲裁协议，可以约束后来成为合同一方或继承了合同中某些权利义务的第三方。可以看出，联合国国际贸易法委员会对仲裁协议效力扩张是持支持和肯定态度的。从当今各国的仲裁实践来看，仲裁协议效力及于未签字人主要出现在以下几种情况中：合同转让、公司的合并和分立、代为清偿以及代理等。其中，债权转让后的仲裁协议能否自动转移而继续约束债务人和受让人是出现频率较高、相关判例较多的一类问题。

那么问题来了，我国关于仲裁协议效力扩张的态度是什么？通过法条检索，我国现行法律没有对仲裁协议效力扩张作出明确规定。但在仲裁实践中，出现了仲裁效力扩张的案例。2001 年 2 月 1 日起执行的《上海市高级人民法院关于执行〈中华人民共和国仲裁法〉若干问题的处理意见》第五部分援用了《仲裁法》第十九条的内容："根据仲裁法第十九条规定，'仲裁协议独立存在，合同的变更、解除、终止或者无效，不影响仲裁协议的效力。'因此，在仲裁协议有效的情形下，订立仲裁协议的主体发生合并、分立或终止，其权利义务继受者与仲裁协议相对方未达成新的仲裁协议或未达成放弃仲裁的协议时，原仲裁协议对各方当事人具有约束力，各方当事人应当按照原仲裁协议，通过仲裁解决争议。"根据该规定，在作为合同权利义务转让中的法定概括转让中，当事人合并与分立时仲裁条款也转让。

仲裁协议的"长臂"效力被《仲裁法司法解释》所确认。《仲裁法》第十六条规定，"仲裁协议包括合同中订立的仲裁条款和以其他书面方式在纠纷发生前或者纠纷发生后达成的请求仲裁的协议。仲裁协议应当具有下列内容：（一）请求仲裁的意思表示；（二）仲裁事项；（三）选定的仲裁委员会"。为此，如果需要解决的争议超出仲裁事项，应当视为没有仲裁协议。《仲裁法》第十九条规定："仲裁协议独立存在，合同的变更、解除、终止或者无效，不影响仲裁协议的效力。……"但是，《仲裁法司法解释》延长了仲裁协议的效力，规定"债权债务全部或者部分转让的，仲裁协议对受让人有效，但当事人另有约定、在受让债权债务时受让人明确反对或者不知有单独仲裁协议的除外"，"当事人概括约定仲裁事项为合同争议的，基于合同成立、效力、变更、转让、履行、违约责任、解释、解除等产生的纠纷都可以认定为仲裁事项"。

但是，在适用该"长臂"效力时应当区分具体情况，不能再延长其"长臂"效力，否则构成对《仲裁法》的违反。"长臂"效力不能突破仲裁协议约定的具体仲裁事项。

案例指引

湖北省高级人民法院对武汉某科教公司诉某香港公司的判决中确认仲裁条款效力案是我国司法机关对仲裁协议效力扩张进行认定的一个经典案例。

案情简介

在该案中，武汉 A 公司与某香港公司签订合营合同，合同订有仲裁条款；后经某香港公司同意，A 公司将其在合营公司中的股权全部转让给武汉某科教公司，受让人武汉某科教公司还与某香港公司签订协议书，对原合营合同的部分条款（如出资等）作了变更，在该协议书中未提及仲裁条款。武汉某科教公司与某香港公司在合资经营公司期间发生争议，某香港公司依据仲裁条款向有关仲裁机关提请仲裁，武汉某科教公司则向武汉市中级人民法院请求仲裁条款无效。

法院裁判

武汉市中级人民法院认为，武汉某科教公司与某香港公司签订的协议书，是对原合营合同的认可和部分变更，该协议书未明确规定仲裁条款，由于仲裁条款具有相对独立性，故原合营合同中约定的仲裁条款对该合同的受让人无约束力。

某香港公司不服，向最高人民法院提起申诉。最高人民法院明确指出，武汉某科教公司与某香港公司签订的协议书只是对原合营合同部分条款的变更，未变更的原合营合同的其他条款仍然有效，应视为武汉某科教公司与某香港公司对原合营合同中的仲裁条款是认同的，双方因合营合同而发生的争议，应按约定提交仲裁机构解决。①

在再审程序中，湖北省高级人民法院于 1999 年 1 月按照最高人民法院的意见作出民事裁定书，撤销了武汉市中级人民法院的裁定。

---

① 《最高人民法院关于 V97329 号武汉金龙高科技有限公司合资争议仲裁案仲裁条款效力事的复函》（法经〔1998〕212 号，1998 年 5 月 12 日发布）。

笔者观点

此案给我们的启示是，债权转让如果伴随合同的部分变更，未变更的原合同其他条款，包括仲裁条款仍然有效，而无须另行声明仲裁的合意。

仲裁协议效力“长臂”现象一般存在于以下情形中：法人合并与分立；自然人的死亡后继承；合同转让（合同概括转让、债权让与、债务承担）；清偿代位；代理；傀儡公司；法人分支机构；特定第三人；等等。

在债权转让中，原则上仲裁协议对受让人有效。然而，如当事人另有约定，或在受让债权时受让人明确反对或者不知有单独仲裁协议的，仲裁协议对受让人不产生约束力。申请人北京某科技发展有限公司与被申请人张某业务合作合同纠纷一案就涉及这一问题。2015 年 10 月 30 日，北京某科技发展有限公司（甲方）与江西某科技有限公司（乙方）签订《业务合作协议》，其中第九条“争议解决与适用法律”第一项约定：“如双方就本协议内容或其执行发生任何争议，双方应进行友好协商，经协商三日内仍不能解决的或一方不愿协商的，任何一方均可将争议提北京仲裁委员会进行仲裁。仲裁裁决是终局的，对甲乙双方均有法律约束力。仲裁进行过程中，双方将继续履行仲裁部分以外的合同条款。”2018 年 5 月 7 日，江西某科技有限公司（债权出让人）与张某（债权受让人）签订《债权转让协议书》，约定江西某科技有限公司自愿将在《业务合作协议》中对北京某科技发展有限公司的债权本金 830614.83 元及相应的利息转让给张某。张某知晓在《业务合作协议》中江西某科技有限公司与北京某科技发展有限公司之间的仲裁协议，并表示认可。后双方发生争议，张某于 2018 年 5 月 22 日以北京某科技发展有限公司为被申请人向北京仲裁委员会提出仲裁申请，北京仲裁委员会于 2018 年 5 月 23 日受理该案。北京某科技发展有限公司向北京市第四中级人民法院（以下简称北京四中院）申请确认仲裁协议无效。北京某科技发展有限公司认为，其与江西某科技有限公司之间约定的仲裁事项仅限于《业务合作协议》的“内容”及“执行”，但关于《业务合作协议》变更、转让、违约责任等事项并没有达成书面的仲裁协议，即关于《业务合作协议》的变更、转让、违约责任等事项，在双方没有达成新的仲裁协议的情况下，不能通过仲裁的方式解决争议。另外，张某并不能因为与江西某科技有限公司签订《债权转让协议书》而获得独立的将与北京某科技发展有限公司之间的争议提请仲裁解决的权利。张某认为，根据《仲裁法》第十九条和《仲裁法司法解释》第九条的规定，合同主体变更不影响仲裁协议的效力，且涉案争议在仲裁条款约定的仲裁事项范围内。法院认为，根据《仲裁法司法解释》第九条的规定，张某作为江西某科技有限公司与北京某科技发展有限公司之间债权的受让人，对江西某科技有限公司与北京某科技发展有限公司之间的仲裁协议知晓并认可。北京某科技发展有限公司不能证明存在法条所述的除外情形，故涉案仲裁协议对张某有效。因此法院驳回了北京某科技发展有限公司的申请。

第四节　如何判断仲裁协议的效力

结合以上对仲裁协议的性质、生效要件等知识，我们可以思考并总结一下：如何判断仲裁协议的效力？

其一，判断仲裁协议的效力，必须适用《仲裁法》，而不是民法关于合同效力或者关于民事法律行为效力的规定。因此，关于仲裁条款为格式条款，故根据合同法认定仲裁协议无效的案例，在适用法律上明显就是错误的，该观点也是不可取的。

其二，需考虑仲裁协议是否具备生效的前提条件。《仲裁法》第十六条规定："……仲裁协议应当具有下列内容：（一）请求仲裁的意思表示；（二）仲裁事项；（三）选定的仲裁委员会。"以上内容是判断仲裁协议是否有效的前提条件，是仲裁协议有效的必要条款，或生效要件。也即是说，具备以上内容未必有效，但缺少以上内容则无效。

其三，还要考虑是否违反法律的强制性规定。《仲裁法》第十七条规定："有下列情形之一的，仲裁协议无效：（一）约定的仲裁事项超出法律规定的仲裁范围的；（二）无民事行为能力人或者限制民事行为能力人订立的仲裁协议；（三）一方采取胁迫手段，迫使对方订立仲裁协议的。"第十八条规定："仲裁协议对仲裁事项或者仲裁委员会没有约定或者约定不明确的，当事人可以补充协议；达不成补充协议的，仲裁协议无效。"这里直接指明什么情形是无效的，违反以上规定情形的仲裁协议无疑是无效的。具备生效要件，又没有违反法律的效力性强制性规范，仲裁协议可以确定有效。

其四，在确定仲裁协议效力存在争议时，还需要考虑支持仲裁的司法政策。实践中，最高人民法院出台许多司法解释和司法政策，如《仲裁法司法解释》第三条规定："仲裁协议约定的仲裁机构名称不准确，但能够确定具体的仲裁机构的，应当认定选定了仲裁机构。"第四条规定："仲裁协议仅约定纠纷适用的仲裁规则的，视为未约定仲裁机构，但当事人达成补充协议或者按照约定的仲裁规则能够确定仲裁机构的除外。"第六条规定："仲裁协议约定由某地的仲裁机构仲裁且该地也仅有一个仲裁机构的，该仲裁机构视为约定的仲裁机构。"以上规定即体现了推定原则和尽量使仲裁协议有效原则。前述最高人民法院在某石化申请确认仲裁协议效力一案中的批复，采取按照有利于实现当事人仲裁意愿和目的之解释方法确定仲裁协议有效。2017 年《仲裁司法审查规定》第十四条规定，确定确认涉外仲裁协议效力适用的法律时，当事人没有选择适用的法律，适用仲裁机构所在地的法律与适用仲裁地的法律将对仲裁协议的效力作出不同认定的，人民法院应当适用确认仲裁协议有效的法律。这也体现了"尽量使仲裁协议有效"的支持仲裁的司法政策。

案例指引

以下案例是关于仲裁协议中约定的仲裁机构名称不准确，同时一方当事人提出合同上加盖的公章为伪造的情况下，仲裁协议的效力如何认定的问题。

案情简介

撤裁申请人 A 公司认为，《关于美东集团私有化流动性支持项目合作协议》（以下简称《合作协议》）约定争议由"北京市仲裁委"解决，《股权收益权转让与回购合同》约定争议由"北京市人仲裁委"解决，该约定无法确认仲裁机构，属于约定不明，依法应认定仲裁条款无效。《保证合同》中"广西某药业有限公司"印鉴与 A 公司备案印鉴编号不符，系伪造，并非 A 公司的真实意思表示，该《保证合同》及其中的仲裁条款对 A 公司并无约束力。同时，A 公司在收到北京仲裁委员会的通知后，与上述合同中所涉及的公司进行过确认，其他公司表示未签署过上述合同。综上，A 公司请求确认《保证合同》以及《保证合同》所涉及的《合作协议》与《股权收益权转让与回购合同》中约定的仲裁条款无效。①

法院裁判

北京市第四中级人民法院经审理查明：2015 年 6 月 18 日，B 公司与某生物科技有限公司签订《合作协议》，其中约定：凡因本协议履行所产生之一切争议，各方应首先尽量友好协商解决，协商解决不了的，任何一方均可将争议提交至北京市仲裁委解决。同日，B 公司与某生物科技有限公司签订《股权收益权转让与回购合同》，其中第十五条“争议解决”约定：与本合同有效性、履行、违约及解除等有关的争议，合同双方应友好协商解决。如果协商不成，任何一方应向北京市人仲裁委解决。同日，C 药业有限公司、D 药业有限公司、E 药业有限公司、某科技有限公司与 B 公司签订《保证合同》，其中约定主合同为：B 公司与某生物科技有限公司及关联公司签署的《股权收益权转让与回购合同》及其修订或补充；B 公司与某生物科技有限公司签署的《合作协议》及其修改或补充。同时，《保证合同》第十二条约定：凡因履行本合同而产生的一切争议、纠纷，双方可先通过协商解决。协商不成的，采用与主合同之约定相同的争议解决方式。2019 年 5 月 7 日，B 公司作为申请人，以 A 公司等作为被申请人向北京仲裁委员会提出仲裁申请。北京仲裁委员会受理该案，并向 A 公司发出答辩通知。另查明，2018 年 9 月 29 日，D 药业有限公司变更名称为 A 公司。

基于以上查明的事实，法院认为：仲裁协议（仲裁条款）系合同当事人约定将争议提交仲裁解决的意思表示，其效力与否决定了争议解决方式的选择。《仲裁法》第十七条规定：“有下列情形之一的，仲裁协议无效：（一）约定的仲裁事项超出法律规定的仲裁范围的；（二）无民事行为能力人或者限制民事

① 北京市第四中级人民法院（2019）京 04 民特 322 号民事裁定书。

行为能力人订立的仲裁协议；（三）一方采取胁迫手段，迫使对方订立仲裁协议的。”第十八条规定：“仲裁协议对仲裁事项或者仲裁委员会没有约定或者约定不明确的，当事人可以补充协议；达不成补充协议的，仲裁协议无效。”上述规定是人民法院确认仲裁协议无效的法定事由。针对A公司提出的请求确认仲裁协议无效的理由，法院评判如下：《仲裁法司法解释》第三条规定，仲裁协议约定的仲裁机构名称不准确，但能够确定具体的仲裁机构的，应当认定选定了仲裁机构。根据上述规定，在当事人对于仲裁机构名称表述有瑕疵的情况下，应当作出合理解释来确定仲裁机构，以维护当事人的意思自治。

本案中，首先，从B公司与某生物科技有限公司签订的《合作协议》及《股权收益权转让与回购合同》中约定的内容来看，双方均有将纠纷提交仲裁机构进行仲裁的意思表示。其次，虽然《合作协议》及《股权收益权转让与回购合同》中约定的仲裁机构分别为“北京市仲裁委”“北京市人仲裁委”，B公司解释称上述约定的仲裁机构名称有瑕疵，双方的真实意思表示为将纠纷提交北京仲裁委员会进行仲裁。在司法实践中，确实存在当事人对仲裁机构的名称不甚了解，导致约定的内容不准确，此解释具有合理性。同时，在北京仲裁委员会受理该案以后，向某生物科技有限公司发送仲裁通知，亦未见该公司对案件的管辖机构提出任何异议。最后，当事人约定的“北京市仲裁委”“北京市人仲裁委”，结合将仲裁地点设置在北京的仲裁机构的实际情况，仅北京仲裁委员会与约定的仲裁机构在表述上相似，其余仲裁机构与约定的仲裁机构在表述上均有较大区别。从立约本意及文字措辞来看，当事人选择将争议提交仲裁解决的意愿是明显的，虽然名称不完全准确，但经综合对比分析文字表述、当事人真实意思、仲裁机构名称，可以确定北京仲裁委员会系唯一对案涉合同争议具有管辖权的仲裁机构。综上，结合尊重当事人选择将争议解决提交仲裁的意思自治与维护仲裁协议效力司法审查的法律适用尺度统一，应认定《合作协议》《股权收益权转让与回购合同》中约定的仲裁机构明确，仲裁条款有效，故对于A公司提出的上述两份合同中仲裁条款约定不明应属无效的主张，本院不予采纳。

本案所涉《保证合同》中明确约定“采用与主合同之约定相同的争议解决方式”,《合作协议》及《股权收益权转让与回购合同》中的仲裁条款有效，

A公司并未提交充分的证据证明《保证合同》中的仲裁条款存在法定无效的情形，故该仲裁条款具有形式上的合法性。A公司称《保证合同》中该公司的公章系伪造，并据此否定仲裁条款效力。因仲裁条款与其他合同条款一并签订，在此情形下就仲裁条款的效力争议与合同实体争议密切相关，仅通过对当事人是否签字或盖章进行鉴定，不足以全面审查判断当事人在行为时的真实意思表示，更无法完整判断法律行为的效力，因此只有经过仲裁实体审理，方能确保纠纷所涉事实被完整地查明，当事人的真实意思表示经过全面的分析认定，故应由仲裁庭在仲裁实体审查中进行相应处理。当事人可在仲裁裁决后，通过申请撤销仲裁裁决程序中的“没有仲裁协议”事由予以救济。

综上，对于A公司提出的《保证合同》中仲裁条款无效的主张，本院亦不予采纳。综上，《合作协议》《股权收益权转让与回购合同》《保证合同》中的仲裁条款的形式、内容均未违反法律和行政法规的强制性规定，不具有仲裁条款无效的情形，故对于A公司请求确认上述仲裁条款无效的主张，本院不予支持。

笔者观点

结合上述案例，笔者对于仲裁条款的效力认定有以下观点：

1. 关于申请确认仲裁协议效力的主体。《仲裁法》第二十条规定：“当事人对仲裁协议的效力有异议的，可以请求仲裁委员会作出决定或者请求人民法院作出裁定。一方请求仲裁委员会作出决定，另一方请求人民法院作出裁定的，由人民法院裁定。当事人对仲裁协议的效力有异议，应当在仲裁庭首次开庭前提出。”据此，在申请确认仲裁协议效力时，只有仲裁案件当事人才是适格主体。本案中，申请人A公司的请求为，确认主协议《合作协议》《股权收益权转让与回购合同》及从协议《保证合同》中的仲裁条款无效。而需要注意的是，A公司作为从协议《保证合同》的当事人，并非主协议《合作协议》《股权收益权转让与回购合同》的签署方。但是，本案法院仍然对其请求确认主协议中仲裁条款无效的申请进行了审理。

2. 关于仲裁机构约定不准确的认定。《仲裁法》第十八条规定：“仲裁协议对仲裁事项或者仲裁委员会没有约定或者约定不明确的，当事人可以补充协议；达不成补充协议的，仲裁协议无效。”《仲裁法司法解释》第三条规定：“仲裁协议约定的仲裁机构名称不准确，但能够确定具体的仲裁机构的，应当认定选定了仲裁机构。”本案中，主协议当事人在《合作协议》中约定的仲裁机构为“北京市仲裁委”，在《股权收益权转让与回购合同》中约定的仲裁机构为“北京市人仲裁委”。根据《最高人民法院关于如何确认仲裁机构名称约定不明确的仲裁协议的效力的请示的复函》（〔2005〕民立他字第55号），可以明确：仲裁协议约定由“××市仲裁委员会”仲裁的，如“××市”只有一家仲裁委员会，应当认定约定的仲裁机构系指“××仲裁委员会”；如“××市”有多家仲裁委员会，应当认为约定的仲裁机构不明确。如果严格按照该复函的精神，那么本案主协议项下的仲裁条款无疑是无效的。但是，随着“尽量使仲裁协议有效”这一原则在仲裁司法审查中的广泛适用以及法院对仲裁支持的力度加大，在认定“××市仲裁委员会”仲裁条款的效力时，法院已经逐步抛弃前述复函中“一刀切”的做法，转而综合采用在考察仲裁意愿的基础上对比文字表述与仲裁机构名称相近程度的做法来认定仲裁协议的效力。

类似于“北京市仲裁委员会”的约定，在实践中通常会被认定为与其名称更为相近的北京仲裁委员会。例如，在某集团股份有限公司与某建筑工程有限公司申请确认仲裁协议效力一案中，北京市第三中级人民法院在（2017）京03民特186号民事裁定书中认为：该案中，仲裁条款约定的仲裁机构的名称为“北京市仲裁委员会”，比“北京仲裁委员会”的名称多个“市”字，但依据文义理解和通常认知，没有其他的仲裁委员会名称与“北京市仲裁委员会”更近似，该情形应当属于当事人对仲裁机构的名称表述不规范，不影响双方当事人将争议提请北京仲裁委员会仲裁的意思表示，应当认定为仲裁机构约定明确，不符合《仲裁法》第十七条规定的仲裁协议无效的情形。

具体到本案中，法院认为：从立约本意及文字措辞来看，当事人选择将争议提交仲裁解决的意愿是明显的，虽然名称不完全准确，但经综合对比分析文字表述、当事人真实意思、仲裁机构名称，可以确定北京仲裁委员会系唯一对案涉合同争议具有管辖权的仲裁机构。相应地，北京国际经济贸易仲裁委员会则通常会被认定为中国国际经济贸易仲裁委员会。例如，北京市第四中级人民法院审理的（2018）京04民特68号案中，法院认为：当事人约定的仲裁委员会为“北京国际经济贸易仲裁委员会”，结合将仲裁地点设置在北京的仲裁委员会的实际情况，仅“中国国际经济贸易仲裁委员会”与约定的仲裁机构在表述上相似，其余仲裁机构与约定仲裁机构在表述上均有较大区别。虽然“北京国际经济贸易仲裁委员会”的名称不完全准确，但经综合对比分析文字表述、当事人真实意思、仲裁机构名称，可以确定中国国际经济贸易仲裁委员会系唯一对涉案合同争议具有管辖权的仲裁机构。

3. 关于未签署合同的当事人如何寻求司法审查上的救济。本案中，申请人系从合同《保证合同》的当事人，其以《保证合同》上印鉴与其备案印鉴编号不符为由主张《保证合同》项下仲裁条款无效。在该种情况下，申请人认为合同系伪造，根本不存在，从法律效果上看，其实质为认为合同未成立。实践中，对于该类案件的审查，法院只要从形式上认定存在有效的仲裁协议，那么，对于签章的真伪，倾向于不作过多审查。根据《仲裁法司法解释》第二条“当事人概括约定仲裁事项为合同争议的，基于合同成立、效力、变更、转让、履行、违约责任、解释、解除等产生的纠纷都可以认定为仲裁事项”的规定，法院通常会认为签名或盖章的真实性涉及合同效力问题，以其属于实体审理范畴为由，驳回当事人的申请。本案中，法院即采纳了该种做法。当然，这种做法必然引起一种质疑，即如果涉案合同确属于伪造，当事人无端被牵扯进仲裁中，而在确认仲裁协议效力阶段法院又不做审理，当事人如何寻求救济？对此，本案中，法院指出，当事人可在仲裁裁决后，通过申请撤销仲裁裁决程序中的“没有仲裁协议”事由予以救济。笔者认为，如果仲裁庭在实体审理中，认定《保证合同》系伪造的，该合同未成立、未生效，那么涉及当事人的仲裁请求自然无法得到支持，此种做法固然比仲裁裁决作出之后再寻求救济途径好得多。

案例指引

以下案例是关于仲裁条款是否能约束受托人以及“仲裁不成提起诉讼”仲裁条款的效力判断问题。仲裁条款原则上仅能约束缔约双方，但法律另有规定的除外。根据《合同法》第四百零二条的规定，受托人以自己的名义，在委托人的授权范围内与第三人订立的合同，第三人在订立合同时知道受托人与委托人之间的代理关系的，该合同直接约束委托人和第三人，但有确切证据证明该合同只约束受托人和第三人的除外。存在争议的是，在此情形下仲裁条款是否仍约束受托人？本案还涉及仲裁诉讼衔接之约定的仲裁条款效力判断问题。

案情简介

申请人某机电城称，被申请人汤某斌与某投资咨询服务中心签订的《委托投资合同书》第八条约定："因本协议而产生或与本协议有关的一切争议，如友好协商未能解决，应向常德仲裁委员会仲裁，仲裁不成向常德市武陵区人民法院提起诉讼"，该条款的含义为与本协议有关的一切争议，向常德市仲裁委员会申请仲裁，如果争议产生后不能达成仲裁协议，则向武陵区人民法院起诉，所以该条同时约定了仲裁和诉讼两种相互排斥的纠纷解决方式，即"或裁或审"，根据《仲裁法》第十七条、第二十条及《仲裁法司法解释》第七条规定的无效情形，提请法院确认该仲裁协议无效。[①]

法院裁判

法院认为，本案中，某机电城与某投资咨询服务中心具有委托代理关系，某投资咨询服务中心与汤某斌签订《委托投资合同》时，披露了某投资咨询服务中心与某机电城之间的委托代理关系，并且某机电城与某投资咨询服务中心为关联企业，其主要负责人混同，故依据《合同法》第四百零二条"受托人以自己的名义，在委托人的授权范围内与第三人订立的合同，第三人在订立合同时知道受托人与委托人之间的代理关系的，该合同直接约束委托人和第三人，但有确切证据证明该合同只约束受托人和第三人的除外"的规定，《委托投资合同》中约定的仲裁条款亦应约束某机电城。

根据《仲裁法》第二十条规定，当事人对仲裁协议的效力有异议的，可以请求人民法院作出裁定。人民法院应依据《仲裁法》第十七条和第十八条的规定进行审查。《仲裁法》第十七条规定："有下列情形之一的，仲裁协议

① 湖南省常德市中级人民法院（2019）湘07民特40号民事判决书。

无效：（一）约定的仲裁事项超出法律规定的仲裁范围的；（二）无民事行为能力人或者限制民事行为能力人订立的仲裁协议；（三）一方采取胁迫手段，迫使对方订立仲裁协议的。”第十八条规定：“仲裁协议对仲裁事项或者仲裁委员会没有约定或者约定不明确的，当事人可以补充协议；达不成补充协议的，仲裁协议无效。”上述规定是人民法院确认仲裁协议无效的法定事由。本案中，从所涉《委托投资合同》中双方在第八条“争议解决方式”明显可知，双方约定了明确的“请求仲裁的意思表示”（应向常德仲裁委员会仲裁）、“仲裁事项”（因本协议而产生或与本协议有关的一切争议）和“选定的仲裁委员会”（常德仲裁委员会），符合《仲裁法》第十六条的规定，该仲裁协议应为有效。虽然协议双方在第八条明确约定以仲裁方式解决争议，又于同一条款约定仲裁不成向常德市武陵区人民法院提起诉讼，但从表述内容、顺序看，双方并未否认、变更以仲裁方式优先解决争议的意思表示，不能理解为属于《仲裁法司法解释》第七条规定的“可以向仲裁机构申请仲裁也可以向人民法院起诉”的仲裁协议无效的情形，即不属于“或裁或审”的情形。

综上，某机电城认为《委托投资合同》第八条同时约定了仲裁和诉讼两种相互排斥的纠纷解决方式，仲裁协议属于“或裁或审”的无效情形的主张，本院不予支持。最终法院裁定驳回了申请人的申请。

笔者观点

通过该案例，笔者认为有以下几个方面值得注意：

1. 关于直接代理和间接代理。以行为人所为法律行为的后果是否直接归属于被代理人为界限，代理制度有直接代理和间接代理的区分。直接代理是根据被代理人的授权直接将行为后果归属于被代理人。《民法典》第一百六十二条规定：“代理人在代理权限内，以被代理人名义实施的民事法律行为，对被代理人发生效力。”间接代理则是行为人以自己的名义与相对人实施法律行为，并根据其与委托人之间的合同关系将行为后果归属于委托人。鉴于大陆法系强调代理制度的显名原则，要求行为人以被代理人的名义行事，有观点认为间接代理与代理制度相去甚远，非真正意义上的代理制度。《民法典》总则编第七章“代理”也未对间接代理进行规定。理论上，对于《民法典》

第九百二十五条的规定是否同样适用于仲裁条款，存有争议，大致有三类观点：第一种观点，仲裁条款属于合同的组成部分，《民法典》第九百二十五条适用于仲裁条款的效力认定；第二种观点，仲裁条款具有独立性，《民法典》第九百二十五条并不适用于仲裁条款；第三种观点认为，仲裁条款系关于争议解决方式的约定，在合同中地位特殊，《民法典》第九百二十五条中受托人与第三人签署仲裁条款，已经逃离出该条所述“合同”的可能文义射程。因此，仲裁条款是否能够适用，属于法律漏洞，采取不同解释方法，可能有不同的结果。在司法实践中，大多数法院倾向于持肯定的观点。

2. 关于委托人自动介入后的法律地位。根据《民法典》第九百二十五条规定，实践中存在争议的是，委托人自动介入后，是取代了受托人的地位，还是与受托人并存？即理论上有关“受托人地位取代说”和“受托人地位保留说”的争议。从本案裁定书有关“《委托投资合同》中约定的仲裁条款亦应约束某机电城”的论述来看，法院似乎持“受托人地位保留说”的观点，《委托投资合同》中约定的仲裁条款同时约束委托人和受托人。从理论层面出发，“受托人地位取代说”更具合理性，更契合代理制度的本质，也更加符合《民法典》第九百二十五条有关“该合同直接约束委托人和第三人”规定的文义本身。“受托人地位取代说”亦是实践中的多数观点。如在陈某平与杜某宁、赵某峰、张某、朱某平买卖合同纠纷再审民事判决书[①]中，新疆维吾尔自治区高级人民法院生产建设兵团分院指出，“该条规定了第三人在订立合同时知道受托人与委托人之间的代理关系的，委托人可以自动介入到受托人和第三人所签订的合同中，取代受托人的合同地位，直接向第三人主张权利，此规定是对合同相对性原则的突破”。

3. 关于仲裁不成提起诉讼的条款。涉案《委托投资合同书》第八条规定：“……仲裁不成向常德市武陵区人民法院提起诉讼。”对于这类条款的效力，目前司法实践尚未形成一致意见。认为该条款无效的理由主要在于，这类条款约定了仲裁和诉讼两个相互排斥的纠纷解决方式。比如，在某电气有

---

① 新疆维吾尔自治区高级人民法院生产建设兵团分院（2013）新兵民提字第00024号民事判决书。

限公司诉某电气（集团）股份有限公司申请确认仲裁协议效力案一审民事裁定书[①]中，上海市第一中级人民法院认为“参考该条款中‘协商解决不成……仲裁不成……’的表述，此处的‘仲裁不成’中的‘不成’与‘协商解决不成’中的‘不成’更宜理解为具有连贯一致的含义，即经仲裁后任意一方对仲裁处理结果仍有异议。鉴于对仲裁裁决有异议可以起诉的情况违反了仲裁的终局性原则以及仲裁排除法院管辖的原则，相当于同时约定仲裁或者诉讼”。认为该条款有效的理由则在于该约定体现了仲裁的优先性。《仲裁法司法解释》第七条规定的可诉可裁条款与本案这种“先仲裁后诉讼”条款有着明显的区别，前者没有先后顺序，极易导致管辖权冲突，而后者则明确将仲裁列为优先。本案裁定书即是例证。再如，在某妇科医院、某装饰工程有限公司等申请确认仲裁协议效力民事裁定书[②]中，安徽省芜湖市中级人民法院指出，“协议明确约定仲裁不成的，诉讼于属地人民法院，也就是说，仲裁不成是诉讼的前置条件，而本案并不具备不能仲裁的情形，这也就排除了人民法院的司法管辖权”。从尽量使仲裁协议有效的原则出发，对于此类条款，应分开来看，关于仲裁的约定应为有效，而关于仲裁后再诉讼等涉及仲裁诉讼衔接问题的约定，因违反《仲裁法》一裁终局的规定而无效。后一部分的无效，并不影响仲裁约定的效力。这种认定方式在实践中已经逐渐成为主流方式。

第五节 “仲裁地”对仲裁协议效力的影响

“仲裁地”不一定是开庭地，这在国际仲裁领域已经演变成仲裁裁决归属哪一国家法律地位的决定因素。“仲裁地”决定仲裁裁决属于哪一国家的仲裁裁决；在当事人没有约定的情况下，决定适用仲裁地国家的仲裁程序法；在当事人没有约定仲裁协议的准据法的情况下，决定适用仲裁地国家的仲裁程序法判断仲裁协议的效力；决定撤销仲裁裁决由仲裁地国家法院管辖。

---

① 上海市第一中级人民法院（2017）沪01民特130号民事裁定书。

② 安徽省芜湖市中级人民法院（2015）芜中民仲字第00007号民事裁定书。

根据我国参加的《纽约公约》，确定一个裁决是否为《纽约公约》下的“外国仲裁裁决”，确定的标准包括一是仲裁地，二是该裁决依据哪一个国家的仲裁程序法作出。仲裁地可以由当事人在仲裁协议中约定，一旦约定，则实际进行仲裁程序的地点将被视为开庭地，不具有确定与某一法律秩序相联系的价值，约定的地点则确定为仲裁地，是确定仲裁裁决与某一法律秩序产生联系的标志。例如，当事人在双方协议中选择仲裁地在英国，则无论仲裁机构、当事人、案件的实体内容是否与英国相关，该案最终的仲裁裁决应为在英国仲裁裁决，其“国籍”是英国。而仲裁裁决的“国籍”对于裁决如何得到承认和执行起着关键作用。正因为有“仲裁地”概念，一份仲裁裁决才有国籍的识别码，才能使《纽约公约》中涉及的一国仲裁裁决得以在其他成员国领域内承认和执行。

相比较而言，我国《仲裁法》中并没有明确的“仲裁地”概念。在我国现行法律中，尽管也有“仲裁地”的提法，但其并没有与仲裁开庭地等地理意义上的地点进行区别，赋予其仲裁“法律地”的属性，反而与“仲裁机构所在地”“仲裁协议签订地”“申请人或者被申请人住所地”，甚至是“法院地法”等概念含糊地“搅”在一起，若即若离，纠缠不清。这实质上是一种法律属性上的缺位。“仲裁地”只有在国际仲裁中与审查仲裁协议、仲裁程序、仲裁裁决是否合法有效性所依据的法律地“挂钩”，才具有法律上的含义。

我国现行《仲裁法》实行国内仲裁和国际仲裁一体的“双轨制”模式，在判断仲裁裁决是中国裁决还是外国裁决或非内国裁决上经常混乱，原因是《仲裁法》没有明确规定仲裁地的法律地位，这一“短板”目前已经极大地制约着中国仲裁“走出去”和国际化发展的步伐。比如，中国境内的仲裁机构依据当事方仲裁协议约定，到境外其他国家“仲裁地”审理案件，进行仲裁活动，势必会使中国仲裁机构的仲裁裁决具有其他国家的国籍。但这一仲裁裁决难以按照《纽约公约》在中国境内得到执行。因为按照中国现行仲裁法律规定，中国仲裁机构作出的裁决适用仲裁机构所在地法，属于中国国内法的范畴，不能适用其他国家的法律。因此，为了避免这一情况，中国仲裁机构只能困守国内，不能迈出“走出去”到其他“仲裁地”审理仲裁案件的步伐。

同样，中国仲裁对于“仲裁地”的短板，也引起了国际仲裁裁决间的法律冲突和困扰。比如，国外的仲裁机构依据当事人间的仲裁协议，如果在中国“仲裁地”进行开庭审理案件，通常其仲裁裁决将会获得中国国籍身份，其裁决也会被视为中国国内裁决，并不能适用《纽约公约》在中国境内申请承认和执行。但按照中国《仲裁法》的规定，这一仲裁裁决是不能获得中国国籍身份的。因为这一裁决是国外仲裁机构作出的，根据中国现行仲裁法律，相应地要适用国外仲裁机构所在地法。其结果导致这一裁决将是一份国际裁决，应该适用《纽约公约》在中国境内申请承认和执行。

因此，建议在《仲裁法》修改时，在总则部分加入一条：“仲裁地在中华人民共和国领域内的仲裁，适用本法的规定，但当事人另有约定的除外。”该条的含义是：不论中国人或中国企业和其他组织、外国人或外国企业或其他组织、中国仲裁机构或外国仲裁机构和国际组织仲裁机构，外国国家或国际组织，其仲裁地在中国的，其裁决为中国裁决，可按照中国仲裁法和民事诉讼法执行。其仲裁地在中华人民共和国领域外的，其裁决为外国裁决，应按照《纽约公约》向我国法院申请承认和执行。“但当事人另有约定的除外”，意即若当事人对仲裁约定了适用中国仲裁法律之外的外国仲裁程序法，则该仲裁属于《纽约公约》第一条第一项中的“非内国裁决”，其执行也适用《纽约公约》，应根据我国《仲裁法》和《民事诉讼法》向我国法院申请承认和执行。

第六节　仲裁管辖权和仲裁庭自裁管辖权原则

仲裁协议是仲裁权产生的唯一依据，没有仲裁协议就没有仲裁权；当然，有仲裁协议，不一定会产生仲裁权。仲裁协议无效、未成立、未生效、效力待定，不具有可仲裁性，非仲裁协议当事人提起的仲裁案件、非仲裁协议约定的仲裁机构受理的案件、违反一案不再理规定的仲裁案中，仲裁庭均没有仲裁权。仲裁权的来源是当事人的意思自治，即当事人的授权，与诉讼不同，诉讼中的审判权是国家法律赋予的，即公权力授权。我国《仲裁法》第四条规定：“当事人采用仲裁方式解决纠纷，应当双方自愿，达成仲裁协议。没有仲裁协议，一方申请仲裁的，仲裁委员会不予受理。”第二十条规定：“当事人对仲裁协议的效力有异议的，可以请求仲裁委员会作出决定或者请求人民法院作出裁决……”第五十八条规定：“当事人提出证据证明裁决有下列情形之一的，可以向仲裁委员会所在地的中级人民法院申请撤销裁决：（一）没有仲裁协议的；（二）裁决的事项不属于仲裁协议的范围或者仲裁委员会无权仲裁的……”

当事人签订仲裁协议，将其商事争议提交仲裁解决，则案件应由仲裁庭审理并裁决，若当事人向法院起诉，则法院不予受理，这就是仲裁管辖权，具有排除司法管辖的效果。而当仲裁一旦启动，被申请仲裁的一方当事人往往会以仲裁协议不存在、无效、无管辖权或应由别的仲裁机构管辖等理由对仲裁管辖权提出异议。那么，该异议应当向谁提出？国际上一般惯例是向法院提出，后来发展成为由仲裁庭决定管辖权，再由法院复核。按照自然公正的原则，“任何人不能成为自己案件的法官”，当事人对仲裁庭是否有权审理本案提出挑战，仲裁庭在管辖权争议这个案件里就是当事人或被告的地位，若被告又是作出最终裁断的“法官”，违反了自然公正这一公共政策，即所谓的“既是运动员，又是裁判员”。这一违反公共政策红线的做法怎么成为国际仲裁中普遍认可的一项原则的？下面会详细论述。

法院对仲裁管辖权的审理和决定权是无可争议的，但是往往时间较长，且会造成仲裁程序的中断和不连续，也给被申请人恶意拖延仲裁的时间提供了条件，影响仲裁的效率。20世纪中叶，国际上出现了由仲裁庭来审理并决定自己有无管辖权的做法，为国际仲裁界普遍接受，并发展成为一项原则——仲裁庭自裁管辖权原则。1955年，国际商会仲裁院第一次在其仲裁规则第六条第二款规定“仲裁庭有权就当事人对仲裁庭管辖权提出的异议作出决定”后，1961年《国际商事仲裁欧洲公约》、1965年《解决东道国与他国国民间投资争端的公约》、1985年《示范法》都采纳了仲裁庭自裁管辖权理论，并赋予仲裁庭决定仲裁管辖的权力。目前大部分国家的仲裁法都接受了自裁管辖权理论，并在相关立法中予以体现。

仲裁庭自裁管辖权的法理基础仍然是意思自治。首先，当事人选择、指定或委任仲裁员组成仲裁庭并不意味着放弃仲裁管辖权异议。《示范法》第十六条第二款规定：“有关仲裁庭无管辖权的抗辩……当事一方已委任或参与委任仲裁员的事实，不妨碍其提出此种抗辩。”其次，既然仲裁员是由当事人选择的，也就符合当事人的意愿，意味着当事人信赖其对仲裁管辖权异议的审理，并有心理准备接受仲裁员在事实认定和法律适用上错误的风险。最后，仲裁庭的独立性决定仲裁庭没有上级，在不诉诸法院的情况下只能由仲裁庭自决。

仲裁庭自裁管辖权不是一项终局的权力，法院有权对仲裁庭自裁管辖权进行复核并作出最终的判定，这就能防止仲裁庭滥用自裁管辖权，是一项有利而无害的制度创新。《示范法》第十六条第三款规定，任何一方当事人均可以在收到裁定通知后 30 天内请求仲裁地法院对此作出决定。法院作出的决定是终局的，不容上诉。在等待法院作出这项决定的同时，仲裁庭可以继续进行仲裁程序和作出裁决。此外，如果当事人在收到仲裁庭作出的关于对此争议有管辖权的裁定后 30 天内未对此问题向法院提出上诉，则视为接受仲裁庭的管辖权，自此后便丧失了在今后仲裁程序中即裁决作出后提出仲裁对此案无管辖权的抗辩。因此，赋予仲裁庭自裁管辖权可以保障仲裁程序的连续性，体现仲裁的效率性原则。

我国《仲裁法》第二十条规定：“当事人对仲裁协议的效力有异议的，可以请求仲裁委员会作出决定或者请求人民法院作出裁定。一方请求仲裁委员会作出决定，另一方请求人民法院作出裁定的，由人民法院裁定。当事人对仲裁协议的效力有异议，应当在仲裁庭首次开庭前提出。”《仲裁法司法解释》第十三条第二款规定：“仲裁机构对仲裁协议的效力作出决定后，当事人向人民法院申请确认仲裁协议效力或者申请撤销仲裁机构的决定的，人民法院不予受理。”由此看来，我国仲裁立法并没有确立仲裁庭自裁管辖权制度，因为仲裁委员会并不等于仲裁庭。仲裁的意思自治决定当事人希望由其选择仲裁员组成的仲裁庭而不是仲裁机构审理其争议，包括管辖权异议。因此，仲裁立法规定由仲裁机构对仲裁管辖权作出决定缺乏法理依据。鉴于此，有些仲裁机构在其仲裁规则中规定仲裁委员会可以授权仲裁庭作出管辖权的决定，《广州仲裁委员会仲裁规则》还规定：“当事人对仲裁协议的效力或者仲裁案件的管辖权有异议的，本会认为只能通过开庭审理才能作出决定的，可以授权仲裁庭对当事人提出的仲裁协议的效力异议或者仲裁案件管辖权异议作出决定。”此条体现了仲裁庭自裁管辖权的存在。但是，我国《仲裁法》第二十条规定的仲裁协议效力异议并不能涵盖仲裁管辖权异议，仲裁管辖权的异议并不代表全部仲裁管辖权的异议，按照《仲裁法》第二十条的规定，仲裁协议不存在、不能实行或应由别的仲裁机构管辖等仲裁管辖权异议类型案件没有审理依据。因此，有必要改革我国《仲裁法》中的仲裁管辖权异议审查制度，参考国际惯例，建立完善我国的仲裁庭自裁管辖权制度。如果仲裁法没有修改，则可根据仲裁规则是当事人意思表示的延伸的原理，先在仲裁规则中制定并实行。笔者认为，关于仲裁管辖权异议方面改革的原则和建议有:（1）用仲裁管辖权异议代替仲裁协议效力异议;（2）管辖权异议由仲裁庭审理;（3）当事人对仲裁员的指定不影响其对仲裁管辖权异议的权利;（4）对仲裁管辖权异议的审理应在仲裁审理程序中一并进行，并可单独作出决定或在仲裁裁决书中作出；（5）对仲裁庭自裁的仲裁管辖权包括仲裁协议的效力的异议应在申请撤销程序中提出，由法院在撤销程序中一并处理。

仲裁庭自裁管辖权原则的确立还必须以另一原则的确立为前提，就是仲裁条款独立性原则。上述已提及，仲裁协议可以是独立合同，也可以是当事人之间的基础合同中的一个争议解决条款。如果仲裁条款是合同的一部分，在仲裁法上，会被视为“独立及可分割”的条款，这就意味着即使基础合同因某些原因无效、不成立、未生效、不能实行、失效或者根本不存在，仲裁协议并不会与基础合同主体一起作废，并继续有法律效力，约束双方当事人。《仲裁法》第十九条规定：“仲裁协议独立存在，合同的变更、解除、终止或者无效，不影响仲裁协议的效力……”由于仲裁协议在法律上具有独立性，所以仲裁庭能在不影响自身管辖权的情况下裁决合同主体是否作废。否则，假设仲裁协议是合约的一部分，而仲裁庭裁决该合约在法律上作废，那么仲裁庭在裁定合约失效的同时，亦会自相矛盾地否定仲裁庭本身按合约所衍生的管辖权，导致裁决因合约失效而失去约束力。为避免这个问题，仲裁协议在法律上必须是独立并可从合约主体分割的。[①]

---

① 参见芮安牟:《浅谈香港仲裁法》，陈兴楠译，法律出版社 2014 年版，第 11 页。

第五章

我国仲裁的一般程序

仲裁程序是从申请仲裁至裁决作出都应遵守的规则。我国仲裁的一般程序为:（1）仲裁申请与受理;（2）送达;（3）仲裁庭组成;（4）仲裁审理;（5）保全;（6）增加或者变更仲裁请求、仲裁反请求;（7）裁决或调解;（8）回避。

一、仲裁申请与受理

申请仲裁是指当事人依据已经达成的仲裁协议或仲裁条款，向约定的某仲裁委员会提请仲裁，并请求解决双方之间的经济纠纷的民事行为。我国《仲裁法》第二十一条和第二十二条规定了申请仲裁的以下几个要素。

1. 提交仲裁协议。当事人之间订有仲裁协议是申请仲裁的必备条件。仲裁委员会依据仲裁协议的约定才享有对某一案件的管辖权，若没有仲裁协议，则仲裁委员会对于双方之间的纠纷没有管辖权，当事人之间的争议也不能通过仲裁的方式解决，只能向法院寻求诉讼解决。

2. 有明确的仲裁请求。申请人提出的仲裁请求应当明确，并且有一定的事实依据和理由。我国《仲裁法》第二十三条规定："仲裁申请书应当载明下列事项:（一）当事人的姓名、性别、年龄、职业、工作单位和住所，法人或者其他组织的名称、住所和法定代表人或者主要负责人的姓名、职务;（二）仲裁请求和所根据的事实、理由;（三）证据和证据来源、证人姓名和住所。"一般申请人立案时，都会提交用以证明其主张的证据，并应按照仲裁委员会的仲裁规则规定提交相应份数。例如，申请人申请仲裁，被申请人只有一个，按照仲裁规则规定适用普通程序，那么申请人则应提交5份仲裁申请及相应的证据材料。

3. 属于可仲裁范围。当事人提出仲裁申请的事项，应当属于平等主体的公民、法人和其他组织之间发生的合同纠纷和其他财产纠纷，而不是婚姻、收养、监护、扶养、继承等涉及人身权益的纠纷，也不能是依法应当由行政机关处理的行政纠纷。

若当事人的仲裁申请符合以上几个要素，那么仲裁委员会就会立案，开设一个立案案号和缴费单给当事人，当事人需在规定期限内缴纳仲裁费用。关于受理与否和受理时限，我国《仲裁法》有如下规定，仲裁委员会收到仲裁申请书之日起5日内，认为符合受理条件的，应当受理，并通知当事人；认为不符合受理条件的，应当书面通知当事人不予受理，并说明理由。所以，无论是否受理当事人的仲裁申请，仲裁机构都应当书面通知当事人，尤其是在不受理的情况下，应当说明具体理由。

二、送达

《仲裁裁决执行规定》第十四条第二款规定："当事人主张未按照仲裁法或仲裁规则规定的方式送达法律文书导致其未能参与仲裁，或者仲裁员根据仲裁法或仲裁规则的规定应当回避而未回避，可能影响公正裁决，经审查属实的，人民法院应当支持；仲裁庭按照仲裁法或仲裁规则以及当事人约定的方式送达仲裁法律文书，当事人主张不符合民事诉讼法有关送达规定的，人民法院不予支持……"

《中国国际经济贸易仲裁委员会仲裁规则》关于送达是这样规定的：仲裁通知和其他材料的送达一般采取当面递交收件人或发送、邮寄至收件人的住所、营业地、注册地、惯常居住地、通讯地址的方法，如果上述方法不能送达，经对方当事人合理查询仍不能找到上述任一地点，则以挂号信、特快专递，或能提供投递记录的公证送达、委托送达、留置送达等手段投递给收件人最后一个为人所知的营业地、注册地、住所地、惯常居住地、通讯地址，即视为有效送达。因仲裁的保密性，一般不采用公告方式，但当事人是个人的，公告也是合理的方式。《香港仲裁条例》第三条规定，"有记录证明"通讯已被有效传达，通讯即被视为在当日收到。

仲裁案件的送达若存在问题，则有可能导致裁决被撤销或不予执行，这也是当事人提出撤裁或申请不予执行的最常用的理由之一。

三、仲裁庭组成

我国现阶段实行仲裁员强制名册制，而且我国《仲裁法》规定了成为仲裁员的强制性要求。一般情况下，组成仲裁庭的仲裁员应当在仲裁机构的仲裁员名册中，且符合“三八两高”的要求，而关于选定或委任仲裁委员会主任指定仲裁员的时限等由各仲裁机构的仲裁规则详细规定。我国《仲裁法》第十三条规定：“仲裁委员会应当从公道正派的人员中聘任仲裁员。仲裁员应当符合下列条件之一：（一）通过国家统一法律职业资格考试取得法律职业资格，从事仲裁工作满八年的；（二）从事律师工作满八年的；（三）曾任法官满八年的；（四）从事法律研究、教学工作并具有高级职称的；（五）具有法律知识、从事经济贸易等专业工作并具有高级职称或者具有同等专业水平的。仲裁委员会按照不同专业设仲裁员名册。”

仲裁庭可以由三名仲裁员或者一名仲裁员组成，由三名仲裁员组成的，应设首席仲裁员。当事人约定由三名仲裁员组成仲裁庭的，应当各自选定或者各自委托仲裁委员会主任指定一名仲裁员，第三名仲裁员由当事人共同选定或者共同委托仲裁委员会主任指定，第三名仲裁员是首席仲裁员。当事人约定由一名仲裁员成立仲裁庭的，应当由当事人共同选定或者共同委托仲裁委员会主任指定仲裁员。当事人没有在仲裁规则规定的期限内约定仲裁庭的组成方式或者选定仲裁员的，由仲裁委员会主任指定。仲裁庭组成后，仲裁委员会应当将仲裁庭的组成情况书面通知当事人。仲裁庭的组成人员必须是与当事人没有利害关系的独立第三人，否则应当申请回避。

四、仲裁审理

仲裁庭组成后，若无程序异议，将会进入实体审理阶段。关于仲裁审理，从形式上区分为开庭审理和书面审理。一般而言，开庭审理是主要的案件审理方式。仲裁机构应当在仲裁规则规定的期限内将开庭日期提前通知双方当事人，并把案件材料提前送达仲裁庭。当事人有正当事由的，可以在仲裁规则规定的期限内请求延期开庭。是否延期，由仲裁庭决定。申请人经书面通知，无正当理由不到庭或者未经仲裁庭许可中途退庭的，作缺席审理。开庭审理过程中，当事人当庭出示证据原件、质证和进行口头辩论。若当事人有调解意向，由仲裁庭组织双方调解。值得注意的是，调解内容不作为裁决依据。辩论终结后，首席仲裁员或者独任仲裁员应当征询当事人的最后意见，由当事人发表最后的总结陈词，但应注意抓住重点、避免重复。关于庭审笔录，仲裁秘书在庭审时的角色类似于法院的“书记员”，仲裁秘书应当将出席情况、开庭内容等记入笔录。庭审结束后，当事人和其他仲裁参与人按照规定签署笔录，认为对自己陈述的记录有遗漏或者差错的，有权申请补正。仲裁开庭笔录由仲裁员、记录人员、当事人和其他仲裁参与人签名或者盖章。仲裁笔录十分重要，是仲裁庭审的书面化，而且若是裁决作出后当事人有异议，可以申请查阅复制笔录，若庭审存在程序瑕疵，很可能导致案件被撤销或者发回重审，所以当事人及其代理人在签署笔录时切忌流于形式，应仔细阅读后再签字。

除开庭审理外，当事人还可以约定不开庭审理，即书面审理。根据《仲裁法》第三十九条规定，仲裁应当开庭进行。当事人协议不开庭的，仲裁庭可以根据仲裁申请书、答辩书以及其他材料作出裁决。进行书面审理的案件，应当经当事人同意；或者仲裁庭认为书面审理是适当的，且当事人对于书面审理经通知后并未表示异议。书面审理一般适用于案情简单的仲裁案件，双方的争议焦点很明确，最主要的是书面审理是双方均同意的审理方式。

五、保全

仲裁中的保全，是指因另一方当事人的行为或其他原因，可能使将来的仲裁裁决不能执行或者难以执行的，经一方当事人申请并经仲裁委员会提交，由有管辖权的人民法院根据《民事诉讼法》采取的限制特定财产处分权的强制措施。仲裁程序中的财产保全程序与诉讼中的财产保全程序不同，主要原因在于仲裁机构没有强制执行权，所以仲裁中的财产保全程序多了一个环节：由仲裁机构出具财产保全提请函，有管辖权的法院收到仲裁机构出具的财产保全提请函和当事人的财产保全申请书后，才会根据法律规定采取财产保全措施。我国《仲裁法》第二十八条规定，一方当事人因另一方当事人的行为或者其他原因，可能使裁决不能执行或者难以执行的，可以申请财产保全。当事人申请财产保全的，仲裁委员会应当将当事人的申请依照《民事诉讼法》的有关规定提交人民法院。申请有错误的，申请人应当赔偿被申请人因财产保全所遭受的损失。而我国《仲裁法》未规定诉前财产保全，只规定了提起仲裁时或者进入仲裁程序之后的财产保全。但是，按照财产保全制度的精神，民事诉讼中的诉前保全制度亦应当适用于仲裁。因为在情况十分紧急时，如等到当事人履行完仲裁申请手续，很可能损失已经难以挽回，日后作出的裁决，也难以履行或不能履行。在仲裁实践中，一般的仲裁“诉前保全”技巧是：申请人立案的同时提交《延后送达被申请人的申请书》和《财产保全申请书》，主要目的是在将仲裁材料送达被申请人之前向法院申请财产保全，防止不诚信当事人得知仲裁案件后故意转移财产或者损毁标的物，侵害申请人的预期利益。

仲裁中的证据保全，是指在仲裁程序进行过程中，证据所在地的人民法院对某些可能灭失或者以后难以取得的证据，经当事人申请并由仲裁委员会提交该法院而采取的强制性保护、固定措施。国内仲裁案件和涉外仲裁案件的证据保全所应提请的法院级别不同。我国《仲裁法》第四十六条规定了国内仲裁案件中证据保全的条件和程序：“在证据可能灭失或者以后难以取得的情况下，当事人可以申请证据保全。当事人申请证据保全的，仲裁委员会应当将当事人的申请提交证据所在地的基层人民法院。”关于涉外案件，我国《仲裁法》第六十八条规定，涉外仲裁的当事人申请证据保全的，涉外仲裁委员会应当将当事人的申请提交证据所在地的中级人民法院。

六、增加或者变更仲裁请求、仲裁反请求

《仲裁法》第二十七条规定，申请人可以放弃或者变更仲裁要求。被申请人可以承认或者反驳仲裁请求，有权提出反请求。申请人在立案时应提出明确的仲裁请求，但是不排除在庭审辩论结束之前，因为一些未掌握的事实或者新出现的事实，也可能因为申请人之前的判断有偏差，申请人提出要求

变更或者增加仲裁请求。对于该行为的处理，一般仲裁委员会都作出了明确规定，仲裁庭组成之前，由仲裁委员会决定是否予以接受，若接受，则涉及补缴仲裁费的问题，仲裁庭组成后，由仲裁庭决定是否接受变更或者增加仲裁请求。

仲裁反请求的程序基本上与仲裁请求的程序一样，都应当符合《仲裁法》和《仲裁规则》的规定。反请求的提出是有时间限制的，国内的仲裁机构一般规定的期限是收到仲裁通知之后的 15 日内，若超出这个时间，是否予以受理，则由仲裁庭决定，若仲裁庭尚未组成，那么由仲裁委员会决定。反请求是被申请人针对申请人提出的仲裁请求而提出要求申请人承担相关民事法律责任的诉求，所依据的仲裁协议是同一份协议。反请求与本请求紧密相关，但又有独立性。若申请人撤回了仲裁申请，仲裁庭依然要审理被申请人的反请求，并且作出裁决。同一仲裁庭中审理本请求与反请求，一是可以提高效率，二是可以定分止争，将同属于一个合同引发的纠纷一并裁决，避免矛盾的二次爆发。

七、裁决或调解

关于仲裁裁决，庭审结束之后，仲裁庭应当尽快合议，每位仲裁员提出自己的裁决意见和理由，若仲裁庭意见达成一致，则应尽快作出裁决。若仲裁庭无法形成一致意见，则应当遵循“少数服从多数”原则，按照多数意见作出，少数意见应当记入笔录，仲裁庭不能形成多数意见时，裁决应当按照首席仲裁员的意见作出。裁决书应当写明仲裁请求、争议事实、裁决理由、裁决结果、仲裁费用的负担和裁决日期。当事人协议不愿写明争议事实和裁决理由的，可以不写。裁决书由仲裁员签名，加盖仲裁委员会印章；对裁决结果持不同意见的仲裁员，可以签名，也可以不签名。仲裁庭仲裁纠纷时，其中一部分事实已经清楚，可以就该部分先行裁决，这就是《仲裁法》规定的先予裁决。对裁决书中的文字、计算错误或者仲裁庭已经裁决但在裁决书中遗漏的事项，仲裁庭应当补正，当事人自收到裁决书之日起 30 日内，可以请求仲裁庭补正。裁决书自作出之日起发生法律效力。

关于仲裁调解，仲裁裁决作出之前，双方可以在仲裁庭的组织下或者私下就仲裁争议先行调解，调解并非仲裁的必经程序或前置程序，而只是一种选择性程序。当事人自愿调解的，仲裁庭应当调解。调解不成的，仲裁庭应当及时作出裁决。调解达成协议的，仲裁庭应当制作调解书或者根据双方达成一致的调解协议制作裁决书。调解书与裁决书具有同等法律效力。调解书应当写明仲裁请求和当事人协议的结果。调解书由仲裁员签名，加盖仲裁委员会印章，送达双方当事人。需要注意的是，调解书的生效条件与裁决书不同。调解书是经双方当事人签收后才发生法律效力，裁决书是自作出之日起即发生效力。在调解书签收之前当事人反悔的，仲裁庭应当及时作出裁决。

八、回避

仲裁程序中的回避包括仲裁员回避和办案人员回避。《仲裁法》第三十四条规定了仲裁员必须回避的四种理由:（1）是本案当事人或者当事人、代理人的近亲属的;（2）与本案有利害关系的;（3）与本案当事人、代理人有其他关系，可能影响公正仲裁的;（4）私自会见当事人、代理人，或者接受当事人、代理人的请客送礼的。如存在回避事由，仲裁员应当自行向仲裁机构申请回避，当事人有理由申请仲裁员回避的，则因当事人的申请而回避。而关于当事人提出的回避申请，我国《仲裁法》第三十五条规定，当事人提出回避申请，应当说明理由，在首次开庭前提出。回避事由在首次开庭后知道的，可以在最后一次开庭终结前提出。该条规定明确了当事人提出回避申请必须有相应的理由和依据，因为实践中回避申请经常成为当事人拖延程序的一种手段。关于回避决定，我国《仲裁法》将作出回避决定的权力授予仲裁委员会，其中第三十六条规定，仲裁员是否回避，由仲裁委员会主任决定；仲裁委员会主任担任仲裁员时，由仲裁委员会集体决定。而国外一些国家通常是由仲裁庭作出决定，如对该决定提起上诉，则由法院作出。

仲裁员自行回避或根据仲裁委员会的决定而回避之后，当事人应当依照《仲裁法》关于选定仲裁员的规定重新选定仲裁员，或者由仲裁委员会主任指定替代的仲裁员。重新选定或指定仲裁员后，当事人可以请求已进行的仲裁程序重新进行，是否准许，由新组成的仲裁庭视情况而作出决定。仲裁庭也可自行决定已进行的仲裁程序重新进行。

关于其他仲裁人员的回避，诸如仲裁办案秘书的回避，回避事由基本上和仲裁员的一致，但是作出的权力主体不同，秘书是否回避的决定权在仲裁机构的秘书长手中。是否回避的决定都应当告知双方当事人，并说明理由。

第六章

正当程序

法律的正当程序（Due process of Law），是一项重要的法制观念和宪法原则，追根溯源，正当程序起源于英国的“自然公正”（Natural Justice），之后在美国得到充分重视，传播于全球并得到各个国家公权力的认可。程序的正当性包含的价值是程序的中立、理性、排他、可操作、平等参与、公开和及时终结。程序公正使得当事人在公权力处置其私权利过程中体会到被公平对待感和正义感，此乃实现实体正义的前提和保障，也是法律的使命，并日益成为现代法治国家共同的价值取向。

第一节　仲裁参与者的程序正义

一、仲裁主持者和裁判者的程序职责

仲裁程序对仲裁主持者和裁判者有“正当”要求。仲裁规范体系，要求程序的确定性，以排除恣意。仲裁主持者和裁判者作为与仲裁当事人无利害关系的第三方，应当保持立场中立。尤其在“一裁终局”原则之下，对仲裁程序的要求更为严格，程序的确定性和排他性，保障了仲裁参与者的行为可以预估与控制，从而当事人可以获得仲裁安全感。若违反仲裁程序，则有可能导致仲裁裁决书被撤销或者不予执行，甚至相关违法人员要承担法律责任，前后的因果关系要求程序主持者和裁判者更加审慎地审理仲裁案件，保障每个程序阶段的公平、透明，同时也要求办案助理或秘书及时、有效地辅

助仲裁庭独立办案。

在仲裁实务中，仲裁庭的组成人员中的部分或者全部是当事人选定的，这就会引起一方当事人对另一方当事人选定的仲裁员的高度警惕和怀疑。确保仲裁庭的权威和仲裁裁决的公信力，这就要求仲裁庭保持绝对的中立性和理性。“任何人均不得担任自己诉讼案件的法官”，即作为程序主持者和裁判者，与接受程序、承受法律结果的任何一方主体不得有利益关联或其他方面的联系。这一程序正义要求运用在仲裁审理过程中，要确保各方参与者受到每位仲裁员的平等对待，不仅如此，与仲裁结果或者某一方当事人有牵连或者其他利害关系的人不能成为仲裁庭成员，若发现有利益关联，仲裁员应主动提出回避申请。所以，中立性的原则需要通过一系列制度来保证，如仲裁员资格审查、回避制度、撤裁制度等。

程序主持者和裁判者在仲裁过程中的程序行为应以明确、可靠、无歧义的认知为基础，而非随机的。这对于仲裁庭来说是更高的要求，在庭审过程中的每个陈述或者发问，均应在权限范围内，在仲裁庭审理过程中所作出的决定也应向当事人阐明理由和依据。有人提出，仲裁庭的自由裁量权大于法官的自由裁量权。对此，笔者认为不尽然。虽然仲裁基于当事人的意思自治，在最大限度内尊重当事人的意愿，仲裁庭独立办案不受任何第三方的约束和干涉，但是不必然导致仲裁庭享有不必要的自由裁量权。

二、当事人在仲裁程序中的正当程序权利和保障

除上述对仲裁庭的程序要求外，在仲裁程序中对接受程序法律结果的当事人也有“正当”要求和保障。作为参与仲裁的当事人，以双方达成的仲裁协议或仲裁条款为约束受仲裁机构的管辖。我国《仲裁法》第二条明确规定了仲裁参与主体是“平等主体的公民、法人和其他组织”，也就意味着，双方当事人具有平等参与的权利和义务。

法律面前人人平等，在仲裁过程中的具体体现就是双方当事人的权利义务对等，无差别对待，不允许出现无义务的权利和无权利的义务。程序平等表现为仲裁信息获得与传递机会的平等，即仲裁申请人与被申请人被告知和听取陈述意见的机会平等。在仲裁材料送达、选定仲裁员和获得仲裁庭组成

信息、增加请求和提出反请求、举证、质证、庭审陈述、最后意见发表以及调查取证申请等方面，双方当事人都受到对等的时间限制和合理性要求，上述各个阶段的程序平等体验感对于当事人接受最终的仲裁裁决结果具有积极作用，也是保障实体正义的途径。

仲裁当事人应秉承实事求是的原则，向仲裁庭提交和出示最完整的证据，作出真实的陈述，尤其是在对方当事人缺席的情况下，申请人一方的举证和陈述对于仲裁庭作出事实认定的影响比对席情况下更大。这也就要求仲裁机构更应穷尽一切送达方式，包括短信、邮件送达等方式，尽量保障庭审对席，或者双方当事人博弈，既有利于双方调解，也有利于作出公正的裁决结果。

仲裁应及时终结。对仲裁案件当事人而言，办理时限是对仲裁法律行为的时序性要求。它包含对仲裁法律行为完成的时间具有明确要求，这个在每个仲裁机构的仲裁规则中均有明确规定，简易程序、普通程序、涉外程序、金融特别程序等的结案时限均不同，《仲裁法》对此没有规定，也就是目前仲裁时效的把控权仍掌握在仲裁机构自己手里。从该方面看，仲裁的效率不仅仅在于案件处理的时间一般较法院诉讼短，同时仲裁程序不因时间短而给人一种草率的感觉。

三、仲裁秘书的行为规范

在仲裁过程中，有一个角色不容忽视，那就是仲裁机构聘用的仲裁办案秘书。仲裁秘书是辅助仲裁庭办理案件的人员，协助仲裁庭审理案件，主要负责案件的程序性工作。办案秘书虽然不是审理案件的主体，但起着仲裁活动纽带和枢纽的作用，直接服务于仲裁庭及当事人，是仲裁庭和当事人沟通的桥梁，其工作直接影响着仲裁庭的效率与仲裁在当事人心中的形象。虽然仲裁庭是作出裁决的主体，但是整个仲裁程序中，从头至尾参与的主体——办案秘书的作用也不容小觑，若仲裁办案秘书不遵守相关仲裁规则，或者有违反职业操守的行为，则有可能导致仲裁庭与当事人之间沟通不畅，实践中也不排除办案秘书故意违反职业操守将仲裁结果泄露的事情。值得一提的是，一些仲裁机构的办案秘书除协助仲裁庭处理程序性工作之外，还兼职另外一项重要工作——根据仲裁庭的委托和指令代为草拟裁决书初稿。实践中有人将其称为“第四位仲裁员”。且不论这种行为的合理性和利弊，无论办案秘书处理何种工作，都应秉持公正独立的原则，对当事人不偏不倚。

第二节　仲裁庭的选定和仲裁庭组成

仲裁庭是承担仲裁双方当事人争议任务的临时组织，具有临时性和专业性，仲裁庭的产生来源于当事人的选定和仲裁机构的授权。仲裁充分尊重当事人意思自治的一个很重要的体现就是当事人可以选定仲裁员。尤其是三名仲裁员组成的合议庭中，双方当事人各选定一位边裁，不仅充分体现当事人的权利，还能形成双方势均力敌的局面，使得仲裁程序公正性更加稳固。我国《仲裁法》第三十一条规定，当事人约定由三名仲裁员组成仲裁庭的，应当各自选定或者各自委托仲裁委员会主任指定一名仲裁员，第三名仲裁员由当事人共同选定或者共同委托仲裁委员会主任指定。第三名仲裁员是首席仲裁员。当事人约定由一名仲裁员成立仲裁庭的，应当由当事人共同选定或者共同委托仲裁委员会主任指定仲裁员。由于我国目前的仲裁机构均实行仲裁员强制名册管理制度，所以国内仲裁机构确立仲裁员准入标准时均无法绕开《仲裁法》第十三条规定的“三八两高”条件。

我国《仲裁法》要求仲裁员其应满足从业年限或职称等硬性指标，而且要求仲裁委员会设立仲裁员名册。仲裁委员会的名册制度就是对仲裁员资质的第一道审核。因此，很长时间以来，国内仲裁机构会向当事人送达各机构的仲裁员名册，要求当事人从该名册中选择仲裁员。各个机构通常也会在其官网上公示名册。近年来，严格要求只能在名册内选择仲裁员的做法有所改变。比如 2015 年《上海国际经济贸易仲裁委员会（上海国际仲裁中心）仲裁规则》第二十一条和 2015 年《中国国际经济贸易仲裁委员会仲裁规则》第二十六条均规定，当事人可约定在仲裁员名册之外选定仲裁员，但需经仲裁委员会主任确认。而 2015 年《上海国际经济贸易仲裁委员会（上海国际仲裁中心）仲裁规则》第二十七条进一步突破了仲裁员名册制度，该条规定仲裁员的人选可以由当事人从仲裁员名册中选定，也可以由当事人推荐仲裁员名册外的人士担任，或者约定共同推荐仲裁员名册外的人士担任首席仲裁员或独任仲裁员，所以既不需要当事人对在仲裁员名册之外选定仲裁员事先进行约定，也不需要经过仲裁机构主任“确认”这一环节。

在序言中，笔者提到目前全世界存在的仲裁庭组成人数，可以是一人、三人、五人，也可以是二人，若是二人组成的仲裁庭，当二人意见不一时，可以由该二人共同推选一名公断人。但在国内仲裁法规制下，仲裁庭的形式仅有独任庭和合议庭两种模式，即一人或者三人组成仲裁庭。

仲裁庭组成后，仲裁机构应在规定期限内将仲裁庭的组成情况书面通知当事人，将仲裁庭组成人员名单提前披露给当事人，从而保障程序正义。当事人收到仲裁庭组成书面通知后，认为仲裁员属于《仲裁法》第三十四条规定的必须回避的情形之一的，应在首次开庭前以书面形式向仲裁委员会提出，但当事人在首次开庭后才知道存在回避情形的，可以在最后一次开庭终结前提出。值得注意的是，仲裁员回避并非仅是当事人的权利，若仲裁员自己发现存在以上情形，也可以向仲裁委员会主动披露并主动申请退出，这与仲裁庭的中立原则不谋而合。

至于回避事由是否成立，是否应重新组庭，我国《仲裁法》将决定权赋予仲裁委员会主任，若仲裁员的身份是仲裁委员会主任，则由仲裁委员会集体决定。当事人提交仲裁员回避申请之后，由仲裁委的主任作出决定，若当事人提出的回避事由成立，则应制作决定书送达双方当事人，之后则进入重新组庭程序，若退出仲裁庭的仲裁员是当事人选定的，则由仲裁秘书通知该方当事人重新选定，若是仲裁委员会主任指定的，则由主任重新指定，但是在仲裁实践中也存在一方当事人未在规定期限内选定仲裁员的情况，进入重新组庭程序后，该当事人提交书面申请要求选定仲裁员，该申请可以根据仲裁庭的组成情况、其他仲裁庭组成人员的意见以及另一方当事人的意愿等，由仲裁机构作出决定，这也是当事人意思自治最大化的体现。

重新组庭后，当事人可以请求已进行的仲裁程序重新进行，是否准许，由仲裁庭决定；仲裁庭也可以自行决定已进行的仲裁程序是否重新进行。

第三节　未能陈述

未能陈述，是指在仲裁过程中，被申请人未收到仲裁通知及相关材料，仲裁裁决书作出之前没有针对仲裁申请人的请求事项进行答辩、举证和陈述意见。陈述意见与送达是两项紧密关联的事项，“未能陈述”的最直接原因在于“未送达”。如果相关仲裁通知和指令未送达仲裁被申请人，被申请人将无从知晓仲裁事宜，未参与仲裁。而未能陈述是否成为撤销裁决的正当理由，且该理由能否被法院支持，是本书想要具体分析的内容。

谈到“未能陈述”，大多数与“缺席”有关。缺席有两种含义，广义的缺席是指当事人在整个仲裁过程中均未提交任何材料、未提出任何抗辩，也未参加庭审；狭义的缺席是指当事人仅缺席仲裁庭审。一般情况下，一方当事人缺席并不影响仲裁的进行，仲裁庭仍可以按照仲裁规则进行仲裁程序，而且一般仲裁机构的仲裁规则都对缺席程序作了规定。例如，日本商事仲裁协会仲裁规则关于缺席的规定是：如一方或双方当事人无正当理由缺席，庭审可在其缺席的情况下进行；但是，如双方当事人均未出席，审理程序不得在该次开庭之日终止；如一方当事人未出庭，审理程序可以根据到庭一方当事人的主张和证据来进行。关于被申请人缺席的仲裁程序中，笔者认为，仲裁员要避免成为“缺席一方的辩护人”，虽然仲裁的目的是查明事实，作出公正裁决，但基于此目的很容易越界。申请人提出仲裁请求，就应提供支撑该请求的证据，并形成完整的证据链，缺席程序中，被申请人未提出抗辩和举证，仲裁庭既不能全盘接受和信任申请人或其代理律师的主张，也切忌充当缺席一方当事人的代理律师，成为申请人的对立面。仲裁程序本就是双方当事人博弈的过程，申请人的责任在于提供证据证明自己的主张，并且对己方证据的真实性和连贯性负责，而被申请人无正当理由缺席的情况下，则应承担举证不能的法律后果，但送达程序有问题、未能陈述的情形除外。仲裁庭的身份并非警察，而是法官。

根据法律规定，未能陈述是法院可以撤销仲裁裁决的情形之一。笔者将介绍一例法院撤销仲裁裁决的案例具体分析“未能陈述”在实践中的运用。

案例指引

本案中仲裁裁决被法院裁定撤销的主要理由是：中国贸仲的送达工作出现程序错误，导致被申请人在仲裁过程中由于不属于其负责的原因未能陈述意见。

案情简介

仲裁申请人：某贸易公司；仲裁被申请人：A 纺织公司、B 纺织公司、C 纺织公司。A 纺织公司提出的申请撤销仲裁裁决事由，主要有两点：一、当事人之间没有仲裁协议（A 纺织公司没有签署包含仲裁条款在内的《还款协议》）；二、未得到进行仲裁程序的通知，未能陈述意见（主要事实均集中于送达环节）。①

法官裁判

关于以上两个争议焦点，北京市第四中级人民法院经审理后的意见为：本案申请人 A 纺织公司系在坦桑尼亚联合共和国注册成立的企业法人，故 0059 号裁决属于涉外仲裁裁决。关于涉外仲裁裁决，《仲裁法》第七十条规定："当事人提出证据证明涉外仲裁裁决有民事诉讼法第二百五十八条（该法 2017 年修正后的第二百七十四条）第一款规定的情形之一的，经人民法院组成合议庭审查核实，裁定撤销。"我国《民事诉讼法》（2017 年修正）第二百七十四条规定："对中华人民共和国涉外仲裁机构作出的裁决，被申请人提出证据证明仲裁裁决有下列情形之一的，经人民法院组成合议庭审查核实，裁定不予执行：（一）当事人在合同中没有订有仲裁条款或者事后没有达成书面仲裁协议的；（二）被申请人没有得到指定仲裁员或者进行仲裁程序的通知，或者由于其他不属于被申请人负责的原因未能陈述意见的；（三）仲裁庭的组成或者仲裁的程序与仲裁规则不符的；（四）裁决的事项不属于仲裁协议的范围或者仲裁机构无权仲裁的。人民法院认定执行该裁决违

---

① 北京市第四中级人民法院（2017）京 04 民特 30 号民事裁定书。

背社会公共利益的，裁定不予执行。”

针对 A 纺织公司提出的上述主张，该院认为：关于仲裁期间的送达程序。本案事实是，仲裁期间，中国贸仲于 2016 年 7 月 28 日以特快专递方式第一次向 A 纺织公司送达仲裁通知等材料，但裁决书中并未记载该特快专递是否有效送达或者退回（但该裁决书同时记载了向 B 纺织公司以及 C 纺织公司寄送特快专递均因公司“倒闭”被退回）。此后，中国贸仲“鉴于海企纺织通讯地址的特殊情况”（引自裁决书），自第一次寄送仲裁文件后不足 1 个月的时间，适用《仲裁规则》第八条有关“视为送达”的规定，于 2016 年 8 月 23 日委托公证机关采用平信方式向海企纺织第二次寄送仲裁通知等材料，此后中国贸仲均采用相同的公证送达方式向海企纺织送达相关仲裁文件。但本院审查期间 A 纺织公司提交的证据显示，其实际于 2017 年 1 月 9 日首次收到中国贸仲寄送的仲裁文件（2016 年 7 月 28 日寄出的特快专递）。经本院向中国贸仲进行核实，中国贸仲回函表示因邮政公司告知其 A 纺织公司的地址“无法经特快专递送达”，故采用公证送达的方式进行送达。但是，一方面，相应《国际特快专递查询单》显示的邮戳时间 2017 年 10 月 10 日晚于 2016 年 8 月 23 日中国贸仲第一次公证送达时间（事实上邮戳时间亦晚于裁决作出时间 2017 年 2 月 14 日）；另一方面，《国际特快专递查询单》并未表示海企纺织的地址“无法送达”，而是“无法经特快专递送达，邮政信箱地址仅限于邮政航空信寄出的邮件”，也就是说可以通过投递邮政航空信的方式进行送达。

经查，中国贸仲所依据的《仲裁规则》中“视为送达”之规定，具体应当为《仲裁规则》第八条“送达及期限”第三款：“向一方当事人或其仲裁代理人发送的仲裁文件，如经当面递交收件人或发送至收件人的营业地、注册地、住所地、惯常居住地或通讯地址，或经对方当事人合理查询不能找到上述任一地点，仲裁委员会仲裁院以挂号信或特快专递或能提供投递记录的包括公证送达、委托送达和留置送达在内的其他任何手段投递给收件人最后一个为人所知的营业地、注册地、住所地、惯常居住地或通讯地址，即视为有效送达。”本院认为，《仲裁规则》第八条第三款实际规定了三种送达方式：（1）直接送达（“经当面递交收件人”）；（2）邮寄送达（“发送至收件人的营业地、注册地、住所地、惯常居住地或通讯地址”，此处“发送至”应解释为收件人实际收到）；（3）推定送达（“经对方当事人合理查询不能找到上述任一地点，仲裁委员会仲裁院以挂号信或特快专递或能提供投递记录的包括公证送达、委托送达和留置送达在内的其他任何手段投递给收件人最后一个为人所知的营业地、注册地、住所地、惯常居住地或通讯地址”）。

对于《仲裁规则》中上述规定之理解，应以相关仲裁文件能够有效到达当事人为基本前提，只有在实际送达存在困难时，才能以其他方式推定送达作为补充。事实上按照文义解释，《仲裁规则》第八条第三款亦规定，只有在“经对方当事人合理查询不能找到上述任一地点（即收件人的营业地、注册地、住所地、惯常居住地或通讯地址）”时，中国贸仲才可以采用推定送达方式向当事人进行送达。具体到本案中，即便不考虑事后证明的特快专递可以实际送达 A 纺织公司这一因素，在邮政公司明确表示可以通过邮政航空信进行送达的情况下，中国贸仲未尝试采取相应邮寄方式，而是直接断定该地址“无法送达”进而对后续仲裁文件采取“视为送达”，不符合《仲裁规则》关于送达之相关规定。

此外，该院注意到，仲裁期间于 2016 年 11 月 29 日（首次）开庭进行审理，而中国贸仲于 2016 年 11 月 1 日经公证以平信方式向海企纺织寄送开庭通知。结合《仲裁规则》第三十七条第一款之规定，“开庭审理的案件，仲裁庭确定第一次开庭日期后，应不晚于开庭前 20 天将开庭日期通知双方当事人”，可以计算出中国贸仲对于开庭通知仅预留了 8 天在途时间。《仲裁规则》第八条第四款规定，“本规则所规定的期限，应自当事人收到或应当收到仲裁委员会仲裁院向其发送的文书、通知、材料等之日的次日起计算”。A 纺织公司住所地位于坦桑尼亚联合共和国，正如裁决书中所述，该公司通讯地址存在“特殊情况”，根据日常生活经验可以判断，自中华人民共和国北京市向坦桑尼亚联合共和国寄送平信预留 8 天时间远远不够。事实也证明，8 天之内该邮件没有送达 A 纺织公司。本院认为，即便适用“视为送达”之规则，亦应以最大可能送达收件人之善良方式进行，《仲裁规则》既然规定当事人“应当收到”中国贸仲发送的材料之次日起计算相关期限，那么预留合理的送达在途时间自然为题中应有之义。中国贸仲在明知面临“特殊情况”的前提下，对于开庭通知预留的送达在途时间不足以完成正常送达工作，应当推定中国贸仲相应送达工作不符合《仲裁规则》第三十七条规定的首次开庭提前 20 天通知当事人的程序要求。

A 纺织公司于 2017 年 1 月 9 日首次收到仲裁通知等文件，按照《仲裁规则》第十五条第一款以及中国贸仲的通知，其享有 45 天答辩期。但中国贸仲于 2017 年 2 月 14 日即作出 0059 号裁决，此时 A 纺织公司享有的答辩期尚未届满。

基于以上分析，可以认定涉案仲裁期间中国贸仲就送达工作出现程序错误，导致 A 纺织公司在仲裁过程中由于不属于其负责的原因未能陈述意见，因此涉案 0059 号裁决应予撤销。

此外，因本院已经认定涉案仲裁裁决应予撤销，故 A 纺织公司提出的当事人之间不存在仲裁协议的意见在本案中不再具有审查意义，本院对此不作审查。

经报最高人民法院审核批准，该院裁定撤销了（2017）中国贸仲京裁字第 0059 号裁决。

笔者观点

1. 该撤裁裁定书事实认定清晰，论理清楚，涉案 0059 号裁决书被撤销的主要原因在于法院认为仲裁当事人的意见陈述权因送达程序错误而未能行使。

2. 从上述案例可知，当事人因不属于自身原因导致的“未能陈述”是仲裁裁决被撤销的正当事由之一，而与此息息相关的便是有关仲裁文书的送达问题。关于送达，一般分为三种形式，现在仲裁机构最普遍使用的是邮寄送达和直接送达，邮寄送达即通过 EMS 特快专递或其他国际公认快递将仲裁文书发送至收件人的营业地、注册地、住所地、经常居住地或通讯地址，此处“发送至”应解释为收件人实际收到，直接送达顾名思义即当面递交收件人，值得注意和需要明确的是推定送达（或称“视为送达”）。

3. 关于推定送达（或视为送达）。《示范法》第三条第一款规定：“……或经合理查询不能找到上述任一地点而以挂号信或能提供作过投递企图的记录的其他任何方式投递到收件人最后一个为人所知的营业地点、惯常住所或通信地址的，即应视为已经收到”；中国贸仲现行《仲裁规则》第八条第三款规定：“……或经对方当事人合理查询不能找到上述任一地点，仲裁委员会仲裁院以挂号信或特快专递或能提供投递记录的包括公证送达、委托送达和留置送达在内的其他任何手段投递给收件人最后一个为人所知的营业地、注册地、住所地、惯常居住地或通讯地址，即视为有效送达。”从法院的裁定书内容可知，法院认为，推定送达应是最后使用的一种送达方式，只有在经对方当事人合理查询不能找到上述任一地点时，才可以采用推定送达方式。北京市第四中级人民法院认定的送达事实是“邮政公司明确表示可以通过邮政航空信进行送达的情况下，中国贸仲未尝试采取相应邮寄方式”，所以，该院认为中国贸仲采取公证送达的方式与其《仲裁规则》有关“视为有效送达”的规定不符，同时法院提出一种对被送达方最为有利的解释，即送达应以“最大可能送达收件人之善良方式进行”，并结合实际在途情况认定中国贸仲送达“开庭通知预留的送达在途时间不足以完成正常送达工作”。

4. 关于未能陈述。根据《民事诉讼法》第二百七十四条的规定，仲裁裁决存在当事人非因己方原因未能陈述意见的情形的，法院应当撤销仲裁裁决。实践中，当事人非因自身原因导致未能陈述意见的情形较为少见。在〔2008〕民四他字第 21 号《答复》中，最高人民法院指出，“首饰公司 2004 年 5 月 25 日向仲裁庭提交的《明确仲裁请求申请书》中，有‘由首饰公司向杨志红返购库存黄金’的请求。但仲裁庭 5 月 31 日送达杨志红的《明确仲裁请求申请书》中却未载有该项内容，仲裁庭的开庭笔录中也没有上述明确仲裁请求的记载。仲裁庭在未将该项仲裁请求告知杨志红的情况下，裁决支持该仲裁请求，导致杨志红未能就该请求陈述意见”。具体到本案，申请人陈述意见的前提是其在《仲裁规则》规定的时限内收到了仲裁庭作出的各项程序性指令。如前所述，中国贸仲相关仲裁文书的送达与其《仲裁规则》的要求不符。在此情形下，申请人陈述意见缺乏必要的前提条件。该案例存在的遗漏仲裁请求事项导致被申请人未对该遗漏事项进行答辩和陈述意见，也属于应予撤销的情形之一的“非因己方原因未能陈述”。

上述“未能陈述”的原因在于仲裁申请人或者仲裁机构（包括仲裁机构工作人员），并非被申请人一方的责任，所以属于撤裁事由之一，若被申请人明知仲裁案件的存在而不发表意见，属于主观故意不陈述、消极对待仲裁的情况，与本节所称“未能陈述”有本质上的差别，实践中应予以区分。

第四节　违反仲裁程序规则的其他情形

仲裁程序是一个循序渐进的动态过程，在仲裁的每个环节，当事人结合仲裁法律规定以及仲裁实践经验，除上文所讲到的非当事人原因的“未能陈述”之外，仲裁程序规则违法形态还有以下几种：（1）未依约定的仲裁规则进行；（2）举证质证环节存在的程序性问题；（3）未开庭审理；（4）未得到审理；（5）合并审理不符合双方约定或者仲裁程序规则；（6）仲裁费问题；（7）调解程序；以上几种在仲裁程序中出现的问题或者瑕疵会被当事人作为申请撤销裁决的理由（或之一），法院是否支持各有不同，本书将结合案例予以分析。

一、未依约定的仲裁规则进行

仲裁的意思自治原则决定了当事人可以约定仲裁程序所应当依据的各种规则。这种规则一般是固定性的、普遍性的，由常设仲裁机构或国际组织颁布，在纠纷提交约定的仲裁机构时直接适用；也可以是临时性的，只约束个案，由当事人约定，最大限度地尊重当事人的意思自治。

值得注意的是，国内仲裁是不允许当事人选择仲裁规则的。《仲裁法司法解释》第四条规定：“仲裁协议仅约定纠纷适用的仲裁规则的，视为未约定仲裁机构，但当事人达成补充协议或者按照约定的仲裁规则能够确定仲裁机构的除外。”因此，如果当事人约定了仲裁机构即确定了纠纷所适用的仲裁规则，但如果仅选择仲裁规则，视为未约定仲裁机构，后果就是仲裁协议无效。

仲裁规则具有合意性和强制性。实践中，在合同中约定适用某仲裁机构的仲裁规则，则在纠纷发生提交仲裁后，理所应当适用该选定的仲裁机构的仲裁规则。例如，双方在仲裁协议中明确约定了适用 2005 年版本的仲裁规则，纠纷发生在2019年并提交仲裁委员会仲裁，而该仲裁委的仲裁规则经过修改，最新版为2015年版本，那么根据当事人意思自治原则，该纠纷的程序依据是2005年版仲裁规则。非经当事人合意不得更改。一旦双方约定适用某仲裁规则，该仲裁规则即对双方具有强制性，双方当事人须予以遵守。在该方面，当事人可能提出的抗辩是，所适用的仲裁规则并非约定的仲裁规则，或者所约定的仲裁规则未得到严格的适用。

二、举证质证环节

在仲裁中，证据的主动权几乎完全掌握在当事人手里。仲裁员作为审判者，居中主持交换证据和质证环节，并在最终作出"谁输谁赢"的决定。

我国《仲裁法》第四十五条规定："证据应当在开庭时出示，当事人可以质证。"有人对此提出疑问：是否只要是证据，不论当事人何时提供，只要仲裁庭接纳，就应在开庭时出示并经对方质证？我国目前的普遍做法是，仲裁庭给予双方当事人同等的质证、举证及陈述意见的权利和机会，在证据环节上符合正当程序的要求，在双方没有异议且不违反双方仲裁协议的情况下，仲裁庭完全有权决定选择适用庭前质证、当庭质证或者书面质证等方式。对于庭后提交或者逾期提供的证据，经仲裁庭同意接纳后，仲裁庭决定再次开庭审理的，则开庭时出示、质证，若仲裁庭决定书面审理，则通过仲裁机构交换给对方，由双方进行书面质证，但值得注意的是，仲裁庭要给予双方平等的补充证据权利以及合理的书面质证期限。

在国际商事仲裁中，由于各个国家和地区的法律体系和证据规则不同，而且当事人来自不同的国家或地区，仲裁员和代理律师的法律背景存在明显的差异，基于此，国际律师协会试图在各国的差异性中求同，制定了一套适用于国际商事仲裁的证据提交规则（《国际律师协会国际商事仲裁取证规则》）。

不论如何进行举证质证环节，均应遵循完整原则和对等原则。若其中某一证据未经质证，则可能导致裁决被撤销。法院在审查仲裁程序是否合法的过程中，证据环节是至关重要的部分，若一方当事人的质证权利被仲裁庭剥夺这一事实经法官确认，申请撤销裁决的申辩权得以胜利。但是，实践中不乏很多当事人提出的“仲裁庭采信了某一证据，该证据是伪造的，不符合事实的”诸如此类的理由，《最高人民法院关于浙江省天河房地产联合发展公司申请撤销中国国际经济贸易仲裁委员会上海分会仲裁裁决案的复函》（〔2003〕民四他字第 19 号）明确指出，“对证据的分析和认定属于仲裁庭的权力范围，当事人不能以仲裁庭对有关证据材料的质证程度、采信与否作为申请撤销仲裁裁决的理由”，所以当事人对裁决结果有异议，提出撤销裁决申请时，一定要注意区分是对证据程序有异议，还是对仲裁庭采纳证据和认定的事实有异议。

三、未开庭审理

是否开庭，依当事人的合意或者仲裁规则而定。我国《仲裁法》第三十九条规定：“仲裁应当开庭进行。当事人协议不开庭的，仲裁庭可以根据仲裁申请书、答辩书以及其他材料作出裁决。”普遍来说，仲裁案件都需要开庭审理。应开庭而未开庭的案件，构成程序违法。

双方协商一致同意仲裁庭进行书面审理的案件，须有双方当事人的书面同意。若当事人同意书面审理，自然没有任何问题，完全符合仲裁的意思自治原则。或者仲裁庭认为书面审理是适当的，且通知当事人要进行书面审理后，双方当事人未提出异议，也可以视为双方默许了书面审理的方式。若双方在合同中约定了要开庭审理或者仲裁规则规定了必须开庭审理，但仲裁庭未能予以遵守，则可能导致裁决被撤销。这里所说的开庭审理，包括开庭审理当事人的全部仲裁请求，也包括对被申请人提出的反请求应以庭审的方式审理。

四、合并审理不符合双方约定或缺乏依据

两个或两个以上仲裁案件合并审理涉及多方当事人，即在一个庭审中将两个或者两个以上的纠纷进行审理。合并审理需要具有一定的合理性，换言之，应有合理的理由和基础。一些类似案件或者关联案件，出于效率和便民、经济的原因，仲裁庭会进行两案或者多案合并审理，但是合并审理不影响分案裁决。

我国《仲裁法》未对合并审理作出规定。合并审理的仲裁依据，可能是同一个仲裁协议，也可能是基于不同的仲裁协议。应该明确的是，合并审理仅是仲裁程序上的合并，在法律允许和当事人同意的情况下，这种合并对裁决结果没有实质性影响。合并审理一般分为两种，一种是因密切相关，为了查清整个案件事实，另一种是案件高度类似，有一方当事人相同，基于同一类型的合同，属于同一种类的纠纷，例如商品房买卖合同纠纷。若没有当事人的同意或者相应的法律依据，则很可能导致仲裁裁决被撤销。所以，合并审理案件处理过程中，仲裁庭对于当事人的询问至关重要，不可忽视。

各国有关仲裁合并的规定或实践不一，但基本上都是基于以下理由：所有程序均产生共同的法律或事实问题；所有程序中提出救济的权利均关联于或产生于同一交易或一系列交易；或者其他合乎需要的理由。

五、调解程序

国际仲裁中，一般情况下，仲裁程序和调解程序归并于一个程序之中，尤其是仲裁员和调解员身份重合，普遍被认为存在冲突[①]。许多仲裁或调解法律或规则，包括程序规则和行为规范均对身份冲突问题作出规定。例如，1980年《联合国国际贸易法委员会调解规则》第十九条规定，双方当事人和调解员应保证调解员在涉及调解程序主题的争端的任何仲裁或司法程序中不得担任仲裁员或一方的代表或律师。2002年《联合国国际贸易法委员会国际商事调解示范法》[②]第十二条（调解员担任仲裁员）规定，除非当事人另有约定，调解员不应当担任对于曾经是或目前是调解程序标的事项的争议或者由同一合同或法律关系或任何与其有关的合同或法律关系引起的另一争议的仲裁员。

在我国，仲裁程序中的调解应视情况而定。在仲裁程序进行中，若当事人同意，仲裁员也可以作为调解员调解案件，即组织所谓的调解程序。调解成功，双方达成和解，可以请求撤案或者请求仲裁庭根据和解协议的内容作

① 参见林一飞:《略论仲裁中的身份冲突》，载《法学评论》2006年第1期，第152页。

② 联合国2002年11月19日第52次全体会议通过。

出调解书（或裁决书）；如果争议未能通过调解解决，则仲裁庭继续进行仲裁程序，最终根据双方提交的证据和调查的情况作出裁决。仲裁中进行调解应当基于当事人自愿原则，不强制，完全尊重当事人的意思自治。例如，2015年《中国国际经济贸易仲裁规则》（即现行版本）第四十七条规定了仲裁与调解相结合的各种情形：（1）双方当事人有调解愿望的，或一方当事人有调解愿望并经仲裁庭征得另一方当事人同意的，仲裁庭可以在仲裁程序中对案件进行调解。双方当事人也可以自行和解。（2）仲裁庭在征得双方当事人同意后可以按照其认为适当的方式进行调解。（3）调解过程中，任何一方当事人提出终止调解或仲裁庭认为已无调解成功的可能时，仲裁庭应终止调解。（4）双方当事人经仲裁庭调解达成和解或自行和解的，应签订和解协议。（5）当事人经调解达成或自行达成和解协议的，可以撤回仲裁请求或反请求，也可以请求仲裁庭根据当事人和解协议的内容作出裁决书或制作调解书。（6）当事人请求制作调解书的，调解书应当写明仲裁请求和当事人书面和解协议的内容，由仲裁员署名，并加盖"中国国际经济贸易仲裁委员会"印章，送达双方当事人。（7）调解不成功的，仲裁庭应当继续进行仲裁程序并作出裁决。（8）当事人有调解愿望但不愿在仲裁庭主持下进行调解的，经双方当事人同意，仲裁委员会可以协助当事人以适当的方式和程序进行调解。（9）如果调解不成功，任何一方当事人均不得在其后的仲裁程序、司法程序和其他任何程序中援引对方当事人或仲裁庭在调解过程中曾发表的意见、提出的观点、作出的陈述、表示认同或否定的建议或主张作为其请求、答辩或反请求的依据。（10）当事人在仲裁程序开始之前自行达成或经调解达成和解协议的，可以依据由仲裁委员会仲裁的仲裁协议及其和解协议，请求仲裁委员会组成仲裁庭，按照和解协议的内容作出仲裁裁决。除非当事人另有约定，仲裁委员会主任指定一名独任仲裁员成立仲裁庭，由仲裁庭按照其认为适当的程序进行审理并作出裁决。具体程序和期限，不受本规则其他条款关于程序和期限的限制。

该条规定将仲裁程序中可能出现的各类情形的调解都罗列出来了。调解程序并非仲裁程序的必经阶段，但在实践中，若是对席的情况下，仲裁庭均会询问双方的调解意愿，在双方同意的情况下，尽可能促使双方达成和解。若是当事人无意愿调解或者调解过程中明确表示拒绝继续调解，仲裁庭应及时终止调解程序，继续进行仲裁程序。仲裁裁决不受调解内容的影响，即裁决的依据不能是调解过程中双方的陈述或承诺。

不过，应当注意的是，一般情况下，以调解程序未进行为由提出抗辩是无法获得支持的。某国际贸易公司申请撤销仲裁裁决案[①]中，申请撤销人主张仲裁庭在仲裁过程中未作调解工作（正龙公司还提出仲裁庭延期理由不充分、仲裁裁决有改动合同内容、文字错误等撤销理由）。北京市第二中级人民法院在民事裁定书中作出以下认定，在 2001 年 2 月 27 日的仲裁庭审笔录中，明确记录了仲裁员在双方当事人明确表示有调解意愿后，当庭进行了调解，但调解未成功。所以，申请辙销人主张仲裁庭未作调解工作，与事实不符，其该项撤销理由不成立，法院不予支持。

第五节 异议权放弃

放弃异议权，是指一方当事人知道或理应知道仲裁法、仲裁规则或仲裁协议中规定的任何条款或情势未被遵守，仍参加仲裁程序或继续进行仲裁程序，而且不对此不遵守情况及时、明示地提出书面异议的，视为放弃其提出异议的权利。《仲裁裁决执行规定》第十四条第三款规定："适用的仲裁程序或仲裁规则经特别提示，当事人知道或者应当知道法定仲裁程序或选择的仲裁规则未被遵守，但仍然参加或者继续参加仲裁程序且未提出异议，在仲裁裁决作出之后以违反法定程序为由申请不予执行仲裁裁决的，人民法院不予支持。"该条规定明确了，当事人在仲裁过程中放弃异议权，在仲裁裁决作出之后再提出异议是不被法院采纳和接受的，这是在督促当事人在仲裁程序中积极行使自己的程序权利，同时也是禁止反言原则在仲裁中的具体体现。

案例指引

---

① 北京市第二中级人民法院（2002）二中民特字第 03283 号民事裁定书。

本案当事人以程序适用错误为由提出撤销裁决申请。由于当事人在仲裁程序过程中主动放弃选择适用涉外仲裁程序的异议权，从而导致撤销裁决申请被驳回。

案情简介

A 公司作为申请人将 B 公司作为被申请人向北京仲裁委员会（以下简称北仲）提起仲裁申请，B 公司参与该案仲裁，北仲该案仲裁庭最终作出裁决。B 公司不服仲裁裁决结果，向北京市第四中级人民法院提出撤裁申请。B 公司称，请求撤销北仲作出的（2017）京仲裁字第 1815 号仲裁裁决。①

法院裁判

法院经审查后作出不予撤销的决定，主要理由如下：涉案仲裁案件属于合同纠纷，A 公司在涉案合同项下的主要义务为接受 B 公司的委托，为其在包括 Google、Facebook、Twitter 在内的三大平台提供推广服务，B 公司向 A 公司支付相应的服务费用，而众所周知的事实是三大平台运营业务尚未获得进入内地的批准（或者已经撤出），换言之三大平台的广告受众主要为境外用户，且三大平台运营服务器亦位于中华人民共和国境外，因此应当认定本案中产生民事关系的法律事实（即 A 公司所提供的推广服务）发生在中华人民共和国境外。根据上述法律规定，该案件明显具有涉外因素，虽然双方当事人均为国内企业法人，但仍然应当认定为涉外案件。因此，本案应当按照申请撤销涉外仲裁裁决审查程序对本案进行审查处理。

涉外仲裁案件具有涉外因素，并不能当然推导出必须应当适用《北京仲裁委员会仲裁规则》第八章“国际商事仲裁的特别规定”，而应当结合当事人约定以及仲裁规则的具体规定，最终确定应当适用的规则条款。本案中双方当事人就仲裁适用程序未作出与仲裁规则不一致的书面约定，故应当适用仲裁规则的相应规定。《北京仲裁委员会仲裁规则》第八章“国际商事仲裁的特别规定”中第六十一条“本章适用”第一款规定，“除非当事人另有约定，国际商事案

① 北京市第四中级人民法院（2018）京 04 民特 30 号民事裁定书。

件适用本章规定”，第三款又规定，“当事人对案件是否具有国际因素有争议的，由仲裁庭决定”。在当事人有争议的情况下，由仲裁庭决定仲裁案件中是否存在涉外因素（国际因素）并无不当。但是，在仲裁规则未作出相反或者排除性规定的情况下，本院认为仲裁庭亦应当按照法律明文规定对案件是否具有涉外因素（国际因素）进行审查判断，在判断结论为肯定项的情况下，必须适用《北京仲裁委员会仲裁规则》第八章“国际商事仲裁的特别规定”，否则即应认定为违反仲裁规则。本案中，仲裁期间在B公司明确要求仲裁庭确认该案件具有涉外因素（国际因素）的情况下，仲裁庭未予回应而是径行适用仲裁规则规定的普通程序对案件进行审理，未适用《北京仲裁委员会仲裁规则》第八章“国际商事仲裁的特别规定”，违反了仲裁规则的相应规定。

至于B公司提出的北仲未按照仲裁规则的规定处理管辖权异议问题，经查，仲裁期间在B公司就管辖权提出异议后，北仲已经就管辖权问题进行审查并向当事人作出回应，并未违反《北京仲裁委员会仲裁规则》第六条之规定。

本院还注意到，仲裁开庭期间首席仲裁员曾向双方当事人询问对此前进行的仲裁程序（到询问时为止）双方是否有异议，双方均表示无异议。鉴于仲裁系当事人意思自治原则的体现，双方当事人可以约定具体仲裁程序，B公司向仲裁庭表述对此前仲裁程序没有异议的同时即意味着其接受了此前的全部仲裁程序，现其却又以仲裁程序与仲裁规则不符为由申请撤销仲裁裁决，违反了禁止反言的基本诉讼原则。

笔者观点

从上述案例分析可知，作为仲裁被申请人的B公司在仲裁程序过程中主动放弃了选择适用涉外仲裁程序的异议权，因而导致其提出的撤裁申请未被支持。在我国“重实体轻程序”观念的影响下，国内大多数律师也缺乏自然法的法律基础，作为当事人的代理律师在仲裁案件代理过程中，要更加重视仲裁规则的适用，若存在疑问应及时提出异议，这也是最大限度保障当事人利益的要求之一。

第七章

超裁问题

超裁，是指仲裁庭超越仲裁权限作出裁决，是《纽约公约》明确规定的可以拒绝承认及执行的情形之一。被申请承认及执行国法院应按照《纽约公约》及仲裁协议准据法对仲裁裁决是否存在超裁情形进行审查。按照《纽约公约》第五条第一项（丙）款的规定，“裁决所处理之争议非为交付仲裁之标的或不在其条款之列，或裁决载有关于交付仲裁范围以外事项之决定者，但交付仲裁事项之决定可与未交付仲裁之事项划分时，裁决中关于交付仲裁事项之决定部分得予承认及执行”，超裁包括超越仲裁协议范围和超越仲裁请求范围两种情形。

仲裁虽与诉讼同为争议解决方式，但因各自的管辖权来源和管辖法律基础不同导致两者的裁判结果的范围有所不同。诉讼的管辖权限和范围更加宽泛，而仲裁对于裁决事项的范围要求更加严格。仲裁的基础土壤来源于当事人之间的仲裁协议，裁决事项必须不能超出仲裁协议的约定范围，也不能超出当事人的仲裁请求范围（例如当事人的请求事项、请求数额等），而且裁决事项不能损害公共利益或者侵犯案外第三人的权益，否则就构成“超裁”。有些“超裁”源于疏忽（例如裁决数额高于申请人请求的数额），有些源于仲裁庭的认知范畴，有一些仲裁员秉持定分止争的理念，目的是不给仲裁争议“留尾巴”，该想法和理念在诉讼中并无问题，但是在仲裁实务中却是需谨慎的地方，超裁的情况在每个国家都存在，仲裁庭的权力来源于两个方面，一方面是当事人在适用法律允许的限度内以仲裁协议的形式授予仲裁庭的权力，另一方面是法律赋予仲裁庭的其他权力。仲裁庭享有的权力不能超出仲裁协议的约定内容以及当事人提出的特定请求，这种要求非常严格。仲裁庭在仲裁裁决作出时，要保证所裁决内容未超出其被授权的范围，否则在法律后果上，很有可能因当事人提出超裁抗辩而导致裁决无效。本章旨在对“超裁”作分类探讨。

第一节 超出仲裁协议范围

仲裁协议是当事人之间的意思自治，若无授权，则仲裁庭无权对未规定在仲裁协议范围内的事项作出裁决。仲裁协议对于仲裁事项的约定一般都是明确的，比如将因某合同引起的相关经济纠纷提交某仲裁委员会仲裁，或者约定某合同项下的特定某一方面或者多个方面的争议提交仲裁解决。

值得注意的是，当事人约定的仲裁范围不能违反所约定争议所适用法律的规定，我国不可仲裁的事项在《仲裁法》第三条有明确规定，一是具有人身属性的纠纷（婚姻、收养、监护、扶养、继承纠纷），二是应当提交行政机关处理的行政争议。本书第三章着重论述了“可仲裁性”，此处不再赘述。此外，《仲裁法》第七十七条规定，劳动争议和农业集体经济组织内部的农业承包合同纠纷的仲裁，另行规定。所以这两类纠纷也不属于可仲裁的范围。劳动纠纷的仲裁适用《劳动争议调解仲裁法》《劳动法》《劳动合同法》等，农业承包合同纠纷仲裁适用《农村土地承包经营纠纷调解仲裁法》。

《最高人民法院关于不予承认和执行国际商会仲裁院仲裁裁决的请示的复函》(〔2008〕民四他字第 11 号）**在 Hemofarm DD、MAG 国际贸易公司和苏拉么媒体有限公司申请承认及执行国际商会仲裁院第 13464/MS/JB/JEM 号仲裁裁决一案中，**当事人约定双方签署的仲裁条款仅约束合资合同当事人就合资事项发生的争议，不能约束被申请人与合资公司之间的租赁合同纠纷。经审查，仲裁庭对被申请人与合资公司之间的租赁合同纠纷作出了裁决，超出了合资合同约定的仲裁协议的范围。最终，中国法院拒绝承认及执行该仲裁裁决。从该案例来看，仲裁庭必须严守仲裁范围，不能越俎代庖，虽然是出于解决纠纷的“好意”，但是却导致了仲裁裁决不被承认和不予执行的法律后果，适得其反。

第二节　超出当事人的仲裁请求

仲裁庭应当围绕当事人提出的仲裁请求审理并作出裁决，而且应当注意审查当事人的仲裁请求不能违反法律的强制性规定，也不能超出仲裁协议的范围。仲裁实务中，若裁决的事项属于法律规定的可仲裁范围，也未超出当事人约定的仲裁范围，但当事人并未在仲裁申请中提出相应请求，也属于“超裁”，法院可以通过撤销或不予执行的方式否定该裁决的效力。

超出仲裁请求可以分为几种情形：一是当事人未请求的事项由仲裁庭审理并裁决；二是裁决事项中的金钱给付的金额超出当事人请求的金额。

仲裁庭一般围绕当事人的请求进行审理，但是不排除因疏忽或者仲裁观念不同而导致的裁决事项超出当事人的请求，自行对相关事项作出裁决，这种情况下，被裁决义务人享有的抗辩胜诉权得到法院支持的概率则会增大。值得注意的是，民间借贷纠纷中，关于欠款利息的请求，一般当事人提出的请求都是暂计至申请仲裁之日，该数额是暂计，所以最终裁决的数额大于该数额并非属于超出当事人的请求，不会导致撤裁或者裁决不予执行。**在 M/SA 号船船东申请执行裁决案中，**被申请人向德国汉堡上诉法院提出的异议理由之一就是仲裁庭裁决了申请人未请求的裁决后利息。经审理后，该法院最终认可了该案裁决，驳回异议，认定所适用的法律（1996 年《英国仲裁法》）和仲裁规则允许仲裁庭裁决支持申请人所提出请求的基础上裁决书作出之后的利息。就目前而言，关于民间借贷的利息金额问题，在我国仲裁实务中并不存在什么争议，仲裁申请书中的利息均是“暂计”，最终的裁决利息金额高于该暂计金额，并不构成超裁。

第三节　裁决涉及第三人

“超裁”从超越的对象来说，可以分为“物的超裁”和“人的超裁”。对于物的超裁，上文已经提到，即超出仲裁协议范围或者超出仲裁请求；而人的超裁是指，仲裁裁决结果不仅仅是对仲裁当事人的权利义务的强制性分配，还对案外的第三人的权益作出了处理，将一定的法律责任和义务强加在案外第三人身上。在第三人未参与仲裁程序的情况下，对其作出的裁决违反公平公正原则，而且也不符合仲裁的相对性原则。

仲裁协议只约束仲裁协议当事人，仲裁协议当事人之外的第三方不能成为仲裁程序的当事人，仲裁裁决也就不能对涉及第三方的事项作出裁决。**在美国某公司申请承认及执行英国伦敦金融交易所仲裁裁决一案中，**仲裁协议的当事双方为美国某公司和某冶炼厂，但美国某公司将芜湖某铜业集团有限公司也列为仲裁被申请人。仲裁庭据此对所谓的美国某公司与某冶炼厂及芜湖某铜业集团有限公司三方之间的纠纷作出了裁决。最终，中国法院对仲裁裁决中涉及芜湖某铜业集团有限公司的部分拒绝承认及执行。

如果仲裁庭超裁，被申请承认及执行国法院将审查超裁部分是否可以与未超裁部分区分，如果可以区分，法院就会承认及执行未超裁部分，反之，法院就会拒绝承认及执行整份仲裁裁决。为了避免超裁部分与未超裁部分不可区分而导致仲裁裁决整体被拒绝承认及执行，申请人在提起仲裁时，应尽可能分项提出仲裁请求，在有两个或两个以上被申请人的情况下，应尽可能区分各被申请人之间的责任。仲裁裁决在表述时，也尽可能对各被申请人分开表述，避免统称为被申请人。

关于第三人的情况，有的学者或者法律从业者认为，仲裁中不存在第三人。笔者并不完全赞同该观点。笔者认为应当具体到个案而定。我国《仲裁法》没有明确规定第三人制度，各个仲裁机构的仲裁规则对于第三人的规定也不同，但是，在仲裁实践中，随着通过仲裁方式解决的纠纷类型和数量的增加，以及法律关系复杂程度的增强，一些仲裁案件涉及的争议可能会和案外人产生利害关系或者其他关联，而且，事实上也存在仲裁当事人之外的第三人，诸如商品房买卖所引发的“双合同”纠纷，小业主与装修公司是仲裁案件的当事人，而开发商公司则是与该案有关联的第三人。关于第三人，分为有仲裁协议的第三人和没有仲裁协议的第三人。由于仲裁具有相对性，而意思自治是仲裁的基本原则和灵魂，仲裁机构对当事人之间争议的审理裁决权限来源于当事人的授权。那么，在案外人和案件当事人之间没有仲裁协议的情况下，即便案件审理涉及案外人并且该案外人可能应当承担一定责任，仲裁庭也不得将案外人追加进仲裁程序中，否则构成超裁。若案外人在得知仲裁案件之后，愿意加入仲裁程序，并且接受仲裁管辖，同时双方当事人均表示同意，那么案外人加入仲裁程序成为第三人，则更利于案件的查明，甚至更利于和解的促成。

仲裁庭不同于法官，无权追加案外人进入仲裁程序。在案外人没有和仲裁案件当事人达成仲裁协议的情况下，案外人不得作为第三人加入仲裁程序，即便当事人申请追加案外人作为第三人，也不会得到支持。实践中，案外人加入仲裁程序仅在案外人和仲裁案件当事人签订了仲裁协议的情况下才合乎法律规定。

我国已经有仲裁机构在其仲裁规则中将追加第三人进行了明确规定。例如，2015 年《广州仲裁委员会仲裁规则》第二十三条和第二十四条以“是否有仲裁协议”为标准划分，分别作出规定。第二十三条规定的是同一仲裁协议的案外人加入仲裁程序：（1）同一仲裁协议的案外人申请成为共同申请人的，须经申请人同意。是否接受，仲裁庭组成前由本会决定，仲裁庭组成后由仲裁庭决定。（2）申请人申请追加同一仲裁协议的案外人为共同被申请人的，是否接受，仲裁庭组成前由本会决定，仲裁庭组成后由仲裁庭决定。（3）同一仲裁协议的案外人申请作为有独立请求权第三人或者无独立请求权第三人加入审理的，是否接受，仲裁庭组成前由本会决定，仲裁庭组成后由仲裁庭决定。（4）本会决定接受案外人加入仲裁程序的，仲裁庭的组成按照本规则第三十条第二款、第三款规定进行。仲裁庭决定接受案外人加入仲裁程序的，由仲裁庭继续审理。第二十四条规定的是无仲裁协议的案外人加入仲裁程序，无仲裁协议的案外人加入仲裁程序成为共同申请人、共同被申请人或者第三人的，须经案外人、当事人双方一致同意并达成仲裁协议。是否接受案外人加入仲裁程序，仲裁庭组成前由本会决定，仲裁庭组成后由仲裁庭决定。从这两条规定可以看出，广州仲裁委员会已经对追加第三人进入仲裁程序进行规定，明确了只能由当事人申请追加，由仲裁机构或仲裁庭决定，而不能由仲裁机构或仲裁庭主动追加。而且，在此过程中，是否达成仲裁合意是至关重要的前提。在追加第三人程序中，一定要注意询问各方当事人（包括案外人第三人）的意愿，仲裁庭也需要考虑主体之前的关联性及相互之间法律关系，否则会可能违反程序，为以后仲裁裁决可能会被申请撤销埋下隐患。

第八章
社会公共利益作为撤销和不予执行理由

第一节　社会公共利益概述

社会公共利益，是指社会公众所享有的、非独占的、社会存在所必需的利益，具有公共性和社会性，在国际上通常称之为“公共政策”或“公共利益”。社会公共利益对社会上不特定的人的利益有直接影响，不属于任何一个具体的人。个人权利的行使界限在于不侵害其他第三方的利益，而此时的第三方成为不特定多数人时，便形成了社会公共利益。

司法实践中，“社会公共利益”具有以下几个法律特征：

1. 主体的公众性与不确定性

利益的主体是指享有利益需求、享受利益成果的对象。首先，社会公共利益的主体是社会公众。它能满足不特定的多数人的需要，是一种整体性的利益。它不是私人利益的简单叠加，能被共享但不能被分割。例如，各国对假冒伪劣产品的严厉打击，在本质上来说，不是因为制假售假行为对某个人产生了实际损害后果，而是其潜伏着继续对所有非特定的个人造成危害的危险和可能。由此已经上升到社会整体和普遍利益层面了。其次，公共利益的受益对象具有不确定性。只能使某些特定的主体受益、满足特定人愿望或需求的利益不能成为社会的普遍利益，不是公共利益。

2. 内容的广泛性

社会公共利益的内容广泛而普遍。公共利益是与全体国民生存和发展相关的利益，如经济有序发展、社会稳定、公民的生命财产安全，既包括物质形态的公共环境、公共财产，也包含精神和制度层面的公共道德、社会秩序等。

3. 整体性和抽象性

社会公共利益不以人的意志为转移，概念抽象模糊，较难对其进行恰当概括。在现实中，虽然公共利益都由一定的物质载体承载或表现出来，但其本身仍然是抽象的。

另外，需要强调的是，“社会公共利益”的界定标准应当从严掌握。司法试图在引导社会价值和迁就社会现实之间寻找平衡点，裁判者不能以“保姆式”司法的方式，背弃法律逻辑，一味追求实践中的利益考量，在某一案件中特殊适用公共政策理由，从而导致偏离社会公正。

第二节　国际仲裁中的社会公共利益

社会公共利益在国际上还有其他称谓，大陆法系称之为“公共秩序”（order public），普通法系称之为“公共政策”（public policy），我国仲裁规范中使用“社会公共利益”一词，不论何种表述，均表达同一个概念。在国际司法中，社会公共利益通常是拒绝适用外国法、拒绝承认和执行外国法院判决和仲裁裁决的理由。一般而言，社会公共利益是拒绝执行外国仲裁裁决和外国判决最传统的一项事由。事实上，《纽约公约》对“公共政策”和“公共秩序”也不作具体区分。社会公共利益是某些道德、社会、经济的基本原则，“极为神圣以至于无论如何均应当毫无例外地加以维护”[①]。世界上各国对于公共利益的术语使用基本上分为四类：一是在国内立法中采用公共政策概念，并按照《纽约公约》和《示范法》措辞冠以“本国”从而实现本土化，这种形式为绝大多数国家采用，例如“美国公共政策”，英国、俄罗斯和原社会主义阵营中的东欧国家采用该形式。二是将“公共政策”作以国际和国内的区分，如法国、葡萄牙、阿尔及利亚、突尼斯等国。三是在国内立法中

① Geoffrey Chevalier Cheshire et al., Cheshire and North Private International Law［M］, 11th ed, 1987 : 131.

把“公共政策（或秩序）”概念与“公序良俗”概念并列，这类国家包括日本、利比亚、也门、阿曼和阿联酋等。四是在国内立法中不直接使用“公共政策”用语，而以其他相应的概念代之，如奥地利称之为“奥地利法制根本原则”，瑞典称之为“国家法制基本理念”；韩国称之为“国家基本社会秩序和道德”等[①]。无论形式为何，社会公共利益都是一种概括性的概念，而公共利益作为对抗仲裁裁决强制执行的理由之一也是具有法律依据的。

在国际法上，社会公共利益也得到了大多数国家或者地区的普遍认同。2002 年，国际法协会（International Law Association，ILA）正式通过了《以“公共政策”拒绝执行国际仲裁裁决的决议》，该决议的附件是关于社会公共利益的一些基本原则及建议，关于“一裁终局”与“社会公共利益”之间的关系，该决议是这样表述的：除承认和执行外国仲裁将会与“国际公共秩序”相抵触外，国际商事仲裁裁决的终局性应被尊重。一个国家的社会公共利益，在国内范围内，是社会正义和基本道德等基本原则和要求被尊重，在国际上，是对本国绝对主权的保护和对其他国家或国际组织承担的国际义务。

第三节　我国司法实践中对社会公共利益的审查

我国《仲裁法》第五十八条赋予了人民法院对裁决是否违背社会公共利益的全权审查权。不过值得注意的是，法院对社会公共利益的审查基于当事人提出的撤销或不予执行申请。若当事人对仲裁裁决没有异议，法院不可主动介入仲裁。一旦当事人启动仲裁撤销或不予执行的异议程序，不论其撤销理由是否涉及社会公共利益，法院均可主动审查该裁决是否违反了社会公共利益或国家政策。

同时，《仲裁裁决执行规定》第十一条规定：“人民法院对不予执行仲裁裁决案件应当组成合议庭围绕被执行人申请的事由、案外人的申请进行审查；对被执行人没有申请的事由不予审查，但仲裁裁决可能违背社会公共利益的除外”；第十七条规定：“被执行人申请不予执行仲裁调解书或者根据当

---

① 参见林一飞：《仲裁裁决抗辩的法律与实务》，武汉大学出版社 2008 年版，第 242 页。

事人之间的和解协议、调解协议作出的仲裁裁决，人民法院不予支持，但该仲裁调解书或者仲裁裁决违背社会公共利益的除外。”从上述规定来看，人民法院对于仲裁裁决书和调解书的审查，原则上是根据当事人提出的抗辩理由进行审查，且仅对程序进行审查，但是这里有个例外规定，那就是“社会公共利益”，若违背社会公共利益，人民法院享有绝对的审查权。

而关于社会公共利益方面的抗辩，基本上都会涉及裁决实体方面，不仅仅是审查程序方面。从法律条文的解释角度来看，社会公共利益是最后一道屏障；从法院的角度来看，应当包含实体和程序方面的问题。但是对于公共利益的适用应遵从严格解释原则，法院应慎用“违背社会公共利益”作为撤销裁决或者裁定不予执行的理由。

仲裁裁决作出之后，当事人想要申请撤销裁决，可根据《仲裁法》第五十八条的规定结合案件本身提出抗辩理由，抗辩之一就是裁决结果违背社会公共利益。虽然该理由是当事人经常提出的抗辩事由，但是极少获得法院的支持。法院对仲裁进行司法监督分为两个程序：一是撤销程序，二是执行程序。在撤销程序中，通常是针对本国作出的裁决，包括不具有涉外因素的国内仲裁裁决，也包括在本国作出的涉外仲裁裁决。在执行程序中，通常是对国内仲裁裁决的执行和对外国仲裁裁决的执行①。通常会审查是否损害社会公共利益的程序是对涉外仲裁裁决的撤销和对外国仲裁裁决的执行。

自 2018 年 1 月 1 日施行《仲裁司法审查报核规定》，明确了人民法院对于仲裁司法审查案件报核的具体思路。对于非涉外、非涉港澳台的内地仲裁案件，若想要认定仲裁协议无效、撤销或者不予执行，中级人民法院在作出裁定之前应向本辖区所属高级人民法院报核，待高级人民法院审核后，方可依高级人民法院的审核意见作出裁定。该规定较之以前更为严格，同时也将仲裁司法审查报核制度更加具体化。值得注意的是，非涉外、涉港澳台仲裁司法审查案件，在两种特殊情况下，高级人民法院还须向最高人民法院报核，待最高人民法院审核后，方可依最高人民法院的审核意见作出裁定，这两种特殊情况是：（1）仲裁司法审查案件当事人住所地跨省级行政区域；（2）以

① 参见林一飞：《仲裁裁决抗辩的法律与实务》，武汉大学出版社 2008 年版，第 240 页。

违背社会公共利益为由不予执行或者撤销我国内地仲裁机构的仲裁裁决。从该规定来看，我国对于“社会公共利益”的审查制度非常严格，这也就大大规制了以前司法实践中存在的各省或者各地区法院滥用“违背社会公共利益”理由作为撤裁或者不予执行理由的状况。

笔者认为，法院对于仲裁的审查基本上仅限于程序方面，对实体方面没有审查权。但是法律关于“社会公共利益”的规定，赋予了法官对仲裁的实体审查权。而如何平衡仲裁的独立性和对“裁决是否违背社会公共利益”的审查，是一个值得思考的问题。“社会公共利益”是被申请执行的当事人经常提出的一个抗辩理由，目的在于促使法官不得不对仲裁案件的实体进行审查，因为当事人对于仲裁裁决有异议，很大一部分原因在于他认为实体判决有误，对裁决结果不服。若“社会公共利益”成为抗辩事由之一，法院必须严格解释和谨慎适用，否则很可能使得社会公共利益成为仲裁裁决司法监督的实体审查之典型理由。最高人民法院将涉及社会公共利益的拟认定仲裁协议无效、仲裁裁决撤销或者不予执行的审查的最终决定权收归自己手中，也可以看出我国法律对社会公共利益的严格把控，杜绝滥用该理由。

我国法院在处理仲裁裁决的异议（撤销或者不予执行异议）时常常会遇到公共政策抗辩，主要分为三种类型：一是国内仲裁裁决（无涉外因素），二是涉外仲裁裁决，三是外国仲裁裁决。这三种裁决在撤销或不予执行制度下，均可以产生公共政策抗辩。仲裁司法审查过程中，法院对于这三种类型仲裁案件所提到的“违背社会公共利益”的审查，均可以依职权主动审查。

1. 国内仲裁裁决（无涉外因素）中的社会公共利益抗辩

根据我国《仲裁法》第五十八条第三款的规定，人民法院在经审查核实后认为裁决违背社会公共利益时，应当裁定予以撤销。根据《仲裁法》第六十三条和《民事诉讼法》第二百七十四条的规定，被申请人提出证据证明存在所列情况之一的，经人民法院组成合议庭审查核实，裁定不予执行。由此可见，社会公共利益是由人民法院依权主动审查的。如裁决内容违背社会公共利益，将导致国内仲裁裁决（无涉外因素）被撤销或不予执行。

2. 涉外仲裁裁决中的社会公共利益抗辩

我国《仲裁法》第七十条和第七十一条规定了涉外仲裁裁决中的撤销或

不予执行事由。我国《民事诉讼法》第二百七十四条规定:“对中华人民共和国涉外仲裁机构作出的裁决,被申请人提出证据证明仲裁裁决有下列情形之一的,经人民法院组成合议庭审查核实,裁定不予执行:(一)当事人在合同中没有订有仲裁条款或者事后没有达成书面仲裁协议的;(二)被申请人没有得到指定仲裁员或者进行仲裁程序的通知,或者由于其他不属于被申请人负责的原因未能陈述意见的;(三)仲裁庭的组成或者仲裁的程序与仲裁规则不符的;(四)裁决的事项不属于仲裁协议的范围或者仲裁机构无权仲裁的。人民法院认定执行该裁决违背社会公共利益的,裁定不予执行。”从上述规定来看,对于仲裁裁决的司法审查,社会公共利益往往作为一种兜底条款,法院认为执行涉外裁决将会违背社会公共利益的,有权裁定不予执行。因为社会公共利益是保护一国基本原则、基本道德和重要利益的最后一道防线,是各个国家都不会放弃的“武器”,法院对涉外仲裁裁决主动审查其是否侵犯社会公共利益(或公共政策)是国家法律赋予法院的权力。

3. 外国仲裁裁决申请被承认与执行中的社会公共利益抗辩

中国是《纽约公约》的成员国。《纽约公约》承认并保护各国法院对于外国仲裁裁决是否违反本国公共政策的司法审查权,外国仲裁裁决向中国法院申请被承认与执行的过程中,中国法院应主动审查该外国裁决是否违背中国公共政策,是否侵犯社会公共利益。若有违背,应拒绝承认和执行外国仲裁裁决。

第九章

仲裁责任

仲裁责任，从广义来说，包括仲裁庭的责任和仲裁机构的责任，即仲裁员或仲裁机构在仲裁案件过程中出现的与仲裁案件有关的故意或过失的作为或不作为所导致仲裁当事人损害而应承担的法律责任[①]。从狭义来说，就是仲裁员的责任，即仲裁员违反约定或法定义务应当付出的代价，主要指仲裁员的法律责任，包括民事责任和刑事责任，也包括道德责任和行业责任。本章关于仲裁责任主要是从狭义方面论述。

第一节　仲裁责任的内涵

本书第一章介绍了商事仲裁的特点，而仲裁结果的决定权在仲裁庭手里，仲裁庭的独立性和仲裁行为的有偿性决定了仲裁庭应对不符合法律规定而导致当事人利益受损的行为负责。我国法律对于仲裁庭的义务以及法律责任均有规定，包括民事责任和刑事责任。我国《仲裁法》第三十八条规定，仲裁员私自会见当事人、代理人或接受其请客送礼，情节严重；或者仲裁员索贿受贿、徇私舞弊、枉法裁决，应承担法律责任，并被仲裁委员会除名。

仲裁员是主持仲裁程序并对当事人之间的争议事实和权利义务关系作出裁断的人，对于仲裁案件的进程起着决定作用，而且是裁决结果的唯一决定

---

① 参见宋连斌:《仲裁法》，武汉大学出版社2010年版，第83页。

者。《仲裁法》对仲裁员资格作了条件限制，并规定了仲裁员名册制，只有符合“三八两高”的专业人士才能被仲裁机构聘用为仲裁员，才有资格断案裁决。仲裁员不仅应具备法律相关知识，而且一般在行业内具有一定威望，同时具备一定的职业道德。当事人选定或者仲裁机构主任指定仲裁员处理某案件，原因在于对该仲裁员的专业能力和职业道德的信任，如果仲裁员行为不端或者有过失行为，就会影响裁决的公正性，侵犯仲裁当事人甚至案外第三人的合法权益，破坏仲裁在人民心中的威信。在仲裁实践中，确实存在仲裁员因故意或者疏忽导致案件有失公允的情况。比如，在办案过程中，某仲裁员不能公正处事，罔顾事实和证据，一味偏帮一方当事人；更甚者，某仲裁员私下与当事人联系或者见面，以裁决结果换取个人利益，违反中立原则，破坏仲裁独立机制，大大降低仲裁的公信力。还有的仲裁员违反仲裁员“适当注意”和“审慎尽责”义务，接受当事人选定或者仲裁机构指定后，对案件不负责，未付出符合当事人合理期望的时间和精力，客观上造成仲裁程序的不合理迟延，或者对裁决结果过于随意。

对于仲裁员的道德责任，无法用法律强制约束，只能靠仲裁员的自律以及社会各界的监督。仲裁责任是事关仲裁当事人利益的重要内容，也是我国仲裁制度改革与发展的重要实践课题。本章所述核心，是如何认定仲裁员行为的性质及相应责任，仲裁员是否享有责任豁免权，以及现有法律关于仲裁责任的规定是否恰当的问题。

第二节　仲裁责任的豁免范围

关于仲裁责任的承担范围，理论界有不同的观点，一是仲裁责任完全豁免说，二是仲裁责任严格说，三是仲裁责任有限豁免说。这三种理论都有相应的实践基础，着眼于全球，大陆法系大多数国家采用仲裁责任严格说；英美法系大多数国家受法官司法行为豁免论的影响，一般认为仲裁责任完全豁免；第三种观点比较中庸，认为符合一定条件、在一定范围内仲裁员应承担责任，即仲裁责任有限豁免。

一、仲裁责任完全豁免说

仲裁责任完全豁免说认为，仲裁员在仲裁过程中的地位和作用类似于法官，即“准法官”地位，其仲裁行为是一种替代法院解决争议的准司法行为，仲裁员对仲裁过程中因其过失或其他情况而导致的不公正裁决以及给一方当事人带来的损失不承担任何个人民事责任。

仲裁责任完全豁免说的理论基础是“仲裁豁免论”，是将司法豁免说扩展到仲裁领域的做法。司法豁免说的核心是法官享有职务行为豁免权，即法官在司法上的不当行为可以免除任何赔偿责任。该理论认为，如果允许当事人对法官的职务行为提起诉讼，可能会导致诉讼程序拖延甚至形成滥讼，从而使法官过于谨慎而畏缩不前。为了保护法官及诉讼程序的独立性和完整性，维护司法活动的严肃性和权威性，出于公共政策的需要，应当赋予法官豁免权。英美法系国家大多数学者认为，仲裁具有“准司法”性质，发挥着与民事诉讼相近的作用，由此强调仲裁员“准法官”的特殊身份，应当赋予其仲裁责任豁免权。仲裁作为解决争议的有效手段，能够减轻法院的负担，需要予以鼓励和扶持。实行仲裁员责任完全豁免制度，一方面可以排除当事人的不当司法干预行为，保证仲裁员不受当事人的影响，独立、公正、快速地处理纠纷，避免仲裁员因为不愿承担责任而拒绝接受仲裁任命；另一方面可以保持仲裁的独立性和仲裁程序的完整性，更好地保证仲裁作为快捷高效的争议解决方式的价值。仲裁责任完全豁免说不仅认为仲裁员应享有完全豁免权，而且认为豁免权还应扩展到仲裁机构。

仲裁责任完全豁免说的典型国家是美国。在美国，仲裁员的责任豁免的范围极为广泛，即使当事人提出的指控是针对仲裁员的故意不当行为，仲裁员依然享有豁免权。《美国统一仲裁法》（2000 年）第十四条就规定：“仲裁员或仲裁机构在履行其职能时，如同本州法院法官行使其司法职能时一样享有相同的豁免，不负民事责任。”在美国各州，如加利福尼亚州、科罗拉多州和佐治亚州的有关仲裁的立法中，都有关于仲裁员豁免于民事责任的规定。值得注意的是，尽管《美国仲裁法》采取仲裁责任完全豁免的态度，但是《美国仲裁协议国际仲裁规则》的规定却倾向于相对免责，该规则第三十五条规定，仲裁庭的成员和美国仲裁协议不对任何当事人就与按本规则进行仲裁有关的任何行为或者疏忽承担责任，但对因其有意或者故意的不当行为造成的后果可能承担责任。

美国法之所以赋予仲裁员责任绝对豁免权，主要是基于以下理由：（1）仲裁具有准司法性质，仲裁员自然应当享有类似于法官豁免权的相当权利；（2）如果允许当事人就仲裁员行为提出指控，将使仲裁裁决处于不确定的状态，损害仲裁的独立性和一裁终局的性质；（3）即使仲裁员在仲裁时有恶意或者严重疏忽而影响公正裁决时，当事人也可以通过申请撤销裁决或不予执行等程序获得司法补救；（4）为了鼓励仲裁制度的发展，让仲裁员放心大胆地从事仲裁事业，而不受心怀不满的当事人起诉干扰，仲裁员比法官更需要得到责任豁免。美国联邦最高法院认为，为鼓励当事人以仲裁方式解决争议，仲裁免责已成为一项重要的联邦政策，在国际商事领域中尤其如此。仲裁责任豁免是从非常实用的角度考虑的，如果仲裁员承担的责任太重，就很可能破坏仲裁的独立、快捷等特性。不过，有的美国学者认为，有过失但能善意履行职责的仲裁员可以享有免责的权利，但完全背离职责的仲裁员（如接受贿赂、枉法裁决等）则无任何理由享有仲裁责任豁免权。

与美国仲裁员可以享有的绝对豁免权不同，英国仲裁员仅在非“恶意”的范围内享有责任豁免。相对免除仲裁员责任的国家和地区主要有英国、我国香港地区、新西兰等。这种理念和规定相较于美国法更合理一些。如果仲裁员因受贿而作出不公正裁决，都可以得到法律的豁免，那对于仲裁当事人就显失公平了。

英国作为典型的英美法系国家采取仲裁员责任相对豁免论，是出于公共政策的考虑。英国法并没有严格限定仲裁员资格，同时又赋予了仲裁员仲裁责任豁免权，在这种情况下对仲裁员行为进行监管就显得非常关键。对仲裁员的“不良行为”，英国法允许当事人通过请求法院撤销仲裁权或者撤销仲裁裁决，甚至向法院申请免除仲裁员职务等救济形式。《英国仲裁法》（1996年）规定：“仲裁员不对其在履行或试图履行其职权过程中的任何作为或不作为承担责任，除非该作为或不作为表明其违反了诚信原则。”换言之，仲裁员应对自己违反诚信原则的“恶意”或者“不诚实”行为承担相应的法律责任。值得注意的是，对于其在履行或试图履行作为仲裁员的职权过程中的作为或不作为，仲裁员无须承担任何责任。由于仲裁员和法官在履行职能的地位上相似，免除法官司法过程中因过失引起的责任，是公共政策的要求，类似地，仲裁员也应当享有相应的豁免权。《英国伦敦国际仲裁院仲裁规则》也规定了仲裁责任相对豁免的规定。

二、仲裁责任严格说

仲裁责任严格说认为，仲裁当事人直接或间接地指定某位仲裁员为解决其争议服务，并为此支付仲裁费用。仲裁当事人与仲裁员之间形成了非典型的契约关系，仲裁员应对当事人及案件高度负责。若仲裁员未能如约完成仲裁义务，或者未尽到谨慎义务，就应当承担法律责任。仲裁员的仲裁行为不是法官的司法行为，而是基于当事人授权的一种委托行为和专业行为。因此，仲裁员应当承担"专业谨慎责任"，即在进行仲裁工作时，仲裁员要谨慎地履行其职责，做到公平公正，否则与其他为当事人提供服务的技术专业人员一样，因不谨慎行事、故意或过失行为给当事人造成损失的，就必须承担相应的法律责任。不仅如此，仲裁员作为法律事务服务者，还应当承担所谓的"公正行为责任"，平等地对待各方当事人，不得接受贿赂，不得欺诈和滥用职权，否则仲裁当事人可以对裁决提出异议并申请撤销裁决，同时可以要求仲裁员个人对此承担民事责任或刑事责任。由此可见，建立在"契约关系"基础上的仲裁责任严格说强调的是，仲裁员应当认真负责地履行职务，减少仲裁员滥用职权的可能性。此派观点主要流行于大陆法系的一些国家。

大陆法系某些国家对于仲裁责任的规定更为严格，因为普遍观点认为，仲裁员与当事人之间存在合同关系，对于这种合同关系的考虑优先于仲裁员的准法官性质。在大陆法系国家，仲裁实践中，一般要求仲裁员承担与其他专业服务人士类似的法律责任，要求仲裁员因其"不恰当"行为给当事人造成损失承担民事责任，这种"不恰当"行为包含故意和过失。

法国作为大陆法系国家的代表，其法律尚无关于仲裁员责任的具体规定。但从长期实践来看，法学界普遍认为，虽然仲裁裁决具有等同于法院判决的效力，仲裁员的职能不可避免地带有司法性质，但是，目前没有任何具体法律文件为仲裁员提供责任豁免或旨在为仲裁员免除民事责任。而且仲裁员并非法官，他们并不像法官一样代表国家或以人民的名义作出仲裁裁决。既然仲裁员在仲裁案件中获得报酬，那么就应当承担因故意或者过失行为导致当事人合法利益受损的法律责任。

在瑞典，《仲裁法》仅规定，未能以适当方式履行职责的仲裁员，可依当事人的申请被撤换。但是，瑞典仲裁理论界和实务界普遍认为，仲裁员与仲裁当事人之间存在合同关系，仲裁员应当按合同为其提供的仲裁服务负责。根据瑞典斯德哥尔摩商会的解释，既然瑞典法律按合同性质来处理仲裁员与当事人之间的基本关系，那么在具体认定仲裁员责任时，就不应比照有关法官或者政府官员的民事责任，而是应将其与一般专业人士的民事责任进行比照，有关仲裁员责任的详细情况可以参照法律关于雇佣合同的相关规定，特别应强调仲裁员作为仲裁争议双方的受托人，对争议双方承担相同的责任。仲裁员的基本责任是：遵循正当程序规则，以中立态度对双方当事人的争议事项作出公正的裁决。如果仲裁员拒绝履行职责，法院虽然不能强制其履行，但法院可根据当事人对仲裁员提起的赔偿诉讼裁定仲裁员给付赔偿金。

日本关于仲裁责任是这样规定的，《日本商事仲裁协会仲裁规则》第四十条规定，仲裁员、中心、理事会或者成员都不就有关任何解决争议的方式之作为或不作为向任何人承担责任。当然，该责任应是指民事责任。《日本仲裁法》（2003 年）第十章就仲裁员受贿、行贿等不当行为的刑事责任作了详细规定：仲裁员在履行其职责时，接受、索取或接受贿赂，应处一定期限的劳役监禁并没收贿物。日本对于仲裁责任的法律规定包括民事责任和刑事责任。日本这种对仲裁员规定了刑事责任的做法在世界上大多数国家的仲裁法中并不多见，多数国家的仲裁法仅就仲裁员应承担的民事责任作出不同程度的规定。

三、仲裁责任有限豁免说

仲裁责任有限豁免说是仲裁实践中的一种妥协的选择，即仲裁员在一定范围内和一定条件下可以享受仲裁责任豁免，但超出一定的条件和范围则不免除其责任。而这一定的条件和范围如何界定，主要有以下三种理论：

1. 在仲裁协议有效以及当事人对仲裁员的指定真实有效的情况下，仲裁员以真正的裁判者身份进行仲裁，才可能享有责任豁免权。如果仲裁员故意适用欺骗的手段把当事人引入仲裁程序，就不能享受豁免，因为这违背了仲裁自愿性原则，使当事人失去寻求诉讼或其他方法解决争议的机会而遭受损失。

2. 仲裁员明知自己与当事人之间存在利害关系的，应该主动披露并申请回避。如果仲裁员明知自己与该案有利害关系而没有遵守有关回避的规定，则不能享受仲裁责任豁免，他必须对因此而产生的仲裁时间过长、花费过高或当事人遭受的其他损失承担民事责任。

3. 仲裁员应该及时、有效、公正公平地主持仲裁程序，作出公正裁决。仲裁员一旦接受仲裁任命，就必须在规定的期限内，秉公办理案件，认真负责，并依公正方式作出仲裁裁决，如果他没有完成或者拒绝继续参加正在进行的仲裁程序，则必须承担由此给当事人造成的损失。若仲裁员在仲裁中存在诸如接受贿赂、偏帮一方等严重过错，故意损害另一方当事人利益，则仲裁员会被追究责任，这里的责任包括民事责任和刑事责任，受损方有权得到赔偿。

以上三种理论虽有不同，但是主要的目的都是维护仲裁权威，保障仲裁的独立性和高效性。对于仲裁员责任，在《示范法》的制定过程中也提出过，但是由于争议较大，最终决定不在《示范法》中规定。但是，一些提供争议解决服务的国际组织在其规则中作了相应规定。比如，《国际商会（IC）仲裁规则》第三十四条规定，仲裁员、仲裁院及其成员、国际商会及其职员和国际商会国家委员会不因与仲裁有关的任何作为或疏忽对任何人承担责任。《世界知识产权组织（WIPO）仲裁中心仲裁规则》第七条规定，除非出于故意的损害行为，仲裁员、WIPO 和中心不应因其与仲裁有关的作为或不作为对一方当事人承担责任。国际投资争端解决中心（ICSID）更是坚持仲裁责任豁免，中心的主席、行政理事会成员、仲裁员或调解人以及秘书处官员和雇员等，在执行职务时的行为，享有免予法律诉讼的权利，除非此种豁免被放弃[①]。

---

① 1965 年《关于解决国家与他国国民之间的投资争端的公约》第二十一条。

第三节　我国仲裁责任之法律规定

在 1995 年我国《仲裁法》实施之前，有关仲裁责任的规定基本上不存在，但《仲裁法》实施后，仲裁制度要求仲裁员的仲裁行为须公正独立，仲裁责任也就得到了关注。尤其是经济迅速发展的当下，仲裁当事人对于仲裁的选择具备自主性，仲裁员的仲裁行为具有独立性和民间性，人们的法治观念日益加强，更要求仲裁员公正裁判，若仲裁员违背公平正义原则，未站在中立地位裁断，使得当事人合法利益受损，则应承担相应责任。

仲裁具有独立性，既不受行政机关的干涉，也不隶属于法院或任何其他权力机构。我国《仲裁法》第八条规定："仲裁依法独立进行，不受行政机关、社会团体和个人的干涉。"从权力来源角度来说，仲裁权与司法权的权力来源不同，仲裁当事人自愿达成仲裁协议进行选择和授权之后，仲裁机构和仲裁员才有权办理仲裁案件。正是当事人的自愿选择使得仲裁员行使仲裁职责时具备了相当的独立性。仲裁员虽然只有通过仲裁委员会的聘任才能列入仲裁员名单，但是仲裁委员会的常务领导与仲裁员之间并不因为聘任就产生领导与被领导的上下级关系。仲裁庭独立作出仲裁裁决，无须通过仲裁委员会的批准，仲裁员组成的合议庭经合议后作出的裁决，无须经仲裁委员会主任签发，也不受仲裁委员会的干预。从权力制的角度来看，仲裁员直接决定着案件的处理进程和裁决结果，享有很大的权力，必须对仲裁员的权力进行有效的制约。从权利和义务统一的角度来看，既然法律对仲裁员的仲裁权、仲裁裁决的终局性和强制执行的效力予以认可和保证，同时，当事人支付了相应的仲裁费用，那么仲裁员就应该遵守法律规定和职业操守，公平公正地处理当事人之间的纠纷，并按期完成仲裁任务。反之，仲裁员行为不当而导致不公正裁决或导致当事人损失时，追究仲裁员责任也就有了理论基础。

一、仲裁责任之民事责任

1994 年颁布的《仲裁法》第三十八条对"仲裁责任"作出了规定，仲裁员私自会见当事人、代理人或接受其请客送礼，情节严重，或者索贿受贿、徇私舞弊、枉法裁决，应承担法律责任，被仲裁机构除名。从该条文可以看出，仲裁员的不当仲裁行为是故意实施之，违背了仲裁员责任和义务，损害了当事人利益和仲裁的公信力。

我国现行《仲裁法》及其司法解释没有明确规定仲裁责任范围界定的标准和条件，而实践中可能出现各种因仲裁员行为不当导致当事人损害的情况，如果仲裁员的责任范围太过狭小，必然不利于保护当事人的权利，且有损仲裁的权威性，但是如果仲裁员的责任范围过大，则会导致仲裁员被束缚手脚，甚至导致司法干预过度，法院对于仲裁的过度审查会影响仲裁的独立性和高效性。一般而言，可能会出现的仲裁员违反规定的不当行为，主要分为以下几种：

1. 违反回避制度

仲裁员回避制度，是国际商事仲裁中的基本制度，也是各国仲裁立法中的一项重要内容，该制度有助于确保仲裁员公正、及时、准确地进行仲裁。仲裁员必须恪守回避规则，主动、严格地披露客观存在的事实，若存在利害关系则应主动申请退出仲裁案件，只有在与仲裁案件没有“利害关系”时才可以接受选定或指定。我国《仲裁法》第三十四条规定了仲裁员必须回避的几种情形：（1）是本案当事人或者当事人、代理人的近亲属；（2）与本案有利害关系；（3）与本案当事人、代理人有其他关系，可能影响公正仲裁的；（4）私自会见当事人、代理人，或者接受当事人、代理人的请客送礼的。仲裁员被通知参与某案件之后，应及时主动地了解案件双方当事人及其代理人的基本情况，如有上述情形中的任何一项，就应及时向仲裁委员会披露，并申请回避。当事人知晓上述情况的，也有权向仲裁委员会提出申请要求该仲裁员回避。程序公正是实体公正的第一道保障。若违反回避制度，仲裁员很可能因此承担相应民事责任。

2. 违反保密义务

仲裁与诉讼的一个重大差异就在于前者实行保密制度，而后者实行公开审判制度。仲裁权来源于当事人的授予，除非当事人同意，否则仲裁不应向社会公开，包括仲裁程序的保密以及仲裁结果都具有不公开性。我国《仲裁法》第四十条规定：“仲裁不公开进行。当事人协议公开的，可以公开进行，但涉及国家秘密的除外。”可见，我国仲裁以不公开进行为原则，目的是保护当事人之间的商业秘密。仲裁员在整个仲裁活动过程中，不得向外界透露任何有关案件或当事人的情况。不论是开庭审理还是书面审理，都应该不公开进行，除非双方当事人同意公开。如果仲裁员故意违反保密原则，故意将当事人的商业秘密或者其他重要信息披露给第三人，则违反了保密原则，若因此导致当事人损害，则应由仲裁员为其行为承担民事责任。

3. 违反仲裁自愿性原则

当事人意思自治是贯穿仲裁始终的一个基本原则，不论是仲裁协议本身，还是仲裁员的指定，都必须是当事人希望通过仲裁解决争议，才被认为有效。如果仲裁机构或仲裁员随意地接受当事人的仲裁请求或不予受理，甚至仲裁员用欺骗的方法发动仲裁程序，都有可能损害当事人的利益。因此，仲裁员（或仲裁机构）严重违反仲裁自愿性原则而使当事人遭受损失的，也应当承担相应的民事责任。

4. 拖延仲裁程序或未完成仲裁义务

在仲裁实践中存在因仲裁员故意或严重过失行为而不能合理地勤勉进行仲裁程序或未完成仲裁义务，导致当事人损失的情况。比如，仲裁员过分延迟答复是否接受当事人的指定；或者临近开庭日期，仲裁员无故退出仲裁庭，耽误仲裁进度；或者仲裁员明知自己业务繁忙无法及时履行仲裁职责却不予披露并且接受当事人指定，导致仲裁程序拖延等。

就防止仲裁程序拖延的救济而言，我国法律规定很不完善。各个仲裁委员会都在仲裁规则中规定了仲裁审限，但是实践中，一些仲裁案件延期裁决，有的有正当理由，有的却没有。关于案件延期，仲裁庭应按照仲裁规则办理相关申请手续，但是如果裁决于期限届满后作出，按照《仲裁法》和《民事诉讼法》的有关规定，当事人可以仲裁的程序违法为由向人民法院申请撤销。仲裁的重要特点是迅捷，如果仲裁员不能及时仲裁，既违背仲裁的高效性，又损害当事人的利益。仲裁员故意拖延的仲裁行为，应有所规制才符合公平合理原则。但是，如何确定界限，如何在仲裁责任中寻求适当的平衡，则是难题。“故意”的认定需结合实际情况、当事人的意见、仲裁机构工作人员的反馈等各种因素，若仲裁员故意行使不正当行为，耽误了仲裁程序的开始或阻碍了仲裁程序的正常进程，或者拒绝继续参加正在进行的仲裁程序，不能及时完成或没有完成仲裁任务，情节严重的，应承担相应民事责任，由于上述原因给当事人造成损害的，应当对遭受损害的当事人承担损害赔偿责任。

二、仲裁责任之刑事责任

关于仲裁员违反法律规定的刑事责任，就是枉法仲裁罪。2006年，中国《刑法》正式增加了这条罪名：枉法裁决罪。第十届全国人民代表大会常务委员会第二十二次会议通过了《刑法修正案（六）》，该修正案第二十条规定，在《刑法》第三百九十九条后增加一款，作为第三百九十九条之一："依法承担仲裁职责的人员，在仲裁活动中故意违背事实和法律作枉法裁决，情节严重的，处三年以下有期徒刑或者拘役；情节特别严重的，处三年以上七年以下有期徒刑。"关于刑法修正案将仲裁不当行为入刑，笔者认为有失偏颇。仲裁的国际性和意思自治原则，以及仲裁庭的临时性决定了仲裁责任应最大限度地限制在民事责任范围内。刑法立法专家对仲裁的理念及现代国际仲裁的价值取向了解得不是很多。在此次刑法修正案施行之前，在讨论阶段，关于枉法裁决罪是否当立就引起了大量争论。修正案虽已尘埃落定，确立了枉法仲裁罪，但法律圈对该罪名的批评意见却越发热烈，且直指该罪存废问题。笔者认为，首先，该罪对于何谓枉法未作特别说明；其次，该罪量刑过高，最高刑期达7年之高。该罪名的正式确立，虽然仲裁庭在办理仲裁案件时可能有所预知，但是若随意作扩大解释、未加限制，则会引起人为故意地将本该通过其他仲裁审查程序监督的行为人引入此罪，直接干预实体问题，也会给仲裁员群体造成裁决案件要背负的责任非常重大甚至涉及人身自由的压力。而枉法裁决罪极有可能成为法律错误审查之门，从而对仲裁制度的发展造成不可估量的负面影响。

第十章

仲裁的司法监督

第一节　独立仲裁、一裁终局和法院的司法监督的关系

独立仲裁、一裁终局和法院对仲裁的司法监督是仲裁制度不可分割的两个方面，但是若一味强调意思自治、独立仲裁，而忽视仲裁的司法监督，必然会使仲裁丧失公信力，危及仲裁的生存。仲裁司法监督的功能在于如何妥当地处理仲裁裁决的终局性和仲裁裁决的公正性之间的关系以及如何妥当地处理仲裁自主权与司法审查权之间的关系[①]，完善法院对仲裁的司法监督和协助制度是对仲裁最大的支持。

我国仲裁法既有体现意思自治的独立仲裁、一裁终局的仲裁程序，又有对仲裁裁决的司法审查制度。这种立法的体例安排理论上应是一种完美的互相制衡的制度，但为什么《仲裁法》实施至今二十多年来一直备受诟病？实践中，我们会发现司法监督制度有缺陷，不能和国际接轨，不能融入国际仲裁制度。那么，为什么曾经有修改计划但最终又无疾而终？实际是因立法理念争议太大，以致仲裁法难以修改。比如仲裁法学界和仲裁机构一直有强调仲裁的民间性、减少法院干预的声音。而社会上一直有仲裁一裁终局权力太大、仲裁庭权力无法制约、无法保证公平公正的声音。《仲裁法》规定的仲裁司法监督主要是裁决的撤销与不予执行制度，二者的制约条件完全一致又只是程序制约，对事实认定的明显错误和法律适用的重大错误毫无制约机

① 参见蔡虹、刘加良、邓晓静:《仲裁法学》，北京大学出版社 2012 年版。

制，在这种情况下规定撤销和不予执行的双重审查只是毫无意义的重复规定，而且使裁决长时间处于不确定状态，影响仲裁的效率性和公信力。笔者的观点是，应对仲裁的司法监督体制加以修改和完善。从仲裁法的实践来看，应贯彻仲裁的意思自治原则，在《纽约公约》的原则规定和《示范法》的指导下，完善仲裁的各项程序规定，与国际仲裁接轨。同时加强仲裁的司法监督，引进自然公正的原则理念，对重大事实认定错误和明显适用法律不公以违反社会公共利益为由予以撤销，同时增加法院司法权力对仲裁程序的协助，如仲裁庭发布的各种临时措施令可以转化为法庭命令。总之，要深刻认识仲裁法律制度是基于意思自治的一种司法赋权制度，独立仲裁、一裁终局和司法监督是仲裁制度不可割裂的有机组成。

最高人民法院多年来一直致力于仲裁制度的完善和发展，但其努力只是在现有仲裁制度之下，朝仲裁的公平正义方向作了一些修补，不能根本解决实践中被人诟病的问题。我们对仲裁司法监督制度的介绍，也只能在现状层面去介绍，应当指出，仲裁裁决的撤销和不予执行，其内容基本上是相同的，故最高人民法院出台的《仲裁司法审查报核规定》《仲裁司法审查规定》《仲裁裁决执行规定》，可以互相适用。

第二节 仲裁裁决的撤销和不予执行的双重监督

《纽约公约》规定了仲裁裁决应在缔约国得到执行，只有在一定条件下，才可以不予执行，该条件就是《纽约公约》第五条的规定："一、裁决唯有于受裁决援用之一造向声请承认及执行地之主管机关提具证据证明有下列情形之一时，始得依该造之请求，拒予承认及执行：（甲）第二条所称协定之当事人依对其适用之法律有某种无行为能力情形者，或该项协定依当事人作为协定准据之法律系属无效，或未指明以何法律为准时，依裁决地所在国法律系属无效者；（乙）受裁决援用之一造未接获关于指派仲裁员或仲裁程序之适当通知，或因他故，致未能申辩者；（丙）裁决所处理之争议非为交付仲裁之标的或不在其条款之列，或裁决载有关于交付仲裁范围以外事项之决定者，但交付仲裁事项之决定可与未交付仲裁之事项划分时，裁决中关于交付仲裁事项之决定部分得予承认及执行；（丁）仲裁机关之组成或仲裁程序与各造间之协议不符，或无协议而与仲裁地所在国法律不符者；（戊）裁决对各造尚无拘束力，或业经裁决地所在国或裁决所依据法律之国家之主管机关撤销或停止执行者。二、倘声请承认及执行地所在国之主管机关认定有下列情形之一，亦得拒不承认及执行仲裁裁决：（甲）依该国法律，争议事项系不能以仲裁解决者；（乙）承认或执行裁决有违该国公共政策者。”故必须有承认程序来审理是否存在《纽约公约》第五条规定的不予执行的情形，若没有，应当裁定承认并予以执行。《纽约公约》的全称是《承认及执行外国仲裁裁决公约》，根据权利义务的对应性原理，有承认和执行，就必然有不予承认和不予执行制度。在《纽约公约》第五条第一项规定的不予执行的五种情况中，第五种就是裁决被仲裁地国家法院依法撤销，或适用其仲裁程序法的国家法院依法撤销（这种情况极为罕见，忽略不计）的情形，也就是说，在《纽约公约》只承认仲裁地国家法院撤销仲裁裁决对外国仲裁裁决执行的影响，其他执行地国家的法院对外国的仲裁裁决的撤销是不能不予承认和执行的。《纽约公约》作为承认和执行外国仲裁裁决的国际公约，主要规定哪些外国仲裁裁决应予承认和执行，哪些不应承认和不予执行。《纽约公约》并没有直接规定外国仲裁裁决的撤销条件，原则上不干预各缔约国对仲裁进行司法监督的裁决撤销制度，各缔约国的仲裁司法监督法律规定可以完全自主，不受《纽约公约》的影响。

我国的仲裁司法监督规定在《仲裁法》第五十八条，“当事人提出证据证明裁决有下列情形之一的，可以向仲裁委员会所在地的中级人民法院申请撤销裁决：（一）没有仲裁协议的；（二）裁决的事项不属于仲裁协议的范围或者仲裁委员会无权仲裁的；（三）仲裁庭的组成或者仲裁的程序违反法定程序的；（四）裁决所根据的证据是伪造的；（五）对方当事人隐瞒了足以影响公正裁决的证据的；（六）仲裁员在仲裁该案时有索贿受贿，徇私舞弊，枉法裁决行为的。人民法院经组成合议庭审查核实裁决有前款规定情形之一的，应当裁定撤销。人民法院认定该裁决违背社会公共利益的，应当裁定撤销”。由于《仲裁法》第六十三条关于仲裁执行的规定包含对执行依据仲裁裁决的审查，故仲裁理论界也把该条规定的“不予执行”制度和第二十条“仲裁协议的效力异议审查”归入仲裁司法监督制度的范畴。从《仲裁法》第五十八条的规定来看，其中程序事项来源于《纽约公约》第五条的不予承认和不序执行的规定，增加了“伪造证据”“隐瞒证据”“索贿行贿、徇私舞弊、枉法裁决”的规定，这几项受到理论界的诟病，认为不符合我国参加的国际公约——《纽约公约》的规定，似乎不和《纽约公约》规定一致就会导致对公约义务的违反。笔者认为，这种观点是错误的，正如上文所述，《纽约公约》并不直接规定仲裁裁决撤销的法定情形，而是适用仲裁地国家的法律规定，各缔约国对仲裁裁决的司法监督的法律规定完全有自主权。揭示这一点，对正确理解我国《仲裁法》第五十八条增加规定的“伪造证据”“枉法裁决”三项撤销法定情形有重要意义，这正是当下社会诟病仲裁缺乏公正性的问题所在。在仲裁过程中，仲裁员索贿行贿、徇私舞弊、枉法裁决的行为严重冲击社会基本价值观，肯定是违反公序良俗的行为，应当作为撤销和不予执行裁决的法定情形。当然，考虑到保持仲裁的效率价值，对撤销法定情形的实体事项的规定，应当达到触碰社会公共利益红线的程度，不能事无巨细，毕竟选择仲裁是当事人的意思自治，自愿选择意味着一定程度上愿意承受仲裁员认定事实和适用法律出错的风险。仲裁法在规定对仲裁的司法监督时需要在公平正义价值和效率价值之间进行平衡考量。《仲裁裁决执行规定》中有具体明确的适用标准，将来《仲裁法》修改时应把证据问题放在“认定事实存在重大错误，如虚假仲裁、伪造证据影响公正裁决”的实体事项中进行规定，因为这些是违反自然公正原则的事项，属于违反社会公共利益（公共政策）的范畴。

我国《仲裁法》中规定的不予执行制度，也是来源于《纽约公约》第五条规定，对国内仲裁的不予执行法定情形的规定由《仲裁法》第六十三条转致适用《民事诉讼法》第二百三十七条，和《仲裁法》第五十八条的规定一致，为什么不直接讲明适用《仲裁法》第五十八条规定，立法者应该是为了表示这是执行问题而区分撤销和不予执行。《民事诉讼法》第二百三十七条规定：“……被申请人提出证据证明仲裁裁决有下列情形之一的，经人民法院组成合议庭审查核实，裁定不予执行：（一）当事人在合同中没有订有仲裁条款或者事后没有达成书面仲裁协议的；（二）裁决的事项不属于仲裁协议的范围或者仲裁机构无权仲裁的；（三）仲裁庭的组成或者仲裁的程序违反法定程序的；（四）裁决所根据的证据是伪造的；（五）对方当事人向仲裁机构隐瞒了足以影响公正裁决的证据的；（六）仲裁员在仲裁该案时有贪污受贿，徇私舞弊，枉法裁决行为的。人民法院认定执行该裁决违背社会公共利益的，裁定不予执行。裁定书应当送达双方当事人和仲裁机构。……”从条文可见，法定情形和《仲裁法》第五十八条的内容基本一致，只是撤销改成不予执行。这是针对国内仲裁不予执行法定情形的规定，涉外仲裁裁决的不予执行规定在《仲裁法》第七十一条转致适用《民事诉讼法》第二百七十四条："对中华人民共和国涉外仲裁机构作出的裁决，被申请人提出证据证明仲裁裁决有下列情形之一的，经人民法院组成合议庭审查核实，裁定不予执行：（一）当事人在合同中没有订有仲裁条款或者事后没有达成书面仲裁协议的；（二）被申请人没有得到指定仲裁员或者进行仲裁程序的通知，或者由于其他不属于被申请人负责的原因未能陈述意见的；（三）仲裁庭的组成或者仲裁的程序与仲裁规则不符的；（四）裁决的事项不属于仲裁协议的范围或者仲裁机构无权仲裁的。人民法院认定执行该裁决违背社会公共利益的，裁定不予执行。”该条文规定的对涉外仲裁裁决不予执行的法定情形和《纽约公约》第五条的规定基本相同。

《仲裁法》第六十二条、第六十三条规定的是国内仲裁机构作出的裁决的执行，第七十一条规定的是涉外仲裁机构作出的仲裁裁决的执行。需要强调的是，国内仲裁机构和涉外仲裁机构，都是中国的仲裁机构，仲裁地都是中国，其作出的裁决都是中国仲裁裁决，都适用中国的《仲裁法》和《民事诉讼法》执行。《仲裁法》第六十二条规定："当事人应当履行裁决。一方当事人不履行的，另一方当事人可以依照民事诉讼法的有关规定向人民法院申请执行。受申请的人民法院应当执行。"中国仲裁机构的仲裁裁决，一经作出，即发生法律效力，人民法院应当执行，无须进行审查之后才执行。如果需要审查之后才能确定是否予以执行，就和《仲裁法》第六十二条自相矛盾。

所以，我国现行《仲裁法》中关于不予执行的规定是有问题的：第一，中国的仲裁裁决的执行不需要像外国仲裁裁决一样到中国法院申请承认，也就不需要针对执行依据审查的不予执行制度；第二，中国的仲裁委员会和涉外仲裁机构都是中国仲裁机构，仲裁地都是中国，区分是否“涉外”没有实质意义；第三，若不予执行制度是和裁决的撤销一样属于仲裁司法监督，按其性质不应放在第六章“执行”中，而应放在第五章“申请撤销裁决”中；第四，世界各国的仲裁法都没有在仲裁司法监督中规定两次裁决的撤销，《示范法》关于仲裁裁决的司法监督也只是规定一次裁决的撤销，并强调“申请撤销作为对仲裁裁决唯一的追诉”；第五，若认为不予执行规定是除裁决的撤销之外的双重审查，则不予执行审查的机构审判级别应高于裁决撤销的审查机构，而且仲裁法律的专业水平应更高，才符合双重审查的审慎原则，但事实上执行机构的仲裁法律专业水平不及民四庭；第六，对仲裁地在中国领域外的外国仲裁裁决，才需要根据《纽约公约》对申请执行人的申请进行执行前的承认，当然包括不予承认，该规定被我国仲裁法移植吸收成不予执行制度，对于国内仲裁裁决，该制度根本没有必要且不合理。

《纽约公约》的承认和执行仲裁裁决制度（包括不予承认和不予执行）不单是仲裁具体执行程序和行为的规定，更是允许各执行地国家法院对仲裁裁决的最低限度的挑战，故其不予执行的条件都是违反自然公正和意思自治的程序规定。《纽约公约》为什么不直接规定仲裁裁决的撤销制度？因为撤销是一个国家对其本国仲裁裁决的司法监督，权力属于其本国，国际仲裁如果仲裁地在某一国家领域内，该裁决就是本国仲裁。《纽约公约》下的外国仲裁裁决，其撤销只能由仲裁地国家，或仲裁根据其国家仲裁程序法作出的国家来撤销，对此《纽约公约》是承认和尊重的。而承认和执行（包括不予承认和不予执行）则可以在全部缔约国执行。《纽约公约》并不要求各国立法规定与之相同的制度而是尊重仲裁地国家规定的撤销制度，各国仲裁裁决的执行按照其国内法，不需要根据公约，但对于在各缔约国领域外的外国仲裁裁决的执行，就必须有条约或公约。

对于我国来说，《仲裁法》规定了对国内仲裁裁决的撤销，这是对仲裁的司法监督措施，也是世界各国仲裁立法的必备内容。仲裁裁决一经作出，就具有法律效力。只要没被撤销，仲裁裁决就如同民事判决裁定一样，应当执行。国内执行机构再对其效力性进行审查就没有理由，就是和裁决一经作出即具有强制执行力自相矛盾。所以，在仲裁法中规定不予执行是错误的，是立法的缺陷，建议修改时将其取消。对涉外仲裁裁决，只要仲裁地在中国，其国籍是中国，就是中国仲裁裁决，一样根据仲裁法和民事诉讼法执行，不适用《纽约公约》的规定执行，也无须经“先承认再执行”程序。如果裁决需要到国外执行，而且该外国是《纽约公约》的缔约国，就必须适用纽约公约的规定，向该国申请承认和执行。反过来，仲裁地在中国领域外的仲裁向我国法院申请执行，我国法院也是根据《纽约公约》先对其进行是否承认的效力审查，如存在《纽约公约》规定的不予执行的情况，可以裁定不予承认和执行。因此，在已存在司法监督的撤销程序情况下，再像《纽约公约》一样设立一项目的在于否定仲裁裁决的不予承认和执行制度（不予执行）完全是重复的，这和仲裁裁决的效力性原则是相悖的。这绝对不是仲裁司法监督的双重审查，而是应予否定的“重复审查”。

最高人民法院显然注意到了以上问题，所以在司法解释中作了一些规定来消除重复审查的不合理性。《仲裁法司法解释》第二十六条规定：“当事人向人民法院申请撤销仲裁裁决被驳回后，又在执行程序中以相同理由提出不予执行抗辩的，人民法院不予支持。”《仲裁法》第五十八条、第六十三条、第七十条、第七十一条和《民事诉讼法》第二百三十七条、第二百七十四条规定的撤销和不予执行都是旨在否定作为执行依据的仲裁裁决，规定的撤销和不予执行的理由本来就是基本相同的，这是否意味着司法解释实质上否定了仲裁法的重复规定？ 2017 年底出台的《仲裁裁决执行规定》第二十条又进一步规定，“当事人向人民法院申请撤销仲裁裁决被驳回后，又在执行程序中以相同事由提出不予执行申请的，人民法院不予支持；当事人向人民法院申请不予执行被驳回后，又以相同事由申请撤销仲裁裁决的，人民法院不予支持。在不予执行仲裁裁决案件审查期间，当事人向有管辖权的人民法院提出撤销仲裁裁决申请并被受理的，人民法院应当裁定中止对不予执行申请的审查；仲裁裁决被撤销或者决定重新仲裁的，人民法院应当裁定终结执行，并终结对不予执行申请的审查；撤销仲裁裁决申请被驳回或者申请执行人撤回撤销仲裁裁决申请的，人民法院应当恢复对不予执行申请的审查；被执行人撤回撤销仲裁裁决申请的，人民法院应当裁定终结对不予执行申请的审查，但案外人申请不予执行仲裁裁决的除外”。但是该司法解释毕竟不宜否定法律规定，取消《仲裁法》规定的不合理的重复审查还是要靠立法来修改。

第三节　仲裁协议效力异议案件的司法审查

我国《仲裁法》上的司法监督措施包括仲裁协议效力异议、仲裁裁决的撤销、仲裁裁决的不予执行三大类型。按照国际和国内案件的区分，《仲裁司法审查规定》第一条规定仲裁司法审查案件又可分为："（一）申请确认仲裁协议效力案件；（二）申请执行我国内地仲裁机构的仲裁裁决案件；（三）申请撤销我国内地仲裁机构的仲裁裁决案件；（四）申请认可和执行香港特别行政区、澳门特别行政区、台湾地区仲裁裁决案件；（五）申请承认和执行外国仲裁裁决案件；（六）其他仲裁司法审查案件。"归纳一下，国内仲裁司法审查案件包括：确认仲裁协议效力案件、申请执行内地仲裁机构仲裁裁决案件、申请撤销国内仲裁机构仲裁裁决案件。国际仲裁司法审查案件包括：申请认可和执行港澳台仲裁裁决案件、申请承认和执行外国仲裁裁决案件。港澳台案件按国际案件对待，称谓上执行案件不叫作"承认和执行"，而叫作"认可和执行"，以示区别。国内案件有仲裁协议效力异议这一类，而国际案件没有，因《纽约公约》项下的外国仲裁的仲裁地在外国，不存在对仲裁管辖权的异议审查由中国法院审理的问题。

以下分别进行介绍，本节介绍仲裁协议效力的司法审查，其中仲裁协议效力异议问题详见第四章，在此主要结合最高人民法院的司法解释讲其程序和司法管辖地。

一、仲裁协议是仲裁管辖权的前提和基础

仲裁协议无效，就意味着仲裁不能进行下去，就没有仲裁管辖权。但仲裁协议有效，仲裁委员会非协议约定的仲裁委员会，该仲裁委员会对仲裁案件也没有管辖权，这种情况属于《仲裁裁决执行规定》第十三条第四项规定的"作出裁决的仲裁机构非仲裁协议所约定"，应适用《仲裁法》第六十三条和《民事诉讼法》第二百三十七条第二款第二项"裁决的事项不属于仲裁协议的范围或者仲裁机构无权仲裁"的规定申请人民法院裁定撤销或不予执

行。此外，《仲裁法》第五十八条第一款规定："当事人提出证据证明裁决有下列情形之一的，可以向仲裁委员会所在地的中级人民法院申请撤销裁决：（一）没有仲裁协议的"，可见没有仲裁协议就没有仲裁管辖权。这种情况下，根据《仲裁法》第四条规定，仲裁委员会是不应受理的，但实践中有些仲裁机构违法受理的情况时有发生，例如申请人不是仲裁协议的订约方，而是代理人，或者转让的合同中，被申请人是受让方，但其以书面形式表示其不受原合同的仲裁协议约束的，仲裁机构并不知道而受理了。这些情况不属于《仲裁法》第二十条规定的仲裁协议效力异议的情形。

这也说明，《仲裁法》第二十条规定的仲裁协议效力异议审查制度解决不了仲裁管辖权异议的所有问题。因此，笔者建议设立国际上通行的仲裁庭自裁管辖权制度，对仲裁管辖权异议的审查权由仲裁庭行使，仲裁庭裁决后，当事人对管辖权裁决不服，可以申请仲裁地法院或机构所在地法院作出决定；不应允许既向法院提出异议，又向仲裁机构提出异议，避免出现法院就仲裁管辖权异议作出裁定后，不通知仲裁庭，当事人又没有及时告知仲裁庭，造成仲裁程序拖延的后果。

二、关于管辖

仲裁协议效力异议司法审查案件应由哪一个法院管辖，现行《仲裁法》没有规定。根据《仲裁法司法解释》第十二条规定，"当事人向人民法院申请确认仲裁协议效力的案件，由仲裁协议约定的仲裁机构所在地的中级人民法院管辖；仲裁协议约定的仲裁机构不明确的，由仲裁协议签订地或者被申请人住所地的中级人民法院管辖。申请确认涉外仲裁协议效力的案件，由仲裁协议约定的仲裁机构所在地、仲裁协议签订地、申请人或者被申请人住所地的中级人民法院管辖。涉及海事海商纠纷仲裁协议效力的案件，由仲裁协议约定的仲裁机构所在地、仲裁协议签订地、申请人或者被申请人住所地的海事法院管辖；上述地点没有海事法院的，由就近的海事法院管辖"。《仲裁司法审查规定》第二条规定："申请确认仲裁协议效力的案件，由仲裁协议约定的仲裁机构所在地、仲裁协议签订地、申请人住所地、被申请人住所地的中级人民法院或者专门人民法院管辖。涉及海事海商纠纷仲裁协议效力的案件，由仲裁协议约定的仲裁机构所在地、仲裁协议签订地、申请人住所地、被申请人住所地的海事法院管辖；上述地点没有海事法院的，由就近的海事法院管辖。”前后司法解释的不同在于，对于仲裁协议效力异议的管辖法院，《仲裁司法审查规定》不区分国内仲裁和涉外仲裁，把管辖连结点范围扩大为仲裁机构所在地、仲裁协议签订地、申请人住所地、被申请人住所地的中级人民法院或者专门人民法院，如知识产权法院，海事海商纠纷仲裁协议效力案件由相关连结点的海事法院管辖的规定和《仲裁法司法解释》完全一致，故《仲裁司法审查规定》的相关规定全部涵盖了《仲裁法司法解释》，并有所扩大。根据新法优于旧法的原则，2006 年发布的《仲裁法司法解释》的相关规定不再适用，应适用 2017 年发布的《仲裁司法审查规定》的相关条款。《仲裁司法审查规定》第四条规定：“申请人向两个以上有管辖权的人民法院提出申请的，由最先立案的人民法院管辖。”第七条规定：“……申请人向对案件不具有管辖权的人民法院提出申请，人民法院应当告知其向有管辖权的人民法院提出申请，申请人仍不变更申请的，裁定不予受理。申请人对不予受理的裁定不服的，可以提起上诉。”第八条规定：“人民法院立案后发现不符合受理条件的，裁定驳回申请。前款规定的裁定驳回申请的案件，申请人再次申请并符合受理条件的，人民法院应予受理。当事人对驳回申请的裁定不服的，可以提起上诉。”

第四节 我国仲裁机构（包括涉外仲裁机构）作出的仲裁裁决的司法审查

我国《仲裁法》上的司法监督措施除了仲裁协议效力审查，还有裁决的撤销和不予执行。我国《仲裁法》规定了当事人可以提出撤销裁决的各类情形，以及应当裁定撤销或者不予执行的各类情形。

一、申请撤销或不予执行的条件

1. 撤销申请的提出主体必须是仲裁当事人，包括申请人和被申请人，一般撤销申请人是败诉方，但也不排除胜诉方基于希望取得更大的利益而提出撤销。不同的是，在不予执行案件中申请的主体只能是在仲裁案件中败诉的被申请人。仲裁庭、仲裁委员会无权启动撤销仲裁裁决程序和不予执行程序。根据对《仲裁法》第五十八条的体系解释和文义解释，法院在当事人申请撤销仲裁裁决案件和不予执行仲裁裁决案件中审查该裁决是否符合法律规定的可撤销或不予执行的情形，因为仲裁具有独立性和保密性，若无当事人的主动申请，法院不会，也没有途径主动审查仲裁裁决。总体而言，法院不会主动启动仲裁司法审查程序。

2. 撤销申请必须向仲裁委员会所在地的中级人民法院提出，而不予执行申请是向被申请人住所地或财产所在地的中级人民法院提出。撤销仲裁裁决的级别管辖法院是特定的，根据《仲裁法》第五十八条规定，只能是中级人民法院，基层人民法院、高级人民法院和最高人民法院无权管辖撤销仲裁裁决案件。而不予执行案件根据《仲裁裁决执行规定》第二条第二款规定："符合下列条件的，经上级人民法院批准，中级人民法院可以参照民事诉讼法第三十八条的规定指定基层人民法院管辖：（一）执行标的额符合基层人民法院一审民商事案件级别管辖受理范围；（二）被执行人住所地或者被执行的财产所在地在被指定的基层人民法院辖区内。"值得说明的是，并非所有的中级人民法院都能够管辖撤销仲裁裁决案件，因为并非所有中级人民法院的所在市都设立了仲裁委员会，如广东省的东莞市和中山市这两个非设区的地级市，根据《仲裁法》第十条不能设立仲裁委员会。还有，部分仲裁委员会所在地的中级人民法院不止一个，而有权管辖撤销仲裁裁决案件的中级人民法院通常只有一个，如北京市有四个中级人民法院，只有北京市第四中级人民法院管辖仲裁撤销案件。撤销仲裁裁决的地域管辖法院也是特定的，只能是仲裁机构所在地中级人民法院，申请人所在地、被申请人所在地、仲裁协议签订地、合同签订地或合同履行地的中级人民法院都无权管辖撤销仲裁裁决案件。

3. 撤销申请必须在法定期限内提出。当事人申请撤销仲裁裁决的，应当自收到裁决书之日起 6 个月内提出。撤销申请在 6 个月内未提出的，视为当事人放弃此项权利。而申请不予执行仲裁裁决申请人不能主动提前申请，必须在申请人申请强制执行后才能提起。根据《仲裁裁决执行规定》第八条规定:“被执行人向人民法院申请不予执行仲裁裁决的，应当在执行通知书送达之日起十五日内提出书面申请；有民事诉讼法第二百三十七条第二款第四、六项规定情形且执行程序尚未终结的，应当自知道或者应当知道有关事实或案件之日起十五日内提出书面申请。本条前款规定期限届满前，被执行人已向有管辖权的人民法院申请撤销仲裁裁决且已被受理的，自人民法院驳回撤销仲裁裁决申请的裁判文书生效之日起重新计算期限。”

二、可撤销和不予执行仲裁裁决的法定情形

根据《仲裁法》第五十八条和第六十三条、《民事诉讼法》第二百三十七条的规定，国内仲裁裁决案件的申请人必须有证据证明仲裁裁决具有应予撤销或不予执行的法定情形。当然“有证据证明”并不要求申请人提供的证据已经达到证明仲裁裁决应予撤销或不予执行的程度才能申请。法律规定的法定情形如下。

1. 当事人之间没有仲裁协议

《仲裁法》第四条规定:“……没有仲裁协议，一方申请仲裁的，仲裁委员会不予受理。”有效的仲裁协议是仲裁庭获得案件仲裁权的依据，缺乏有效仲裁协议的仲裁裁决是违法裁决，应予以撤销。根据《仲裁法司法解释》第十八条的规定，仲裁协议被认定无效或者被撤销的，视为没有仲裁协议。另外，《仲裁法司法解释》第二十七条还规定，当事人以仲裁协议无效为由主张撤销仲裁裁决的，必须在之前的仲裁程序中依法对仲裁协议的效力提出异议。

关于仲裁协议被认定无效或者撤销的，视为没有仲裁协议的司法解释，从我国《仲裁法》的立法安排看，此司法解释没有必要，甚至有些矛盾。理由是：首先，根据《仲裁法》第二十条规定，“当事人对仲裁协议的效力有异议的，可以请求仲裁委员会作出决定或者请求人民法院作出裁定，一方请求仲裁委员会作出决定，另一方请求人民法院作出裁定的，由人民法院裁定。当事人对仲裁协议的效力有异议，应当在仲裁庭首次开庭前提出”。不管是仲裁委员会决定，还是法院裁定，都有法律授权，都有既判力，不应当在撤销程序中就仲裁协议是否无效重新审查并把无效仲裁协议视为没有仲裁协议而撤销仲裁裁决。其次，在仲裁协议效力异议案件中，法院裁定仲裁协议无

效，则仲裁没有管辖权，仲裁申请应被驳回，也就不会产生仲裁裁决。如认定仲裁协议有效，应驳回异议人的申请，仲裁继续。仲裁协议是一种程序协议，不同于作为民事法律行为的民事合同，仲裁协议的效力评判只有两种结果：有效和无效，即使仲裁协议有意思表示瑕疵，也只能作有效或者无效的评判，不应有可撤销的评判结果，否则仲裁程序就无法进行，故上述司法解释出现“被撤销”的情况，是一种错误和互相矛盾的规定。

2. 裁决的事项不属于仲裁协议的范围或者仲裁委员会无权仲裁，即所谓“超裁”

“裁决的事项不属于仲裁协议的范围”，是指裁决的事项超出了仲裁协议中仲裁事项的范围和当事人仲裁请求的范围。根据《仲裁裁决执行规定》第十三条规定：“下列情形经人民法院审查属实的，应当认定为民事诉讼法第二百三十七条第二款第二项规定的‘裁决的事项不属于仲裁协议的范围或者仲裁机构无权仲裁的’情形：（一）裁决的事项超出仲裁协议约定的范围；（二）裁决的事项属于依照法律规定或者当事人选择的仲裁规则规定的不可仲裁事项；（三）裁决内容超出当事人仲裁请求的范围；（四）作出裁决的仲裁机构非仲裁协议所约定。”

“仲裁委员会无权仲裁”是指《仲裁法》第二条和第三条关于仲裁范围或者可仲裁性的问题。《仲裁法》第二条规定了平等主体的公民、法人和其他组织之间发生的合同纠纷和其他财产权益纠纷，可以仲裁，第三条规定了不可仲裁的争议类型：（1）婚姻、收养、监护、扶养、继承纠纷；（2）依法应当由行政机关处理的行政纠纷，违反以上规定的后果就是裁决可能被撤销。根据上述《仲裁裁决执行规定》第十三条第四项的规定，作出裁决的仲裁机构非仲裁协议约定的仲裁机构，也是超裁的情形，可能会被撤销或者被裁定不予执行。

3. 仲裁庭的组成或者仲裁程序违反法定程序

仲裁制度的生命在于公正性，而公正性的关键在于仲裁员及由仲裁员组成的仲裁庭能否保持独立公正，以及保证仲裁程序的公正性。仲裁庭如何组成和仲裁的程序如何进行等程序规则是否得到严格遵守（或者不违反）是保证仲裁公正性的关键，所以《仲裁法》规定，违反这些程序规则会导致裁决被撤销或不予执行。《仲裁法》第五十八条规定，“当事人提出证据证明裁决有下列情形之一的，可以向仲裁委员会所在地的中级人民法院申请撤销裁决：……（三）仲裁庭的组成或者仲裁的程序违反法定程序的”。《民事诉讼法》第二百三十七条规定：“……被申请人提出证据证明仲裁裁决有下列情形之一的，经人民法院组成合议庭审查核实，裁定不予执行：（一）当事人在合同中没有订有仲裁条款或者事后没有达成书面仲裁协议的；（二）裁决的事项不属于仲裁协议的范围或者仲裁机构无权仲裁的；（三）仲裁庭的组成或者仲裁的程序违反法定程序的；（四）裁决所根据的证据是伪造的；（五）对方当事人向仲裁机构隐瞒了足以影响公正裁决的证据的；（六）仲裁员在仲裁该案时有贪污受贿，徇私舞弊，枉法裁决行为的。人民法院认定执行该裁决违背社会公共利益的，裁定不予执行。……”严格来讲，仲裁庭的组成也是仲裁程序，只不过该程序涉及仲裁员的选择和指定，在仲裁程序中居于核心地位，决定仲裁结果，故在本条款中着重突出与一般的仲裁程序并列规定。

仲裁以当事人意思自治为原则，当事人可以约定仲裁的程序而排除仲裁程序法的适用，因此《仲裁法》并未采取严格程序主义，对一般程序的违反或者仲裁庭没有按《仲裁法》的程序或当事人认可的仲裁规则行事而当事人又没有及时表示异议，并不会导致仲裁裁决被法院撤销或者不予执行。《仲裁法》的本条款规定太宽泛，应作限缩解释，故《仲裁法司法解释》规定违反法定程序是指违反《仲裁法》规定的仲裁程序和当事人选择的仲裁规则，同时增加了限制条件“可能影响公正裁决的”。《仲裁法司法解释》第二十条进一步规定：“仲裁法第五十八条规定的‘违反法定程序’，是指违反仲裁法规定的仲裁程序和当事人选择的仲裁规则可能影响案件正确裁决的情形。”与《仲裁法司法解释》相比，《仲裁裁决执行规定》明确了违反法定程序包括《仲裁法》规定的仲裁程序、当事人选择的仲裁规则或者当事人对仲裁程序的特别约定，并规定了程序异议权的放弃，体现了仲裁的意思自治原则和仲裁程序法是任意法的特点。《仲裁裁决执行规定》第十四条规定：“违反仲裁法规定的仲裁程序、当事人选择的仲裁规则或者当事人对仲裁程序的特别约定，可能影响案件公正裁决，经人民法院审查属实的，应当认定为民事诉讼法第二百三十七条第二款第三项规定的‘仲裁庭的组成或者仲裁的程序违反法定程序的’情形。当事人主张未按照仲裁法或仲裁规则规定的方式送达法律文书导致其未能参与仲裁，或者仲裁员根据仲裁法或仲裁规则的规定应当回避而未回避，可能影响公正裁决，经审查属实的，人民法院应当支持；仲裁庭按照仲裁法或仲裁规则以及当事人约定的方式送达仲裁法律文书，当事人主张不符合民事诉讼法有关送达规定的，人民法院不予支持。适用的仲裁程序或仲裁规则经特别提示，当事人知道或者应当知道法定仲裁程序或选择的仲裁规则未被遵守，但仍然参加或者继续参加仲裁程序且未提出异议，在仲裁裁决作出之后以违反法定程序为由申请不予执行仲裁裁决的，人民法院不予支持。”该条对送达方式和回避问题作了特别规定，其法理在于自然公正原则。

自然公正原则包括两个最基本的程序规则：（1）任何人或团体在行使权力可能使别人受到不利影响时必须听取对方意见，每一个人都有为自己辩护和防卫的权利；（2）任何人或团体不能作为自己案件的法官。通俗理解，第一个程序规则就是听证权、辩护权、陈述意见机会；第二个程序规则就是不能既当运动员又当裁判员。自然公正原则一般被视为公共政策或公共秩序、公序良俗，我国《仲裁法》称之为“社会公共利益”，合同违反之则绝对无效，仲裁程序违反之则可能导致裁决被撤销。送达问题涉及当事人能否参加仲裁程序进行陈述和辩论，回避问题可能牵涉仲裁案件（包括标的、当事人、代理人等）是否与仲裁员之间存在利害关系，违反这两项的任意一项均有可能导致裁决被撤销或不予执行。

在李某、李某夫与宗某雷、楼某英申请撤销仲裁裁决案[①]**中，**深圳市中级人民法院认为，关于华南国际经济贸易仲裁委员会作出的华南国仲深裁（2014）D21号仲裁裁决，该案是申请撤销国内仲裁裁决案件，应依照《仲裁法》第五十八条的规定进行审查。根据《华南国际经济贸易仲裁委员会仲裁规则》第五条规定，（1）有关仲裁的文书、通知、材料等可以当面送达或者以邮寄、传真等方式或者仲裁委员会秘书处/仲裁庭认为适当的其他方式

① 深圳市中级人民法院（2014）深中法涉外仲字第180号民事裁定书。

送达……（3）向当事人或者其代理人发送的仲裁文书、通知、材料等，如经当面送交受送达人或者邮寄至受送达人或者他方当事人提供的受送达人的营业地、注册地、住所地、惯常居住地或者其他通讯地址，即视为已经送达。经合理查询不能找到上述任一地点而以邮寄的方式或者能提供投递记录的其他任何方式投递给受送达人最后一个为人所知的营业地、注册地、住所地、惯常居住地或者通讯地址，即视为已经送达。李某的身份证住址是广东省深圳市罗湖区凤凰街 6 号金城华庭 × 栋 10×，而秘书处向李某邮寄送达的地址是深圳市罗湖区凤凰街 6 号金城华庭 1× 栋 20×。李某夫的身份证住址是广东省深圳市罗湖区凤凰街 6 号金城华庭 1× 栋 20×，秘书处向其邮寄送达的地址是深圳市罗湖区凤凰街 6 号金城华庭 × 栋 11×。上述文件资料均以“原址查无此人、无电话”为由被邮局退回。由于邮寄地址错误导致李某、李某夫未能收到上述通知文件并参加仲裁程序。秘书处的送达程序违反仲裁规则，涉案仲裁裁决应予撤销。

4. 裁决所根据的证据是伪造的

证据是仲裁裁决公正性的最根本所在，伪造是证据的重大瑕疵，依据伪造的证据而作出的仲裁裁决毫无公正性可言，应予撤销。《仲裁法》第五十八条规定，若当事人有证据证明裁决所根据的证据是伪造的，可以向仲裁委员会所在地的中级人民法院申请撤销裁决。《仲裁裁决执行规定》第十五条规定：“符合下列条件的，人民法院应当认定为民事诉讼法第二百三十七条第二款第四项规定的‘裁决所根据的证据是伪造的’情形：（一）该证据已被仲裁裁决采信；（二）该证据属于认定案件基本事实的主要证据；（三）该证据经查明确属通过捏造、变造、提供虚假证明等非法方式形成或者获取，违反证据的客观性、关联性、合法性要求。”

在诉讼或者仲裁对抗中，一方手里掌握着利于对方证据的情形时常可见。《仲裁法》第五十八条规定，当事人提出证据证明裁决有下列情形之一的，可以向仲裁委员会所在地的中级人民法院申请撤销裁决：……对方当事人隐瞒了足以影响公正裁决的证据的。值得注意的是，提出撤销仲裁裁决申请的一方当事人若在仲裁程序中隐瞒了重要证据，即使被隐瞒的证据足以影响裁决的公正性，基于责任自负原则，同时考虑到，申请撤销方自己隐瞒了影响公正裁决的证据，故该裁决对隐瞒证据一方就是公平的。因此，这不能成为其撤销裁决或不予执行的正当理由。所以，“证据被隐瞒”要成为撤销仲裁裁决的正当理由，要求这一行为的实施者必须是撤销或者不予执行申请者的对方当事人，而且其隐瞒行为从结果角度看已经达到了“足以影响公正裁决”的程度。《仲裁裁决执行规定》第十六条规定，“符合下列条件的，人民法院应当认定为民事诉讼法第二百三十七条第二款第五项规定的‘对方当事人向仲裁机构隐瞒了足以影响公正裁决的证据的’情形：（一）该证据属于认定案件基本事实的主要证据；（二）该证据仅为对方当事人掌握，但未向仲裁庭提交；（三）仲裁过程中知悉存在该证据，且要求对方当事人出示或者请求仲裁庭责令其提交，但对方当事人无正当理由未予出示或者提交。当事人一方在仲裁过程中隐瞒己方掌握的证据，仲裁裁决作出后以己方所隐瞒的证据足以影响公正裁决为由申请不予执行仲裁裁决的，人民法院不予支持。”以下用两个案例简单说明。

在深圳市某融资担保有限公司与苏某生申请撤销仲裁裁决案[①]**中，**深圳市中级人民法院认为，苏某生作为合同当事人因未向仲裁庭提交相关借款合同，也未承认办理赎楼借款的事实，导致仲裁庭认为深圳市某融资担保有限公司未能提供确凿证据证明苏某生向赎楼贷款银行贷款的事实，并对深圳市某融资担保有限公司基于履行担保责任而提起的仲裁请求不予支持。苏某生上述行为违反诚实信用原则，属于“隐瞒了足以影响公正裁决的证据”，故该裁决应予撤销。

在某置业有限公司、罗某章与李某卯申请撤销仲裁裁决案[②]**中，**深圳市中级人民法院认为，某置业有限公司和罗某章主张李某卯隐瞒了其部分付款凭证，这些付款凭证显示罗某章在借款期间曾向李某卯支付了部分款项，该付款事实有可能会影响到仲裁庭对涉案借款事实的认定。虽然李某卯称这些付款属于另外的债权债务，但李某卯在某置业有限公司和罗某章缺席庭审的情形下，未提交付款凭证，导致仲裁庭未能对上述证据进行审理，有可能会

① 深圳市中级人民法院（2016）粤 03 民特 414 号民事裁定书。
② 深圳市中级人民法院（2016）粤 03 民特 22 号民事裁定书。

影响案件的公正裁决，因此李某卯存在“隐瞒了足以影响公正裁决的证据的”情形，故该裁决应予撤销。

5. 仲裁员在仲裁该案时有索贿受贿、徇私舞弊、枉法裁决行为

《仲裁法》第五十八条规定，“当事人提出证据证明裁决有下列情形之一的，可以向仲裁委员会所在地的中级人民法院申请撤销裁决：……（六）仲裁员在仲裁该案时有索贿受贿，徇私舞弊，枉法裁决行为的。……”

公道正派是仲裁员的聘任条件之一，要求仲裁员无偏私、有良知地依法仲裁案件。仲裁员在实施了索贿受贿、徇私舞弊或枉法裁决等严重违法行为后作出的仲裁裁决，其公正性非常值得怀疑，毫无疑问裁决应被撤销或者不予执行。需要注意的是，若仲裁员在仲裁他案时有索贿受贿、徇私舞弊、枉法裁决的行为，则不能成为该案当事人申请撤销或者不予执行仲裁裁决的法定理由；若仲裁员在仲裁该案时有索贿受贿、徇私舞弊或枉法裁决之外的其他行为，则不能成为当事人申请撤销或者不予执行仲裁裁决的法定理由。另外，“索贿受贿”“徇私舞弊”“枉法裁决”一般是从犯罪的角度来理解，但考虑到仲裁员实施的未构成犯罪的索贿受贿、徇私舞弊、枉法裁决行为也可能严重损及仲裁裁决的公正性，对“索贿受贿”“徇私舞弊”“枉法裁决”的理解宜从行为角度作扩大解释，而非只从犯罪角度作缩小解释。因此，《仲裁司法审查规定》第十八条规定：“《中华人民共和国仲裁法》第五十八条第一款第六项和《中华人民共和国民事诉讼法》第二百三十七条第二款第六项规定的仲裁员在仲裁该案时有索贿受贿，徇私舞弊，枉法裁决行为，是指已经由生效刑事法律文书或者纪律处分决定所确认的行为。”

在山东某制造有限公司、山东某钛业有限公司与某证券股份有限公司申请撤销仲裁裁决案[①]**中，**深圳中院认为，枉法裁决是指仲裁员在裁决案件时玩忽职守，无原则适应一方当事人，颠倒是非，曲解法律甚至故意错误适用法律的行为。申请人关于仲裁程序违反法定程序、对方当事人伪造证据等撤销裁决理由均不成立，其对于仲裁裁决的实体处理异议不属于《仲裁法》第五十八条规定的审查范围，申请人不能证明仲裁员有枉法裁决情形，该院对

① 深圳市中级人民法院（2016）粤03民特759号民事裁定书。

其主张不予支持。

6. 仲裁裁决违背社会公共利益司法审查

我国法律用语中的“社会公共利益”（social public interests）相当于英美法系惯用的“公共政策”（public policy）或大陆法系中的“公共秩序”（public order），通常指的是一个国家的重大国家利益、重大社会利益、基本法律原则和基本道德原则，本书第八章有专门介绍。虽然“公共秩序保留条款”（the reservation clause of public order）因给予法官较大的自由裁量权而存在被滥用的危险，但其仍被作为国际立法惯例来加以对待。根据我国《仲裁法》第五十八条第三款和《民事诉讼法》第二百三十七条第三款的规定，人民法院可以“违背社会公共利益”为由撤销或者不予执行国内仲裁裁决。该规定符合国际立法惯例，可防止仲裁裁决对社会公共利益的不当侵害，考虑到界定“社会公共利益”的主观色彩具有极大困难，人民法院以此为由撤销或者不予执行国内仲裁裁决时应采取审慎和谦抑的立场。

需要说明的是，人民法院以“仲裁裁决违背社会公共利益”为由裁定撤销或者不予执行国内仲裁裁决不以当事人主张该法定情形的存在为前提。换言之，即使当事人启动国内仲裁裁决的程序后没有主张“仲裁裁决违背社会公共利益”，人民法院在认定该情形存在时也可以径直作出撤销或者不予执行的裁定。

司法实践中，违背社会公共利益的常见的表现形式有违背我国法律的基本制度与准则，违背社会和经济生活的基本原则、诚实信用原则，违背社会的基本道德和伦理等。人民法院以此为由撤销仲裁裁决极为罕见。关于这部分在本书第八章有详细论述。

在深圳市某投资集团有限公司与张某华、甘某云、朱某、倪某、王某申请撤销仲裁裁决案[①]**中，**当事人提出了关于社会公共利益的抗辩理由。深圳市中级人民法院的意见是，关于仲裁裁决是否违背社会公共利益的问题，所谓社会公共利益，属于社会全体成员的利益，违背社会公共利益的表现形式通常是指违背我国法律的基本制度和准则，违背社会和经济生活基本原则，

---

① 深圳市中级人民法院（2016）粤03民特493号民事裁定书。

违背社会基本道德和伦理等。申请人与被申请人间的股权转让纠纷，属于当事人间特定的民商事纠纷，申请人主张仲裁裁决违背社会公共利益缺乏事实和法律依据，本院不予支持。

第五节　涉外仲裁裁决的司法审查制度

涉外仲裁可分为我国仲裁机构作出的涉外仲裁与外国仲裁机构作出的仲裁。我国《仲裁法》对涉外仲裁机构作出的涉外仲裁裁决的撤销或者不予执行作出了与国内仲裁裁决不同的规定。《仲裁法》第七十条规定："当事人提出证据证明涉外仲裁裁决有民事诉讼法第二百五十八条（2017 年《民事诉讼法》第二百七十四条）第一款规定的情形之一的，经人民法院组成合议庭审查核实，裁定撤销。"第七十一条规定："被申请人提出证据证明涉外仲裁裁决有民事诉讼法第二百五十八条（2017 年《民事诉讼法》第二百七十四条）第一款规定的情形之一的，经人民法院组成合议庭审查核实，裁定不予执行。"《民事诉讼法》第二百七十四条第一款规定，"对中华人民共和国涉外仲裁机构作出的裁决，被申请人提出证据证明仲裁裁决有下列情形之一的，经人民法院组成合议庭审查核实，裁定不予执行：（一）当事人在合同中没有订有仲裁条款或者事后没有达成书面仲裁协议的；（二）被申请人没有得到指定仲裁员或者进行仲裁程序的通知，或者由于其他不属于被申请人负责的原因未能陈述意见的；（三）仲裁庭的组成或者仲裁的程序与仲裁规则不符的；（四）裁决的事项不属于仲裁协议的范围或者仲裁机构无权仲裁的。人民法院认定执行该裁决违背社会公共利益的，裁定不予执行"。从该条文可知，申请撤销涉外仲裁裁决的法定情形包括以下四种：（1）当事人在合同中没有订有仲裁条款或者事后没有达成书面仲裁协议；（2）裁决的事项不属于仲裁协议的范围或者仲裁机构无权仲裁；（3）仲裁庭的组成或者仲裁的程序与仲裁规则不符；（4）被申请人没有得到指定仲裁员或者进行仲裁程序的通知，或者由于其他不属于被申请人负责的原因未能陈述意见。通过对比，前三种法定情形可与申请撤销国内仲裁裁决的前三种法定情形作等同处理，两者之间不存在实质性差异，只是在表述和用语上略有不同，因此不再具体展开。关于第四种情形“被申请人没有得到指定仲裁员或者进行仲裁程序的通知，或者由于其他不属于被申请人负责的原因未能陈述意见”是指被申请人被剥夺了受通知指定仲裁员或参加仲裁程序的权利和陈述意见的权利，属于重大程序违法。符合此种情形的，涉外仲裁裁决就可能被裁定不予执行。

第三编

关于中国仲裁法修改的思考

第十一章

仲裁的另一形式——临时仲裁

第一节　临时仲裁概述

我国参加的《纽约公约》第一条第二项规定，“‘仲裁裁决’不仅包括由为每一案件选定的仲裁员所作出的裁决，而且也包括由常设仲裁机构经当事人的提请而作出的裁决”。因此仲裁包括临时仲裁和机构仲裁两种形式。机构仲裁是我们常见的且比较成熟的仲裁方式，我国《仲裁法》中有规定。临时仲裁是由为案件选定的仲裁员组成的仲裁庭对当事人提交仲裁的民商事争议进行审理并作出有约束力的裁决的一种仲裁形式，我国现行《仲裁法》没有规定临时仲裁。

临时仲裁是国际上很常见的便捷灵活的仲裁形式。纠纷解决不提交仲裁机构解决，而是约定提交一人或三人（或其他人数）临时组成的仲裁庭解决。“临时仲裁”的英文是“ad hoc arbitration”，其拉丁文本义是“仅为次目的而设”，翻译为临时仲裁是相对于常设仲裁机构仲裁而言，也符合其本义[①]。临时仲裁在仲裁的历史上是早于机构仲裁的，在1892年世界上第一个仲裁机构——伦敦国际仲裁院出现以前，所有的仲裁都是临时仲裁，故不需要临时仲裁的名称。在1892年之前仲裁发展的悠久历史基本上都是临时仲裁的历史。而且，目前国际上大部分的仲裁是临时仲裁。

仲裁作为解决民商事纠纷的一种有效方法，萌芽于人类社会的原始阶

① 参见高菲、徐国建:《中国临时仲裁实务指南》，法律出版社2017年版，第2页。

段。在日常生活中，人们遇到争议或分歧，通常都会求助于彼此信任的第三者，一般是找氏族中或宗族中德高望重的长者公断，这就是仲裁。仲裁的历史早于代表国家裁判权的诉讼，而且并没有因其古老而消失，而是与诉讼相伴而行，一路走来，历久弥新。其长久的生命力说明仲裁基因中存在不可替代的优越性——人们对“意思自治”观念普遍接受。“意思自治”也即“私法自治”，仲裁法正是私法自治理念在纠纷解决程序中的体现。“私法自治”中的“私”，是与“公”相对应的概念。梁慧星教授在《民法总论》一书中指出，“以国家为公，则人民为私；以政府为公，则社会为私；以行政为公，则民事为私；以政治为公，则经济为私；以团体为公，则个体为私”。而“治”，根据汉语词典的解释，有“管理，处理”之意。故私法自治，本身就包含民商事领域的事情可以由当事人自己处理，而法律确认其处理结果之意。法律确认其结果的效力，意味着意思自治也是法律的授权，也就是专门负责裁判的国家法院的授权。订立合同，属私的范围，故《法国民法典》有一堪称法律名言的规定：“依法成立的合同，在缔约当事人间有相当于法律的效力”，既然法律可以因私法自治而认可当事人之间缔结的合同的效力，同样道理，当然可以认可当事人之间关于由中立的第三方裁处他们的合同争议的仲裁协议的效力，也包括承认根据仲裁协议进行仲裁的结果——仲裁裁决的效力。这是当事人自主的选择，是其意思自治的结果，当事人认可这种裁决机制能体现公平和正义。在国际上，大至国家之间的争议，也是由临时仲裁庭裁决。国家主权对内至高无上，对外一律平等，不存在超主权的实体，所以国家之间出现纠纷只好找个人专家学者居中裁决，回到了仲裁的本源。

第二节　我国现行《仲裁法》没有规定临时仲裁

中国是世界上参加《纽约公约》的国家中唯一在国内仲裁中排斥临时仲裁的国家。为什么中国会排斥临时仲裁？全国人大常委会法制工作委员会曾作过如下解释：“主要理由有两个：其一，在仲裁制度的发展史上是先有临时仲裁，后有机构仲裁，从今后的发展趋势看，临时仲裁已趋于衰落。其二，中国设立仲裁的历史较短，只有机构仲裁没有临时仲裁。”[①] 这两个理由现在看来确实没有说服力。根据临时仲裁在国际社会的发展状况，临时仲裁还是占绝大多数，1958 年《纽约公约》第一条第二项规定：“‘仲裁裁决’不仅包括由为每一案件选定的仲裁员所作出的裁决，而且也包括由常设仲裁机构经当事人的提请而作出的裁决。”这里的“也包括”说明了机构仲裁并不占据主要地位。临时仲裁的数据事实上难以准确统计，据国际著名的仲裁人和仲裁法学者杨良宜先生介绍，临时仲裁应占到全部仲裁的 70% 以上。我国不接受临时仲裁的原因还有观念的问题，认为仲裁是仲裁员个人代替法官行使民事纠纷案件的裁判权，而且一裁终局，不得上诉。在机构仲裁的情况下，仲裁员个人还有仲裁委员会来规范和管理，而临时仲裁庭就不属于任何管理机构，社会主流观念认为赋予个人这么大的权力极为不妥，且风险很高。所以，临时仲裁在新中国成立后一直难以被接受。

我国仲裁法律制度中缺乏临时仲裁的相关规定。我国 1995 年实施的《仲裁法》建立的是以“仲裁委员会”为中心的机构仲裁制度，没有临时仲裁的规定。该法专设第二章，对“仲裁委员会和仲裁协会”进行了规定，凸显出在中国严格实行机构仲裁这一“单轨制”的特点。而且根据《仲裁法》第十六条和第十八条的规定，我国现行《仲裁法》不承认临时仲裁的效力。第十六条规定，“仲裁协议应当具有下列内容：（一）请求仲裁的意思表示；（二）仲裁事项；（三）选定的仲裁委员会”。第十八条还规定对仲裁委员会没有约定或约定不明且达不成补充协议的，仲裁协议无效。临时仲裁是由当事人选定的特定人作为仲裁员组成仲裁庭，是没有仲裁委员会的。所以，仲裁地在中国的临时仲裁协议在我国目前是被认为无效的，临时仲裁协议无效，临时仲裁的裁决地法院就可以撤销或不予执行临时仲裁裁决。这对我国的当事人是明显不利和不公平的。我国于 1987 年加入《纽约公约》，而该公约中包括临时仲裁。在外国领土上作出的临时仲裁裁决，我国法院必须依公约规定承认和执行。但在我国领土上作出的临时仲裁裁决到外国法院申请执行，受理执行申请的外国法院可以引用《纽约公约》第五条第一项（甲）款，以

---

① 参见江伟：《仲裁法》，中国人民大学出版社 2016 年版，第 23 页。

根据裁决地法律约定临时仲裁的仲裁协议是无效的为由拒绝承认和执行该裁决。所以，我国仲裁立法不承认临时仲裁，是有很大弊端的：（1）造成我国享有和承担的国际公约之下的权利义务不对等；（2）缩小了仲裁的范围，使想通过仲裁解决的纠纷不能以仲裁方式解决；（3）增加当事人不必要的负担，特别是在仲裁协议中约定临时仲裁的，因仲裁协议无效只能将其争议通过法院解决，而法院判决在域外一般没有强制执行力，当事人的权益无法得到实质性的保障。

最高人民法院在2016年12月30日颁布的《关于为自由贸易试验区建设提供司法保障的意见》第九条提及自贸区内企业“三特定”仲裁协议有效，即内地特定地点、特定仲裁规则和特定人员，然而是否承认仲裁裁决的强制执行力至今还没有明确的解释。根本原因在于中国在国家立法层面上没有关于临时仲裁制度的法律规定。

由于在国内缺乏关于临时仲裁的立法和实践，使中国企业在“走出去”的过程中，面对国际争议解决中的临时仲裁普遍感到茫然，更不用说有效地掌握和使用它来保护自身合法权益了。同样，缺乏临时仲裁实操经验的中国律师、学者等业内人士，也不能为陷入国际商事纠纷的中国企业提供强有力的专业服务和支持，不利于我国法律人为我国企业“走出去”保驾护航。国际上及各国所积累的关于临时仲裁的大量理论研究和实践，已然成为当今国际商事争议解决法律制度中非常重要的组成部分，其无论是对世界各国立法还是在诸多案件实践中，都已产生相当大的影响，我们对此却不能为己所用。

第三节　建议增加临时仲裁的规定

中国立法中如何确立临时仲裁制度？实行临时仲裁要求仲裁员具有较丰富的仲裁经验，要求法院对仲裁程序给予及时有效的支持和监督。鉴于中国仲裁人才资源的有限性及法院与仲裁的关系，全面确立临时仲裁制度，确实具有一定风险。但在国际仲裁领域，确立临时仲裁以增强中国仲裁制度的吸引力，则是可行的。中国的国内仲裁制度尚在转型期间，但国际仲裁制度几乎同步于其他国家，积累了丰富的经验，在国际上享有一定的声誉。而且，国际仲裁人才资源是各国可共享的，中国法院在处理与国际仲裁的关系上也更为重视和相对正规。因此，对于自主性较强的临时仲裁，可先考虑纳入中国的国际仲裁制度，在现行《仲裁法》第七章“涉外仲裁的特别规定”中规定“国际仲裁当事人进行临时仲裁的，适用本章规定，本章没有规定的，适用本法其他章节的规定”。同时，具体规定临时仲裁的启动程序、送达方式、仲裁庭的组成、组庭出现障碍时由中国仲裁协会指定仲裁员和首席仲裁员、仲裁庭自裁管辖权和当事人不服时向法院申请复审、法院对临时仲裁的支持和监督措施，使国际案件的当事人有更多的可供选择的争议解决方法，有助于中国推进“一带一路”建设，保护我国企业的合法权益。

第四节　临时仲裁的基本程序

临时仲裁的程序和国内机构仲裁的程序有很大不同，由于中国内地没有临时仲裁制度，这里只能参考我国香港特别行政区的仲裁程序。应当指出，我国香港地区的仲裁程序不分机构仲裁和临时仲裁，二者是一致的。但在内地的机构仲裁程序和国际仲裁程序差别较大，在内地仲裁法的涉外仲裁和国际仲裁中实行临时仲裁，可能仲裁庭的组成仲裁员是外国人，所以必须参考以英国仲裁法为代表的国际仲裁程序。

一、临时仲裁的启动程序

临时仲裁因申请人向被申请人送达仲裁申请书而正式开始。

送达的方式更加多样，可以当面送达、寄信送达、电子通信送达。当面送达一般委托律师事务所找到被申请人直接送达，如其拒收，可以向其说明后留置在被申请人所在地，再将送达情况向申请人写一份报告即可。

寄信送达一般是将仲裁申请书寄送到被申请人的营业地点、住所地或惯常通讯地址。如果以上地址经申请人合理查询后为地址不详，则以挂号信或能够提供投递记录的其他方式递送到被申请人最后一个为人所知的营业地点、住所地或惯常通讯地址即为送达。递送日期视为收到日期。

电子通信送达包括电报、电传、电子信息、电子邮件、微信及其他电子数据交换系统通信，发出电子通信的日期视为被申请人收到的日期。

二、委任仲裁庭成员

临时仲裁程序开始后，双方应开始委任仲裁庭成员，如双方就此项之前订有协议，则按协议约定进行。一般来说，仲裁庭的人数应为单数，如一人或三人。在三人仲裁庭的情形下，通常的方法是争议双方当事人各委任一位仲裁员，再由双方委任的仲裁员共同选定第三位仲裁员，第三位仲裁员则为首席仲裁员。

临时仲裁程序中，经常会出现一种情况，双方的仲裁协议仅约定双方之间的纠纷通过仲裁解决，并没有约定委任仲裁员的程序。或者，双方在争议发生后对抗性很强，往往不论就何种事项都无法达成一致。这种情况下，应请求仲裁协议约定的第三方，如某一仲裁机构如香港国际仲裁中心指定，如果第三方不能指定，可请求法院指定。有关机构应考虑争议的性质并委任具备资格能力和专业知识、能独立公正处理案件的仲裁庭。

三、对委任的仲裁员提出异议

在当事人或者其律师就是否同意接受委任和仲裁员联系时，作为仲裁员，首先应就仲裁争议的性质作初步了解，并要求当事人提供双方的仲裁协议，以便仲裁员评估自己是否有足够的专业知识，以及初步判断是否有仲裁管辖权。被接洽的仲裁员在接受委任前，应确定没有任何可能使人对其公正性和独立性产生合理怀疑的情况。

仲裁庭组成后，双方当事人可以在一定期限内申请推翻（或解除）对某一仲裁员的委任，申请一般会以仲裁员存有实际或表面偏私作为理由提出，仲裁庭应先处理该申请并作出决定，双方当事人可以在一定时间内向有管辖权的法院就委任的裁决提出上诉。上诉期间仲裁庭有权继续处理争议，包括作出临时或最终裁决。

四、临时仲裁费用的收取和承担

在接受委任时，仲裁员应与委托人协商仲裁员的收费并签订委任合同，法院有权根据当事人的申请对委任合同的收费金额进行调整。仲裁员的收费最终由败诉一方当事人承担。

五、确定仲裁地

在决定启动临时仲裁时，双方应考虑仲裁在何处进行，有约定的从约定，若双方没有在仲裁协议中约定仲裁地，则仲裁庭有权确定仲裁地。因为仲裁地影响仲裁全过程，包括仲裁裁决的国籍、仲裁程序适用的法律、仲裁协议效力适用的法律、仲裁程序和裁决撤销的管辖法院。不过，不管双方选择的仲裁地是哪里，仲裁庭均可以在任何方便双方的地点进行实际审理。

六、仲裁庭的程序指示

一般来说，仲裁庭组成后，会尽快就临时仲裁的进程与双方当事人定下时间表。第一轮的程序指示可通过电话或简单的会议作出。仲裁庭的第一指令具体应是：要求申请人在一定时间内呈交给仲裁庭以及递送给被申请人具体明确的仲裁请求及主要理由，并附上所有证据材料。第二指令应是：在收到申请人的仲裁请求及主要理由后，临时仲裁庭要求被申请人在一定时间内提出答辩要点，若有反请求应提交反请求申请书及相应理由，并附上抗辩证据，分别呈交给仲裁庭及递送给申请人。接下来，仲裁庭下达的第三指令是：指示申请人对被申请人的答辩书或反请求作出回应，被申请人就申请人的回应内容作否认或进一步解释，此过程中，所有书面文件及证据均需呈交仲裁庭和递送给对方当事人。一般来说，经过上述三个阶段的状书交换后，整个交换案件资料的过程便告终结。所以，第四阶段的指示需双方与仲裁庭进行会议，为下一步程序作安排。第一轮程序指示的目的是在既定时间表内尽快找到双方的分歧，清楚双方没有争议的案情和有争议的事实，以及双方各项指控和论据的强弱，以决定是否以书面方式审理处理，或安排开庭听取证人口供、双方是否需要呈交进一步证据、是否需要听取专家意见、如要开庭需要多少时间及开庭时间。

仲裁庭的第二轮程序指示应该包括什么？

第一，可以指示双方呈交和交换双方的证人证言，同时仲裁庭应考虑是否需要安排盘问证人，或仲裁庭是否可以凭未经盘问的证词作出裁决。

第二，可就专家证人作证进行安排，指示双方应在规定时间内表态是否同意专家证人的专业范围，并规定专家的人数。仲裁庭可要求双方在交换书面证据、证人证言后一定时间内交换不具约束力的专家报告，之后双方专家要进行会面并就报告内容达成共识，或指出双方在意见上的分歧。在专家会面后，双方专家需呈上一份共同专家报告，报告内需明确指出双方专家同意以及分歧的地方。之后，双方专家可各自呈交不具约束力的最终专家报告，报告内应陈述双方不能达成一致意见的地方，并说明为何自己的意见更为中肯准确。

第三，可就证据披露作出指示。在实行普通法的国家和地区的诉讼中，诉讼双方有各自披露证据的责任。双方当事人需要透露自己拥有、控制和管有并与诉讼有关的证据。有关证据包括任何有助于对方或损害自己案情的证据。同时，与案情有关的证据，包括任何在披露后可引起对自己有利或不利质询的证据。如一方认为对方有未披露的证据，可向仲裁庭申请针对该文件作特殊披露。仲裁庭是否命令当事人特殊披露，主要考虑证据是否与案件有关、披露是否符合公义，以及披露是否可以为仲裁节约时间和金钱。

第四，可就开庭时间、仲裁庭是否需要文件档案、有关文件应如何分类和存档、双方是否呈交开案陈词或呈交陈词大纲等作出指示。开庭前，仲裁庭应就申请书（就申请书内容要求当事人提供详细情况）、事实证人、专家证人、针对性证据披露以及开庭日期作安排和指引。

当然，除以上指示外，双方在过程中可以向仲裁庭申请更多的指示，具体根据每个案子情况不同而定。

在准备开庭前，仲裁庭可能要处理以下事项：质疑其管辖权的申请、要求仲裁庭命令一方当事人交存保证金、明确争议事项、剔除仲裁申请书的某些内容、取证申请等。

开庭有四个环节：控辩双方先后呈交开案发言；互相盘问证人；轮流盘问双方专家证人；最后由双方互相交替发表辩论意见和结案意见。

开庭后，仲裁庭需签发书面形式的裁决书。裁决书作出后，仲裁庭的管辖权也同时告终。仲裁庭应把裁决书送达给双方当事人，但当事人在取得裁决书之前必须缴清仲裁费用[①]。

第五节 设立临时仲裁的必要司法保障

2017年11月3日，在中国政法大学举行的“自贸区纠纷解决与临时仲裁专题研讨会议”上，时任最高人民法院民事审判第四庭副庭长刘敬东强调，第一，临时仲裁是司法保障国家战略实施的重要举措，是在司法支持仲裁力度不断加大的背景下出台的。第二，最高人民法院仅用了“三特定”的表述，这是由于临时仲裁并不在我国现有的立法体制内。临时仲裁作为自贸区的一项重大探索，应依法推进。第三，虽然临时仲裁在司法解释层面上得到承认，但现实中仍存在诸多障碍，需要来自各方的努力才能使其落地。

对临时仲裁的司法监督，最关键的是要确定临时仲裁的管辖法院。在当事人不配合的情况下，仲裁员的指定、在仲裁过程中仲裁员的罢免、仲裁管辖权异议的最终决定、裁决的司法复核——发回重新裁决或撤销、裁决的执行、仲裁员收费不合理的救济等问题。

英国是世界上仲裁法最发达的国家，在仲裁程序中，英国法院不仅监督仲裁，还有很多措施为仲裁提供保障，最重要的是，仲裁庭的裁决可在法院批准后转化成法院的命令。除中国仲裁法已有的裁定不予受理有仲裁协议的案件、最终决定仲裁庭的管辖权、财产保全、证据保全等措施外，法院还应享有更多的权力，其中对我国有借鉴作用的还有：（1）止诉禁令以保护仲裁。当事人约定仲裁，但一方当事人抢先在外国法院提起诉讼。英国法院则可向该当事人发出命令，禁止其继续进行诉讼。如果不撤诉，则会在英国、英联邦成员国或欧洲面临藐视法庭的刑事指控。（2）协助仲裁庭组成。临时仲裁程序开始后，双方应着手委任仲裁庭成员，通常当事人可在仲裁协议中约定仲裁庭的人数为一人或三人。在仲裁条文没有约定仲裁庭人数时，英国法律默示是一人。在有三名仲裁员的情况下，双方各自委派一位仲裁员，再由双方委任的仲裁员共同委任第三位仲裁员为首席仲裁员，如双方不能就首席仲

① 参见芮安牟：《浅谈香港仲裁法》，法律出版社2014年版，第33—89页。

裁员的委任达成一致，在英国可以向法院请求代为指定。如果仲裁条文约定仲裁员人数为一人，申请人向被申请人发出仲裁通知时会要求被申请人委任一名仲裁员或征询是否同意其提出的仲裁员人选，被申请人应在 14 日内作出答复。否则申请人可以再次向被申请人发出书面通知，警告如在 7 日内被申请人仍不答复，申请人将委任自己的仲裁员为独任仲裁员，这就是英国仲裁法的“缺席机制”。(3)处理仲裁员的辞职。(4)把证人传唤到庭。(5)法院辅助仲裁的权力：费用担保、向证人取证、对财产进行检查、拍照、保存、托管、扣留、命令取样本，对财产作出检查或实验，出售有关财产，作出中间禁令，委任托管人，等等。这些需要通过完善仲裁立法加以引进，对我国仲裁事业的国际化至关重要。①

① 参见杨良宜、莫世杰、杨大明：《仲裁法——从 1996 年英国仲裁法到国际商务仲裁》，法律出版社 2006 年版，第 238—369 页。

第十二章

仲裁法修改的立法理念和价值取向

我国仲裁立法修改应采取什么价值取向？笔者认为，仲裁法修改应充分体现仲裁法律制度本身的特点和理念，在《纽约公约》的原则下，吸收《示范法》及其他国家仲裁立法的有益成果，对中国的具体仲裁制度进行重构，使仲裁制度趋于完善，提升中国仲裁法在国际上的认知程度，促使中国仲裁环境迈向现代化和国际化，使中国成为更具吸引力的国际仲裁地。

第一节　仲裁法的特点和理念

所谓仲裁法理念，就是仲裁法本身的特点、法理和价值取向，关系到仲裁法制度的基本原则、具体内容、立法体系和结构。在仲裁法的修改过程中，应坚持以下理念：

1. 仲裁与属于公权力的诉讼是有一定区别的，仲裁是私力救济，是意思自治在纠纷解决程序的体现，是实现意思自治的工具。因此，应当确立意思自治原则作为仲裁法的最大原则。

2. 从一般法理讲，因为私权的争议解决方式可以由当事人自主决定并由法律确认其结果，仲裁是法院司法权在商事纠纷解决程序中的部分让渡。因此，法院有权对仲裁实施监督，同时由于仲裁庭权力的局限性，为了使仲裁更好地解决纠纷，法院应对仲裁给予必要的强制力配合和支持。当然，法院只在法律有明文规定的情况下才可以干预仲裁，并按法律规定给仲裁提供保障措施。总而言之，独立仲裁和司法监督是仲裁法律制度不可分割的两个方面，加强法院司法对仲裁的监督是对仲裁最大的支持。司法监督包括撤销仲裁裁决、发回重新仲裁。审查的范围包括违反自然公正原则的程序问题和事实重大错误、适用法律明显不公。

3. 仲裁裁断的争议属于私权范围。国家裁判权在一国之内无限大，私权争议也由其管辖，如民事诉讼。正因为是私权，国家可以认可私人之间自己设权，即设立、变更、终止相互间的民事权利义务，国家认可其设权行为的效力，民事法律行为制度即是实现私法主体设权行为的工具。如依法成立的合同，缔约者应当受其约束并履行。《法国民法典》规定“依法成立的合同，在缔约人之间产生法律约束力”，即约定或承诺必须遵守。这是现代合同法的核心原则和基础。仲裁和合同的道理是相同的，无非就是将缔约者设权的范围从民商事的权利义务（实体权利）扩展到争议解决领域（程序权利）而已。故一般合同约定实体权利义务，仲裁协议约定程序权利义务。由于仲裁是国家认可的私权争议处理方法之一，国家当然有权限定其认可的范围，这就是仲裁的范围或者可仲裁性。一般私权中的婚姻家庭关系、收养、继承等人身权争议，专利侵权争议中涉及专利权授权的有效性等涉及国家机关确认权属争议、反垄断反不正当竞争等涉及社会公共利益等争议，应由法院管辖，但随着国际商事的发展，很多国家已放开对以上纠纷可仲裁性的限制，所以可仲裁性问题归根结底是由国家对商事仲裁的认可程度决定的。

4. 仲裁程序法主要是任意法而不是强行法。仲裁法主要规定什么形式的裁决受法律保护并可以强制执行、仲裁程序、仲裁参加人的法律地位、仲裁的司法监督、仲裁庭的权力（发布临时措施令、资产冻结令）、法院对仲裁的支持。其中，仲裁程序是主要部分，这部分条文应是任意性规范。根据仲裁的意思自治原则，既然程序可以由当事人约定，那为什么还要在仲裁法中规定？民事法律可分为强行法和任意法，任意法的规定是在当事人有约定时，从当事人的约定；没有约定时，才适用法律规定。任意法的规定一般属于倡导性的；当事人可以约定排除任意法的适用。在仲裁中，案件如何审理、程序如何推进，可由当事人在仲裁协议中约定，如果当事人没有约定，可由仲裁庭在仲裁启动后制定一个庭审程序，征得当事人同意后照此执行；如果没有，可按照仲裁机构的仲裁规则执行；如果没有机构，则没有仲裁规则，例如临时仲裁，这种情形下按照仲裁地的仲裁程序法执行。因此，在仲裁程序适用效力优先位次上，仲裁协议优于仲裁规则，仲裁规则优于仲裁地的仲裁程序法。仲裁立法时，对一般的仲裁程序规范不作规定，留给当事人自己约定，或由仲裁机构在仲裁规则中规定，应在仲裁法中规定的是体现仲裁特点的、重要的、起规范指引作用的条文。

5. 仲裁法修改应在《纽约公约》的原则下，参考《示范法》的具体制度和程序。现代意义上的仲裁，产生于地中海的城邦国家的国际贸易，其产生时就具有国际性。《纽约公约》赋予裁决书国际执行的效力，使仲裁的国际性更广泛。我国 1987 年加入《纽约公约》，必须遵守国际公约的义务，该公约规定的原则必须成为我国仲裁法立法时的原则底线，不能自说自话，另搞一套。

从国际范围来看，综观各种仲裁立法及仲裁规则，不难看出，正确认识仲裁的意思自治，支持仲裁以及为仲裁提供宽松、鼓励性的法律环境，已成为人们的共识。在这一发展过程中，集世界仲裁理论与实务成就之大成的 1985 年联合国国际贸易法委员会发布的《示范法》起了不可忽视的作用。现有约 80 个国家和地区采纳《示范法》或以其为蓝本制定仲裁法。尽量接受国际上通行的仲裁制度，有助于实现中国仲裁国际化的目标，也不妨碍中国仲裁制度保持自己的特色。目前，努力的目标应是使中国仲裁法至少与《示范法》步调一致。

6. 仲裁法修改不需要改变现行的国际仲裁和国内仲裁在统一的仲裁法中规定的一元立法体例。首先，我国《仲裁法》已颁布施行 26 年，一元立法体例本身没有问题。其次，考察其他立法例，如我国香港地区的新《仲裁条例》于 2010 年 11 月 11 日通过，于 2011 年 6 月 1 日实施，新条例采纳了 2006 年 7 月 7 日修订的《示范法》，通过本地立法赋予《示范法》法律效力。在新条例实施前，我国香港地区是采用区分“国际仲裁”和“本地仲裁”的二元立法体例的，新条例实施后，在我国香港地区的所有仲裁均适用统一的新条例。也就是说，中国没有必要分别颁布国内仲裁法和涉外仲裁法或国际仲裁法，但可以根据国际仲裁的特点，在法律上作一些特别规定。例如，国际仲裁才有法律适用的问题，在当事人没有约定仲裁协议准据法的情况下，到底应适用仲裁地法还是法院地法，或者仲裁机构所在地法，就是一个长期争议的问题。还有，国际正常程序和国内仲裁程序是否可以统一的问题，以及临时仲裁是否可以在国际仲裁中采用的问题，都需要在仲裁法修改时解决。

第二节　我国现行《仲裁法》的积极意义、存在问题和修改意见

一、积极意义

1994 年《仲裁法》是中国第一部与国际上通行的仲裁制度接轨的仲裁法典，在此之前，我国的仲裁法律制度事实上是行政机关办理合同纠纷案件，仲裁机构附属于行政机关，不实行协议管辖，所作裁决也不具有终局性，当事人不服还可以到法院诉讼，即所谓“一裁两审”。1994 年《仲裁法》彻底改变了这些做法，实现自愿仲裁、仲裁协议管辖、独立仲裁、一裁终局，符合《纽约公约》的原则，恢复了仲裁的本来面目。

二、存在问题和修改意见

《仲裁法》制定于 20 世纪 90 年代中期，是在仲裁法一片空白的改革开放初期制定的，基于当时的社会历史背景，有保留地借鉴国际仲裁法律制度的成果，经过 26 年的实践，其局限性表现在未能充分反映支持仲裁，特别是国际商事仲裁的国际性趋势，法院对仲裁的支持措施和法院司法监督的不足同时存在；对当事人意思自治、对仲裁庭的自主权限没有明确规定，从而使仲裁程序缺乏当事人所期望的灵活性。

（一）仲裁法的一般规定

1. 立法宗旨

仲裁法是关于商事争议解决的程序性法律，包括国际商事争议，有外国当事人参加的，其权益也受保护。《仲裁法》第一条规定的“保障社会主义市场经济健康发展”的立法宗旨对国际仲裁是不合适的，这会让外国当事人误以为这是中国法律为其国际仲裁设置的一项公共政策，从而影响他们选择

到中国仲裁。

2. 仲裁范围或可仲裁性

现代仲裁作为民事诉讼之外解决民商事纠纷的另一种方式，其范围应是民事诉讼范围的一部分，且这部分是当事人之间订有仲裁协议的；另一部分排除仲裁管辖的由法律规定，该部分即使当事人之间订有仲裁协议也是无效的。为什么仲裁范围只是民事诉讼范围的一部分而不是全部？《仲裁法》第三条作了“下列纠纷不能仲裁：（一）婚姻、收养、监护、扶养、继承纠纷；（二）依法应当由行政机关处理的行政争议”的列举性规定，但没有概括性规定。该规定有以下问题：（1）不完整。既然排除了婚姻、收养、监护、扶养、继承等纠纷的可仲裁性，那么家庭关系、赡养等涉及人身关系的纠纷为什么不排除？（2）行政争议本来就不是平等主体之间的合同和其他财产纠纷，何必规定？实践中有很多合同纠纷的一方是行政机关，其以平等主体身份参加民事法律关系，该合同纠纷事实上是可以仲裁的，如何规定？（3）可以将第三条第二项修改成“其他法律规定不可仲裁的合同或其他财产纠纷”吗？也不行。如果其他法律没有规定，但出现新类型的案件提交仲裁如反垄断、知识产权、证券、人身伤害赔偿，法院或仲裁委员会就会不知所措。因此，关于仲裁的范围，除完善《仲裁法》第三条第一项列举的类型外，把该条第二项改为“其他法律规定不得仲裁的合同或其他财产纠纷”的概括性条款也是必需的。怎么概括？一般法律规定提交仲裁解决的争议涉及公共利益、行政许可或登记权、人身权、人格权的纠纷，不得仲裁。

（二）国际性

1. 国际仲裁

只要仲裁地是中国，该仲裁裁决或仲裁就是中国仲裁，但是，由于国际仲裁涉及仲裁协议的法律适用问题，所以，把它与国内仲裁相区分是必要的。我国《仲裁法》第七章“涉外仲裁的特别规定”中关于国际仲裁的规定太过简单且不重要，应着重规定国际仲裁的范围、与《纽约公约》规定的外国仲裁的区别、临时仲裁、仲裁协议的法律适用，等等。标题应改为“国际仲裁的特别规定”。广义的“国际”一词涵盖“涉外”，但“涉外”一词无论如何都不等于“国际”，其他国家的仲裁法在规定国际仲裁事项时，鲜有使用“涉外仲裁”这一术语。《仲裁法》仅提及“涉外”仲裁，使得中国的仲裁制度国别性太强，不利于中国国际商事仲裁制度的国际化。

2. 仲裁的国籍

在《纽约公约》下，外国仲裁裁决和国内仲裁裁决在适用法律上是不同的，确定外国仲裁裁决是哪一国的裁决，其所属国是否是《纽约公约》的缔约国，必须引进仲裁裁决国籍的概念。我国《仲裁法》没有关于仲裁国籍概念的规定，那么这里的外国是哪一国？相对于受理申请执行的法院的所属国，对于参加《纽约公约》的其他任一国家，裁决的仲裁地是该国，或裁决适用的仲裁程序法是该国法律的，则该裁决的国籍就是该国。从我国的仲裁实践看，有必要增加“仲裁机构所在地”作为确定仲裁裁决国籍的连结点。例如，中国仲裁著名的旭普林案，国际商会仲裁院在上海仲裁的裁决不能算是中国裁决，仲裁机构国际商会仲裁院就是考虑因素。《仲裁司法审查规定》第十四条已提出仲裁机构所在地和仲裁地一样作为法律适用的连结点，按照《纽约公约》第五条第一项（戊）款，根据其法律（仲裁程序法）作出的裁决的所属国就是仲裁裁决撤销审查的管辖国即国籍国，裁决的国籍对于裁决适用本国民事诉讼法执行或《纽约公约》执行的区分很重要，如是本国裁决在本国执行，适用本国民事诉讼法，如是外国裁决在本国执行，则适用《纽约公约》，必须先经本国法院承认，然后才能执行。

3. 仲裁协议的法律适用

在国际仲裁中，当事人之间的仲裁协议的效力应当适用哪一国的法律来判断，这就是法律适用。国际上的一般规则是：首先，适用当事人约定的准据法；其次，当事人没有约定准据法的，适用仲裁地的仲裁法。我国仲裁法对此没有规定，应在立法修改时增加规定。最高人民法院在 2005 年 12 月 26 日通过的《仲裁法司法解释》第十六条规定，对涉外仲裁协议的效力审查，适用当事人约定的法律；当事人没有约定适用的法律但约定了仲裁地的，适用仲裁地法律；没有约定适用的法律也没有约定仲裁地或者仲裁地约定不明的，适用法院地法律。2017 年 12 月 4 日通过的《仲裁司法审查规定》第十三条规定，当事人协议选择确认涉外仲裁协议效力适用的法律，应当作出明确的意思表示，仅约定合同适用的法律，不能作为确认合同中仲裁条款效力适用的法律。第十四条规定，人民法院根据《涉外民事关系法律适用法》第十八条的规定，确定确认涉外仲裁协议效力适用的法律时，当事人没有选择适用的法律，适用仲裁机构所在地的法律与适用仲裁地的法律将对仲裁协议的效力作出不同认定的，人民法院应当适用确认仲裁协议有效的法律。第十五条规定，仲裁协议未约定仲裁机构和仲裁地，但根据仲裁协议约定适用的仲裁规则可以确定仲裁机构或者仲裁地的，应当认定其为《涉外民事关系法律适用法》第十八条中规定的仲裁机构或者仲裁地。第十六条规定，人民法院适用《纽约公约》审查当事人申请承认和执行外国仲裁裁决案件时，被申请人以仲裁协议无效为由提出抗辩的，人民法院应当依照该公约第五条第一项（甲）款的规定，确定确认仲裁协议效力应当适用的法律。

归纳起来，在我国关于涉外仲裁协议的法律适用原则是：（1）合同的准据法不同于仲裁协议的准据法；（2）适用当事人约定的法律；（3）当事人没有约定适用的法律，适用仲裁地法律或仲裁机构所在地法律将对仲裁协议效力作出不同的认定的，应适用确定仲裁协议有效的法律；（4）仲裁协议未约定仲裁机构和仲裁地，但根据仲裁协议约定适用的仲裁规则可以确定仲裁机构或者仲裁地的，应当认定其为《涉外民事关系法律适用法》第十八条规定的仲裁机构或者仲裁地；（5）人民法院适用《纽约公约》审查当事人申请承认和执行外国仲裁裁决案件时，被申请人以仲裁协议无效为由提出抗辩的，人民法院应当依照该公约第五条第一项（甲）款的规定，确定确认仲裁协议效力应当适用的法律。根据最高人民法院的观点，仲裁地、仲裁机构所在地、法院地都是法律适用的连结点。法院地如何确定？学界观点认为，仲裁协议无效的，有权管辖该案的法院的所在地就是法院地。最高人民法院的观点在仲裁法修改时可以吸收。

（三）仲裁程序制度或条文没有体现意思自治原则

《仲裁法》对仲裁的意思自治原则在条文上没有强调和充分的体现。意思自治是仲裁法的最大原则，它贯穿整个仲裁制度和仲裁活动的始终，包括仲裁的司法监督归根结底也是为了保护当事人的意思自治。

1. 仲裁协议的概念和内容的规定

国际仲裁理论和实践通常只要求当事人有提交仲裁的意思表示，仲裁协议就可成立。因现行仲裁法只规定机构仲裁，故《仲裁法》第十六条把“选定的仲裁委员会”也作为仲裁协议的成立要件，至于仲裁事项，其是协议的内容之一，不是协议的成立要件。仲裁法修改时，应总体规定“仲裁协议是当事人请求仲裁的意思表示一致的协议”，该概念规定到仲裁法中的意义在于只要协议内容有仲裁的意思表示，仲裁协议即可成立，协议即可名为仲裁协议。仲裁协议的内容只要使仲裁管辖权确定，该仲裁协议就是有效的，其他内容无效或不属于仲裁协议性质的内容的存在和效力，不影响仲裁协议的效力。关于仲裁协议，一般应规定“仲裁协议一般包括以下内容：（1）请求仲裁的意思表示；（2）是否为机构仲裁及机构的名称；（3）仲裁庭的人数；（4）仲裁员的条件；（5）仲裁庭的组成；（6）仲裁程序或选择的仲裁规则、仲裁庭的程序权力；（7）仲裁地；（8）仲裁语言；（9）仲裁协议的准据法；（10）仲裁事项；（11）仲裁庭采取临时措施的权力；（12）裁决是否说明理由；（13）可否友好仲裁；（14）是否可以申请撤销裁决及条件”。

2. 仲裁协议的成立要件和生效要件

仲裁协议是当事人同意将其争议提交仲裁解决的合同，是仲裁发生的前提和仲裁管辖权的唯一依据，没有仲裁协议就没有仲裁，仲裁协议无效将决定没有仲裁权，所以仲裁协议在仲裁法中居于基础地位。那么，对仲裁协议应如何规定？（1）对仲裁协议的概念规定应突出其仲裁的意思表示的本质特征，其他非本质因素，如合同的本质属性是意思表示一致的法律行为、签订时间在纠纷发生的前或后等，应不宜在概念里规定。（2）如仲裁法增加规定临时仲裁，则必须规定机构仲裁协议必须有选定的仲裁机构，没有选定仲裁机构的仲裁就是临时仲裁。（3）因为《纽约公约》规定仲裁协议必须是书面形式，故应把书面形式作为仲裁协议的形式要件予以规定，同时吸收最高人民法院关于仲裁协议的书面形式的司法解释和 20 世纪 90 年代中后期有关国家和地区（如英国、我国香港特别行政区）的仲裁立法，特别应考虑到信息技术的迅猛发展，在立法技巧上尽可能留有余地。（4）考虑到仲裁协议是争议解决程序中的行为，与一般民事法律行为不同，故应单独规定仲裁协议的成立要件和生效要件。

3. 仲裁协议的效力判断应适用《仲裁法》的规定

仲裁协议是约定采用仲裁方式解决商事纠纷的协议，是意思自治原则在商事纠纷解决程序中的具体体现，故仲裁协议不同于关于民商事权利义务意思表示一致的民事法律行为的合同，实践中经常发生混淆，以致对仲裁协议的效力判断本应适用《仲裁法》第十六条、第十七条、第十八条，但很多案例表明法院把仲裁协议作为民事合同看待，适用《民法通则》《民法总则》关于民事法律行为的规定和《合同法》的规定进行判断。至于最高人民法院案件批复中“尊重和尽量实现当事人通过仲裁解决争议的意愿”和“尽量使仲裁协议有效”的原则仍应作为司法政策存在，不应作为仲裁法的原则规定。仲裁协议效力异议之诉应依据以上规定作出裁判，不应引用《合同法》的规定。因此，需要在仲裁法修改时明确仲裁协议的性质。

（四）仲裁程序规定

仲裁程序规定主要应是任意性规范，应规定程序的原则，具体程序可留给仲裁规则规定或当事人约定。

因为意思自治原则是仲裁的最大原则，故仲裁法的仲裁程序部分的条文主要是任意性规范，当事人可以协议排除其适用，所以，需要规定的仲裁程序应当是能够满足“正当程序”的最低要求的、体现仲裁法特点的或具有规范行为模式的条文，可考虑规定如下内容：

当事人各方应得到平等相待，并应被给予充分的机会陈述其案情；当事人可以自由地就仲裁庭进行仲裁所应遵循的程序达成协议；如当事人未就仲裁程序达成协议，仲裁庭可以其认为适当的方式进行仲裁，包括有权确定任何证据的可采性、相关性、实质性和重要性，仲裁庭应合理、迅速地进行仲裁，避免不必要地拖延及扩大开支；当事人的约定只要未违反《仲裁法》的强制性规定，就应受到完全尊重；仲裁员独立于当事人，不代表任何一方当事人，应公正进行仲裁程序。

现行《仲裁法》第二十一条至第五十七条中关于仲裁程序的很多条文规定和《民事诉讼法》基本一致，这些仲裁的程序规定多数是任意性规定，较为烦琐，没有体现仲裁庭灵活进行仲裁程序的权力。同时会造成立法资源的浪费，使得法律职业者认为仲裁法很简单，以为懂得民事诉讼法就可以办理仲裁案件，对仲裁法根本就不重视，结果在实务中经常犯错。

1.《仲裁法》第二十一条、第二十二条、第二十四条、第二十五条关于申请仲裁的条件、申请书的内容和送达的规定，并不是强制性的规定，且可以由仲裁机构在仲裁规则中规定。只需将第二十二条修改成：向仲裁机构申请仲裁，仲裁程序于申请人提交仲裁的请求之日开始。申请人应当向仲裁机构递交仲裁协议、仲裁申请书及副本。仲裁机构确定案件属于本仲裁机构管辖的，应根据本会仲裁规则予以受理，并通知被申请人，告知其答辩。如有反请求也应在机构规定的答辩期内提出。在仲裁程序中，仲裁机构和仲裁庭的所有通知，当事人提供的一切仲裁文件、资料、证据，仲裁庭据以作出决定的任何专家报告或证据性文件，均应通过仲裁机构送交当事人和仲裁庭成员。

修改的理由是：仲裁还有一种形式——临时仲裁，在“国际仲裁的特别规定”中规定，故需要说明“向仲裁机构申请仲裁”的仲裁程序开始的时间，因为可以确定诉讼时效的中断。

2.《仲裁法》第二十六条应与第五条合并修改为：当事人达成仲裁协议，一方向人民法院起诉的，人民法院不予受理；一方向法院起诉未声明有仲裁协议，人民法院受理后，另一方在首次开庭前提交仲裁协议的，人民法院应当驳回起诉；另一方在开庭前未对人民法院受理该案提出异议的，视为放弃仲裁协议，人民法院应当继续审理。

3.《仲裁法》第二十七条关于当事人对仲裁请求的承认、变更、放弃、反驳、提出反请求的权利，在以意思自治为最大原则的《仲裁法》中是不言而喻的，无须规定。

4.《仲裁法》第二十九条关于仲裁代理人的没必要在此规定，可以由仲裁机构在仲裁规则中规定。

5.《仲裁法》第三十条、第三十一条、第三十二条关于仲裁庭的人数、组成和指定的规定应参照《示范法》第十条、第十一条整合并成一条，其中关于由当事人共同指定首席仲裁员的规定应改成由双方指定的仲裁员共同推选首席仲裁员，如双方指定的仲裁员不能达成一致选定首席仲裁员，则由仲裁机构主席指定。

6.《仲裁法》第三十三条应删掉，因通知问题已在《仲裁法修改试拟稿》第二十四条专条规定：“在仲裁程序中，仲裁机构和仲裁庭的所有通知，当事人提供的一切仲裁文件、资料、证据，仲裁庭据以作出决定的任何专家报告或证据性文件，均应通过仲裁机构送交当事人和仲裁庭成员。”

7. 关于回避和披露的规定不够严密，而且没有体现当事人的意思自治。关于亲属回避问题，在双方当事人是亲戚关系的合同纠纷中，只要当事人各方同意，即可以选择有亲属关系的人作为仲裁员。关于“与本案当事人、代理人有其他关系，可能影响公正仲裁的”的规定也不合理，理由是，“可能影响公正仲裁”指的是仲裁员接受案件一方指定，而该方当事人、代理人和该仲裁员有《仲裁法》第三十四条第一项、第二项规定的“近亲属”“利害关系”之外的其他关系，该其他关系可能导致该仲裁员在仲裁中不能公平地行事，偏帮指定一方而对另一方当事人造成不公平的对待，但在仲裁员是由双方共同选定的情况下，不存在偏帮一方而对另一方不利的问题。

关于回避的规定应修改为：“具有以下情形之一，不得担任仲裁员：（一）与案件当事人或代理人有利害关系；（二）私自会见当事人、代理人，或者接受当事人、代理人的请客送礼的。下列人员不得担任仲裁员，双方当事人共同指定的除外：（一）是本案当事人或者代理人的近亲属；（二）与本案当事人、代理人有其他关系，可能影响公正仲裁的。”

关于仲裁员披露问题，我国仲裁法没有明确规定，建议增加：

“仲裁员在接受委任前，必须向仲裁机构和各方当事人披露可能对其公正性或独立性产生正当怀疑的任何情况。在仲裁的任何阶段，如发生可能引起此类怀疑的新情况，仲裁员应当迅速向各方当事人和仲裁庭予以披露。当事人一方对仲裁员的公正性或独立性产生正当怀疑的，可要求该仲裁员回避。当事人提出回避申请，应当说明理由，在收到仲裁庭组成通知后十五日内提出。回避事由在仲裁过程中知道的，可以立即提出，但不应迟于最后一次开庭终结前提出。”

关于仲裁员的更换及仲裁员报酬问题，建议增加：“仲裁员死亡、辞职、回避或经全体当事人或仲裁庭其余成员的要求，仲裁员应予替换。被替换的仲裁员有权根据工作量获得报酬。仲裁机构如认为仲裁员在法律上或事实上不能履行职责时，该仲裁员应予替换。除仲裁机构另有决定外，该仲裁员不能获得报酬。决定替换仲裁员后，应当依照适用于被替换的仲裁员的委任程序选定或指定仲裁员。重新委任仲裁员后，当事人可以请求已进行的仲裁程序重新进行，是否准许，由仲裁庭决定；仲裁庭也可以自行决定已进行的仲裁程序重新进行。”

8. 因当事人可以自由地就仲裁庭进行仲裁所应遵循的程序达成协议；如当事人未就仲裁程序达成协议，仲裁庭可以其认为适当的方式进行仲裁，包括有权确定任何证据的可采性、相关性、实质性和重要性。《仲裁法》第三十九条、第四十五条规定的“应当开庭”“证据应当在开庭时出示”排斥了其他质证方式，使得书面审理因不能当庭质证而难以进行；而且当事人庭后补交的材料，必须再一次开庭。因为当事人可以协议不开庭，也就不存在证据在开庭时出示的问题。故《仲裁法》第三十九条、第四十五条可删除。第四十三条也应删除，因仲裁庭有权以自己认为适当的方式仲裁，包括纠问式和对抗式的审理方式，有可能会要求当事人主动披露一切有关的证据，包括对披露方不利的证据，这会突破谁主张谁举证的举证方式。仲裁庭主动收集证据可能有损其独立性。

9.《仲裁法》第四十七条应删除，因已有仲裁庭应给予当事人充分陈述其案情的机会的规定。第四十八条也应删除，开庭一定会有记录，如果没有记录，仲裁庭很难作出裁决，但该程序应由仲裁庭自主安排，无须在《仲裁法》中规定。

（五）最能体现意思自治的仲裁形式——临时仲裁在《仲裁法》中没有规定

1. 现行《仲裁法》缺少临时仲裁的规定

《纽约公约》下，仲裁包括临时仲裁和机构仲裁。我国是《纽约公约》的缔约国，我国《仲裁法》只确认机构仲裁的法律地位，没有临时仲裁的规定。但仲裁地在外国的临时仲裁到我国申请执行的，我国法院应予承认和执行，而仲裁地在我国领土内的临时仲裁，包括当事人都是中国人的，也包括当事人都是外国人的，以及涉外的临时仲裁，一旦要到外国执行，该国法院可以援引《纽约公约》第五条第一项（甲）款，依仲裁地法律，仲裁协议无效为由不予执行。所以，没有规定临时仲裁，一是会造成我国承担的国际权利义务不对等，二是难以让国际商人选择中国为仲裁地，三是会减损我国在国际贸易和投资上的话语权。所以，《仲裁法》应当确认临时仲裁的法律地位，起码在涉外或国际仲裁中承认临时仲裁。

2. 是否确立临时仲裁问题

关于中国需否确立临时仲裁。临时仲裁要求当事人懂得及善意行使自主权，要求仲裁员具有较丰富的进行仲裁的经验，要求法院对仲裁程序给予及时的支持和监督。鉴于中国仲裁人才资源的有限性及法院与仲裁的关系，全面确立临时仲裁制度，确实具有一定风险。但在国际仲裁领域，确立临时仲裁以增强中国仲裁制度的吸引力，则是可行的。中国的国内仲裁制度尚在转型期间，但国际仲裁制度则几乎同步于其他国家，积累了丰富的经验，享有一定的声誉。而且，国际仲裁人才资源是各国可共享的，中国法院在处理与国际仲裁的关系上也更为重视和相对正规。因此，对于自主性较强的临时仲裁，可先考虑纳入中国的国际仲裁制度，使国际案件的当事人有更多的可供选择的争议解决方法，有助于中国内地吸引外商、外资。

（六）仲裁司法监督制度缺失、重复，监督不到位

1. 不予执行仲裁裁决制度应予取消

司法监督的目的在于保障相对独立自由的仲裁裁决的基本公正，如果仲裁裁决错误触碰了公共秩序、善良风俗的底线，司法监督就要起作用。各国对仲裁的司法监督，一般只有撤销这一种形式，《示范法》第三十四条规定“申请撤销作为对仲裁裁决唯一的追诉”。而我国对仲裁有两种司法监督形式：一是撤销仲裁裁决，二是不予执行仲裁裁决。

不予执行仲裁裁决制度是中国的“创造”，是在中国的仲裁裁决执行程序中创造的对仲裁裁决的审查，和《仲裁法》第六十二条“当事人应当履行裁决。一方当事人不履行的，另一方当事人可以依照民事诉讼法的有关规定

向人民法院申请执行”的规定相矛盾。不予执行仲裁裁决审查成立的条件和仲裁裁决撤销的条件完全相同，撤销适用《仲裁法》第五十八条，不予执行适用《民事诉讼法》第二百三十七条，内容大致相同。审查决定不予执行或者撤销后，根据《仲裁法》第九条“裁决被人民法院依法裁定撤销或者不予执行的，当事人就该纠纷可以根据双方重新达成的仲裁协议申请仲裁，也可以向人民法院起诉”的规定，这两种仲裁司法审查完全是重复审查。《仲裁法》第七十条、第七十一条分别规定的涉外仲裁裁决的撤销和不予执行制度也是重复审查。如果涉外仲裁裁决的仲裁地在中国，则该裁决是中国仲裁裁决，撤销应适用《仲裁法》第五十八条，不应当规定不同的适用法律。同时，按照以上相同的理由，不应当设立仲裁裁决的不予执行制度。如果涉外仲裁裁决的仲裁地在外国，该裁决是外国仲裁裁决，其撤销的管辖法院是仲裁地的外国法院，该裁决如果到中国执行，是适用的《纽约公约》第五条进行审查，如果符合第五条的规定，则应裁定不予执行，如没有符合第五条规定的情形，则应裁定予以承认和执行，完全没有适用《仲裁法》第七十条和第七十一条的机会。故《仲裁法》第七十条和第七十一条应在《仲裁法》修改时删除。

有的学者认为，同时规定撤销仲裁裁决和不予执行仲裁裁决是“双轨制”或“双重审查”，但如果是双重审查，应该是二审制，第二重审查的法官的权威和学识水平应该高于第一重，以体现裁定的审慎原则，但现实是法院中仲裁法律水平较高的民四庭的不予撤销仲裁裁决裁定可能会被本院仲裁法律水平较低的执行部门的不予执行裁定否定，这是不予执行仲裁裁决的缺陷制度造成的。因此，不予执行仲裁裁决制度不仅达不到审慎审查、维护公正裁决的目的，还会使仲裁裁决长期处于不确定状态，影响中国仲裁的效率性和公信力，《仲裁法》修改时，建议取消该制度，同时加强对仲裁裁决的撤销制度。

2. 撤销仲裁裁决制度的审查范围应增加实体事项

《示范法》第三十四条规定“申请撤销作为对仲裁裁决唯一的追诉”，撤销制度对于协调仲裁终局性和公正性的作用至关重要。现行《仲裁法》的撤销仲裁裁决制度的不足之处在于导致撤销的事项主要是程序性事项，导致《仲裁法》颁布二十多年来社会上对仲裁的一裁终局制度非常不放心，从而影响仲裁的公信力和发展。为此，虚构法律关系，双方通谋进行虚假仲裁，骗取裁决书，或者伪造证据影响公正裁决，或者法律适用明显错误以致违反自然公正原则的裁决应该规定为撤销的理由，事实上，这些事项都是冲击社会的基本价值观和善良风俗的，如果不以立法规定，仲裁庭也难以适用，例如虚假仲裁问题，其本身就是违反自然公正、善良风俗的公共政策的问题，但恶意通谋的当事人肯定哪一方都不会提出撤销仲裁裁决，故在另一条文赋予仲裁庭、案外人申请撤销权，且不受时效限制，法院也可依职权主动撤销。

在下文笔者起草的《仲裁法修改试拟稿》中，关于撤销仲裁裁决制度，笔者拟了以下条文：

“**第五十条**　当事人提出证据证明裁决有下列情形之一的，可以向仲裁委员会所在地或仲裁地的中级人民法院申请撤销裁决：

（一）当事人没有得到指定仲裁员和进行仲裁程序的通知，或者非因当事人的原因未能陈述案情的；

（二）裁决的事项不属于仲裁协议的范围或者超出仲裁请求的范围；

（三）仲裁庭的组成或者仲裁程序违反仲裁协议、仲裁规则，或本法规定的程序，影响公正裁决的；

（四）仲裁员在仲裁该案时有索贿受贿，徇私舞弊，枉法裁决行为的；

（五）裁决的作出是欺诈的结果，或裁决所根据的证据是伪造的；

（六）裁决作出后，一方当事人获得了本来足以影响仲裁庭决定的新证据，而该新证据是因对方当事人的隐瞒行为而未被提交；

（七）仲裁庭对法律问题的决定明显错误以致违反自然公正原则的。

当事人申请撤销裁决的，应当自收到裁决书之日起三个月内提出。人民法院经组成合议庭审查核实裁决有以上规定情形之一的，应当裁定撤销。

第五十一条　仲裁庭、权益受仲裁裁决不利影响的案外人发现仲裁裁决有第五十条第一款第（五）项的，可以申请人民法院予以撤销。人民法院发现仲裁裁决有第五十条第一款第（四）项、第（五）项等违背社会公共利益情形的，有权裁定撤销。

第五十二条 仲裁庭基于当事人达成的和解协议或调解协议作出的裁决书或调解书，以及当事人协议不写明裁决理由的裁决书，除非具有第五十条第一款第（四）项、第（五）项规定的情形之一，法院不得予以撤销。”

现略作立法理由解释。

（1）“当事人提出证据证明裁决有下列情形之一的，可以向仲裁委员会所在地或仲裁地的中级人民法院申请撤销裁决”，该句增加了“仲裁地”，因为考虑了临时仲裁没有“仲裁机构所在地”作为法院的管辖权连结点，故采用了国际通行的仲裁地连结点。

（2）撤销的程序事项删去“没有仲裁协议”一项，是因为本试拟稿用“仲裁庭自裁管辖权制度”代替了《仲裁法》第二十条的仲裁协议异议制度，仲裁管辖权问题包括“仲裁协议无效”“没有仲裁协议”“仲裁机构非仲裁协议约定的仲裁机构”“法律规定不能用仲裁解决事项”，对此问题经仲裁庭裁决，又经法院上诉，已形成既判力，不宜在裁决后的撤销程序中作为审查事项。而“裁决的事项不属于仲裁协议的范围或者超出仲裁请求的范围”是在裁决后才在裁决书里体现的，故必须增加规定在撤销的程序事项中。

（3）“当事人申请撤销裁决的，应当自收到裁决书之日起三个月内提出”，关于提出撤销的期限，《仲裁法》规定的六个月太长，影响仲裁的效率性，故参考《示范法》，改为三个月。

（4）关于虚假仲裁的规定，“裁决的作出是欺诈的结果，或裁决所根据的证据是伪造的”“ 仲裁庭、权益受仲裁裁决不利影响的案外人发现仲裁裁决有第五十条第一款第（五）项，可以申请人民法院予以撤销。人民法院发现仲裁裁决有第五十条第一款第（四）项、第（五）项等违背社会公共利益情形的，有权裁定撤销”。因属于违反社会公共利益问题，故其撤销不受期限限制，无须当事人提出，仲裁庭、合法利益受到影响的案外人均可提起，法院也可依职权主动撤销。

（七）仲裁员和仲裁庭的组成、权力

1. 仲裁员

仲裁的生命在于仲裁的独立公正，而如何保证独立公正，关键在于仲裁

员。然而,《仲裁法》关于仲裁员的规定太过简单:(1)关于专业资历人员,应增加检察官。专业人士应不止于律师,注册会计师、评估师、建筑造价工程师、投资规划师等专业人员也应列入,取消原条文“或者具有同等专业水平的”规定。(2)增加有刑事犯罪记录和其他职业不良记录者不得担任仲裁员的规定。(3)增加仲裁行业管理机构如中国仲裁协会的工作人员不得担任中国任何仲裁机构管理的仲裁案件的仲裁员、仲裁机构的工作人员不得担任本机构管理的仲裁案件的仲裁员的规定。(4)国内仲裁实行强制仲裁员名册制,国际仲裁和临时仲裁实行推荐名册制。

故相关条文建议改为:

“**第十三条**　仲裁机构应当从有法律职业资格的具备下列条件的公道正派的人员中聘任仲裁员:

(一)从事仲裁工作满八年的;

(二)从事律师、会计师或者与商事有关的专业职称工作满八年的;

(三)曾任法官、检察官满八年的;

(四)从事法律研究、教学工作并具有高级职称的。

仲裁机构按照不同专业设仲裁员名册。机构仲裁的当事人应当在该机构的仲裁员名册中指定仲裁员。国际仲裁和临时仲裁的当事人可在全国的仲裁委员会的仲裁员名册中指定仲裁员,也可以在上述仲裁员名册之外指定仲裁员。”

“**第十四条**　有下列情形之一者,不得担任仲裁员:

(一)因故意犯罪被判处刑罚的;

(二)曾经任何专业机构确定有不良记录的;

(三)曾经受过政纪处分并被开除公职的;

(四)曾因违反仲裁员义务被国内外仲裁机构除名或者撤换的;

(五)有严重道德缺陷的。”

“**第十七条**　中国仲裁协会的工作人员不得在中华人民共和国领域内的仲裁程序中担任仲裁员,也不得列入中国的任何仲裁机构的仲裁员名册;中国的仲裁机构的工作人员不得在由本机构管理的仲裁程序中担任仲裁员,也不得列入本机构的仲裁员名册。”

2. 没有仲裁庭适当进行仲裁程序的规定

按照国际惯例，仲裁庭有权按照其认为合适的方式审理案件，包括大陆法系的纠问式审理方式和普通法系的对抗式审理方式，也包括有权确定任何证据的可采性、相关性、重要性和实质性。不管采用哪种方式，均应公平地行事，保证双方有充分陈述案件和辩论的权利。这一条很重要，有了这一条，关于仲裁程序的规定就可以少很多条，故也应在《仲裁法》修改时写入这一条。

3. 仲裁机构的工作人员不得担任专职仲裁员参与仲裁案件审理

我国《仲裁法》第十三条规定了仲裁员由公道正派的人员担任，还规定了仲裁员的专业资格和资历，还以回避制度规定了仲裁员和所裁决的案件当事人有近亲属关系、有直接利害关系、有其他关系影响公正裁决的应回避，不能担任相关案件的仲裁员。但当仲裁机构的工作人员特别是仲裁委员会主任被一方指定担任本案仲裁员时，对另一方的仲裁员就会形成压力，最终导致对案件裁判不公。因此，“仲裁委员会的工作人员担任专职仲裁员参与仲裁案件审理”是一项影响仲裁公正性的制度漏洞，《仲裁法》修改时应当堵住这个漏洞，规定仲裁机构的工作人员不得担任本机构管理的案件的仲裁员，保证仲裁的独立公正。

4. 首席仲裁员的产生办法改革

《仲裁法》第三十一条规定：“……第三名仲裁员由当事人共同选定或者共同委托仲裁委员会主任指定。第三名仲裁员是首席仲裁员。……”虽然该条款也是任意性规范，但适用本条由仲裁委员会主任指定首席仲裁员的机会很多，因为争议发生后，由当事人在仲裁程序中协商一致共同指定首席仲裁员的机会很小，故几乎 99% 的案件的首席仲裁员都由仲裁委员会主任指定，而首席仲裁员是对仲裁案件的处理结果起决定性作用的，可以说，掌握了首席仲裁员的指定权，就掌握了案件的裁决结果。这就导致仲裁委员会主任的权力太大，容易产生暗箱操作和腐败，也影响案件的公正处理。如果按西方国家通常做法，由双方指定的仲裁员共同选定，则因都是行业内人士，大家都知道谁最合适，故共同选定首席仲裁员的机会很高。这样会导致案件的处理结果更公平。

5. 没有仲裁庭自裁管辖的规定

仲裁庭自裁管辖权是指仲裁庭有权对本仲裁庭对本仲裁案件是否有权审理作出认定和裁决。设立这个制度是为了提升仲裁的效率，避免由于仲裁管辖权异议而使仲裁程序中断和拖延时间，因当事人指定仲裁员不妨碍当事人提出管辖权异议，仲裁庭就管辖权的裁决是由当事人选择的仲裁员作出的，体现了当事人的意思自治，且如果裁决本仲裁庭对本仲裁案件有管辖权，当事人还可以向法院上诉。这种“既是运动员又是裁判员”的制度权衡之下还是应当设立。仲裁庭自裁管辖权制度已经成为国际仲裁的原则和惯例，我国《仲裁法》也应当引入该制度。

（八）中国仲裁协会和仲裁机构

1. 设区的市设立仲裁委员会的规定造成仲裁机构太多，良莠不齐，影响仲裁的公信力和中国仲裁的国际形象

《仲裁法》第十条第一款规定：“仲裁委员会可以在直辖市和省、自治区人民政府所在地的市设立，也可以根据需要在其他设区的市设立，不按行政区划层层设立。”目前全国共有 255 家仲裁委员会，超过除中国外全世界仲裁机构的总和。这些仲裁机构，有的位于偏僻地区，仲裁名册上的仲裁员只能在当地聘请，很难聘请到国内国际的专家学者，导致仲裁员队伍出现以下问题：一是专业水平不高，二是仲裁员很容易被当事人找到，很难保证能公正办案。加之有的仲裁机构因案源不多而主动“找米下锅”，为了让企业在商业合同中加上由该仲裁委员会仲裁的仲裁条款，而承诺在指定首席仲裁员时指定企业熟悉的仲裁员，造成严重的裁判不公。有的仲裁机构只能靠政府支持而生存，导致有的地方将组建仲裁委员会作为安排干部的新去处，使仲裁委员会依附于行政机关，完全丧失独立性。特别是根据 1996 年 6 月 8 日国务院办公厅发布的《关于贯彻实施〈中华人民共和国仲裁法〉需要明确的几个问题的通知》（国办发〔1996〕22 号），新组建的仲裁机构开始受理国际性仲裁案件，这些机构无论条件具备与否，竞相受理国际性案件，严重影响中国仲裁的国际声誉。设区的市设立仲裁委员会的初衷，就是方便群众仲裁，但现在中国已发展到了相当水平，交通、网络便利程度已在世界前列，原来

考虑的问题已不成问题，所以，到了解决否定设区的市设立仲裁委员会问题的时候了。建议删去《仲裁法》第十条“也可以根据需要在其他设区的市设立”的规定。

2.《仲裁法》关于中国仲裁协会的规定已不合适

《仲裁法》第十五条关于中国仲裁协会的规定成为空文，第七十五条关于中国仲裁协会制定仲裁规则的规定，限制、剥夺仲裁机构制定仲裁规则的自由。仲裁机构有制定仲裁规则的自由，仲裁规则是一个仲裁机构特色的体现。因此，《仲裁法》中应规定中国仲裁协会的职责之一是制定仲裁示范规则，并对各仲裁机构的仲裁规则是否符合《仲裁法》、是否违反《仲裁法》的强制性规定进行审查和备案。

3. 仲裁机构和中国仲裁协会的功能与作用问题

仲裁机构的作用在于管理和保障仲裁程序的顺利进行，而不是仲裁具体的纠纷。因此，仲裁机构不应将案件实体是否正确作为关注的重点，它应当将仲裁员是否有不当行为、裁决在法律上是否具备可执行性作为关注的重点。

中国仲裁协会应承担对仲裁机构、仲裁员执业行为的评价和规范，还应对各仲裁机构的仲裁规则的合法性进行审核和备案。

第十三章

仲裁法修改试拟稿

笔者认为《仲裁法》的修改是趋势，也是必然。笔者结合国际仲裁观念和原则，以本土仲裁实践为基础，对现行《仲裁法》提出一些修改建议。为了方便对照，笔者并将现行《仲裁法》与仲裁法修改试拟稿进行对照。

仲裁法修改试拟稿

第一章　总　则

第一条　为保证公正、及时地仲裁民商事纠纷，保护当事人的合法权益，制定本法。

第二条　平等主体的自然人、法人和非法人组织之间发生的合同纠纷和其他财产权益纠纷，可以仲裁。本法和其他法律规定不能仲裁的除外。

第三条　下列纠纷不能仲裁：

（一）婚姻家庭、收养、监护、扶养、赡养、继承纠纷和人身权、人格权损害赔偿纠纷；

（二）依法应当由行政机关处理的行政争议。行政机关以平等主体身份参加民事法律关系的合同纠纷除外。

第四条　当事人采用仲裁方式解决纠纷，应当遵循意思自治原则，达成仲裁协议。没有仲裁协议，一方申请仲裁的，仲裁机构不予受理。

第五条　当事人达成仲裁协议，一方向人民法院起诉的，人民法院不予受理。

当事人达成仲裁协议，一方向人民法院起诉未声明有仲裁协议，人民法院受理后，另一方在首次开庭前提交仲裁协议的，人民法院应当驳回起诉；另一方在首次开庭前未对人民法院受理该案提出异议的，视为放弃仲裁协议，人民法院应当继续审理。

第六条 仲裁应当根据事实，符合法律规定，公平合理地解决纠纷。

经当事人协议同意，仲裁庭可以按照公允及善良原则或作为友好仲裁员作出裁决。

第七条 仲裁依法独立进行，不受行政机关、社会团体和个人的干涉。除非法律另有规定，司法机关也不干预仲裁。

第八条 仲裁实行一裁终局的制度。裁决作出后，当事人不得向法院上诉或申请再审、申诉。

裁决作出后，当事人就同一纠纷再申请仲裁或者向人民法院起诉的，仲裁机构或者人民法院不予受理。

第九条 本法的仲裁包括机构仲裁和临时仲裁。涉外仲裁可以采用临时仲裁形式进行。

仲裁地在中华人民共和国领域内的临时仲裁适用本法规定。

当事人可以协议约定仲裁地。如没有约定，仲裁地由仲裁庭确定。仲裁地的确定，不妨碍仲裁庭在其认为适当的任何地点开庭、合议、检查货物和其他财产、文件。

第二章 仲裁员、仲裁机构和仲裁协会

第十条 除中国国际经济贸易仲裁委员会和中国海事仲裁委员会外，仲裁机构可以在直辖市和省、自治区人民政府所在地的市或者经济特区、国家级自由贸易区设立，不按行政区划层层设立。

仲裁机构由前款规定的市、区的人民政府或管理委员会组织有关部门和商会统一组建。

设立仲裁机构，应当经省、自治区、直辖市的司法行政部门登记。

第十一条 仲裁机构应当具备下列条件：

（一）有自己的名称、住所和章程；

（二）有必要的财产；

（三）有该机构的组成人员；

（四）有聘任的仲裁员。

仲裁机构的章程应当依照本法制定。

第十二条　仲裁机构主席、副主席、秘书长由法律、经济贸易和科学技术专家担任。

第十三条　仲裁机构应当从有法律职业资格的具备下列条件的公道正派的人员中聘任仲裁员：

（一）从事仲裁工作满八年的；

（二）从事律师、会计师或者与商事有关的专业职称工作满八年的；

（三）曾任法官、检察官满八年的；

（四）从事法律研究、教学工作并具有高级职称的。

仲裁机构按照不同专业设仲裁员名册。机构仲裁的当事人应当在该机构的仲裁员名册中指定仲裁员。国际仲裁和临时仲裁的当事人可在全国的仲裁委员会的仲裁员名册中指定仲裁员，也可以在上述仲裁员名册之外指定仲裁员。

第十四条　有下列情形之一者，不得担任仲裁员：

（一）因故意犯罪被判处刑罚的；

（二）曾经任何专业机构确定有不良记录的；

（三）曾经受过政纪处分并被开除公职的；

（四）曾因违反仲裁员义务被国内外仲裁机构除名或者撤换的；

（五）有严重道德缺陷的。

第十五条　仲裁机构与行政机关没有隶属关系。仲裁机构之间也没有隶属关系。

仲裁机构应当由当事人协议选定。

仲裁不实行级别管辖和地域管辖。

第十六条　中国仲裁协会是社会团体法人。仲裁机构和仲裁机构名册中的仲裁员是中国仲裁协会的会员。中国仲裁协会的章程由全国会员大会制定。

中国仲裁协会是会员的自律性组织，根据章程对仲裁机构及其组成人员、仲裁员违反仲裁法、仲裁规则和当事人的仲裁协议的行为进行监督和进行行业惩戒。根据仲裁协议约定对临时仲裁的组庭程序中约定由其指定仲裁员的，指定仲裁员。

中国仲裁协会依照本法和联合国国际贸易法委员会国际商事仲裁示范法的有关规定制定仲裁示范规则。对全国各仲裁机构制定的仲裁规则进行审查和备案，没有违反仲裁法的强制性规定的，给予备案。

第十七条 中国仲裁协会的工作人员不得在中华人民共和国领域内的仲裁程序中担任仲裁员，也不得列入中国的任何仲裁机构的仲裁员名册；中国的仲裁机构的工作人员不得在由本机构管理的仲裁程序中担任仲裁员，也不得列入本机构的仲裁员名册。

第三章 仲裁协议

第十八条 仲裁协议包括合同中订立的仲裁条款和以其他书面方式在纠纷发生前或者纠纷发生后达成的提交仲裁的协议。

仲裁协议一般包括以下内容：

（一）请求仲裁的意思表示；

（二）机构仲裁和机构的名称、临时仲裁；

（三）仲裁庭的人数；

（四）仲裁员的条件；

（五）仲裁庭的组成；

（六）仲裁程序或选择的仲裁规则、仲裁庭的程序权力；

（七）仲裁地；

（八）仲裁语言；

（九）仲裁协议的准据法；

（十）仲裁事项；

（十一）仲裁庭采取临时措施的权力；

（十二）裁决是否说明理由；

（十三）友好仲裁。

第十九条　仲裁协议应当以书面形式达成。具备下列情形之一即视为书面协议：

（一）载于当事人签署的文件中；

（二）载于当事人往来的书信、函电（电报、电传、传真、电子信息、电子邮件）以及其他能够提供记录并可读取的电子数据交换中；

（三）由各方当事人授权的一方当事人或第三人的记录；

（四）在合同中援引载有仲裁协议的书面文件且这种援引足以使该仲裁条款构成该合同的一部分；

（五）在仲裁程序中，申请书和答辩书的交换中一方当事人声称有仲裁协议而另一方当事人不作否认的。

第二十条　有下列情形之一的，仲裁协议无效：

（一）约定的仲裁事项超出法律规定的仲裁范围的；

（二）无民事行为能力人或者限制民事行为能力人订立的仲裁协议；

（三）一方采取胁迫手段，迫使对方订立仲裁协议的。

第二十一条　机构仲裁协议对仲裁机构没有约定或者约定不明确的又不能合理推定的，以致不能实行的，仲裁协议无效。

第二十二条　仲裁庭有权对其管辖权包括仲裁协议的存在和效力的任何异议，作出裁决。为此目的，构成合同一部分的仲裁条款应视为独立于合同其他条款的一项协议。仲裁庭作出关于合同无效的决定，不应在法律上导致仲裁条款无效。

关于仲裁管辖权异议应在仲裁规则规定的答辩期内提出。否则，视为放弃管辖权异议。当事一方参与委任仲裁员的事实，不影响其提出此种异议。有关仲裁庭超越其权力范围的异议，应在越权行为发生后及时提出，否则视为放弃异议权。仲裁庭的决定应在开庭审理前作出。仲裁庭决定其有管辖权的，任何一方当事人在收到决定后三十天内要求仲裁机构所在地的中级人民法院作出裁定。在法院作出裁定期间，仲裁庭应当中止仲裁程序。法院的决定不得上诉。

第四章　仲裁程序

第一节　申请和受理

第二十三条　进行仲裁程序，应当遵循以下原则：

（一）不管是否由当事人指定，仲裁员不代表任何一方当事人，应公正地进行仲裁；

（二）当事人各方应得到平等相待，并应被给予充分的机会陈述其案情；

（三）当事人可以自由地就仲裁庭进行仲裁所应遵循的程序达成协议；

（四）如当事人未就仲裁程序达成协议，仲裁庭可以其认为适当的方式进行仲裁，包括有权确定任何证据的可采性、相关性、重要性和实质性；

（五）仲裁庭应合理、迅速地进行仲裁，避免不必要地拖延及扩大开支；

（六）当事人的约定只要未违反仲裁法的强制性规定，应受到完全尊重。

第二十四条　向仲裁机构提请仲裁，仲裁程序于申请人提交仲裁的请求之日开始。申请人应当向仲裁机构递交仲裁协议、仲裁申请书及副本。仲裁机构确定案件属于本仲裁机构管辖的，应根据本会仲裁规则予以受理，并通知被申请人作出答辩，如有反请求也应在机构规定的答辩期内提出。

在仲裁程序中，仲裁机构和仲裁庭的所有通知，当事人提供的一切仲裁文件、资料、证据，仲裁庭据以作出决定的任何专家报告或证据性文件，均应通过仲裁机构送交当事人和仲裁庭成员。

第二十五条　仲裁机构收到仲裁申请书后，经审查认为争议之事项依法不能仲裁，或本仲裁机构无权受理的，应当书面通知申请人不予受理，并说明理由。申请人有异议的，可以申请仲裁机构所在地中级人民法院作出决定。

第二十六条　一方当事人因另一方当事人的行为或者其他原因，可能使裁决不能执行或者难以执行的，可以申请财产保全。

当事人申请财产保全的，仲裁机构应当将当事人的申请依照民事诉讼法的有关规定提交人民法院。

申请有错误的，申请人应当赔偿被申请人因财产保全所遭受的损失。

第二十七条　在证据可能灭失或者以后难以取得的情况下，当事人经仲裁庭同意可以向法院申请证据保全。当事人申请证据保全的，仲裁机构应当将当事人的申请提交证据所在地的基层人民法院。

仲裁庭或当事人经仲裁庭同意，可以请求仲裁机构所在地的基层人民法院协助获取证据。

第二节　仲裁庭的组成

第二十八条　除非当事人另有约定，仲裁庭由三名仲裁员组成。

第二十九条　由三名仲裁员组成仲裁庭的，当事人应当各自选定或者各自委托仲裁机构主席指定一名仲裁员，第三名仲裁员由当事人共同选定。当事人不能共同选定的，由当事人指定的仲裁员共同选定；当事人指定的仲裁员不能共同选定第三名仲裁员的，由仲裁机构主席指定。第三名仲裁员是首席仲裁员。

当事人约定由一名仲裁员成立仲裁庭的，应当由当事人共同选定或者共同委托仲裁机构主席指定仲裁员，当事人不能指定或者没有共同委托仲裁机构主席指定仲裁员的，由仲裁机构主席指定仲裁员。

第三十条　当事人没有在仲裁规则规定的期限内约定仲裁庭的组成方式或者选定仲裁员的，由仲裁机构主席指定。

当事人一方为二人或二人以上的，应当共同选定仲裁员或者共同委托仲裁机构主席指定一名仲裁员。当事人一方未共同选定或共同委托仲裁机构主席指定一名仲裁员，或者各方当事人未就仲裁庭的组成方式达成一致意见的，仲裁机构主席可指定仲裁庭的全部成员。

第三十一条　仲裁机构主席应在考虑本法的规定、当事人的约定及具体案件的特性的基础上指定仲裁员。

第三十二条　除了通告争议的一般性质与商讨候选仲裁员的资格及其是否接受委任外，当事人或其代理人不得就案件与仲裁员或候选仲裁员进行单方联系。

第三十三条　具有以下情形之一，不得担任仲裁员：

（一）与案件当事人或代理人有利害关系；

（二）私自会见当事人、代理人，或者接受当事人、代理人的请客送礼的。

下列人员不得担任仲裁员，双方当事人共同指定的除外：

（一）是本案当事人或者代理人的近亲属；

（二）与本案当事人、代理人有其他关系，可能影响公正仲裁的。

第三十四条 仲裁员在接受委任前，必须向仲裁机构和各方当事人披露可能对其公正性或独立性产生正当怀疑的任何情况。在仲裁的任何阶段，如发生可能引起此类怀疑的新情况，仲裁员应当迅速向各方当事人和仲裁庭予以披露。

当事人一方对仲裁员的公正性或独立性产生正当怀疑的，可要求该仲裁员回避。当事人提出回避申请，应当说明理由，在收到仲裁庭组成通知后十五日内提出。在仲裁过程中知道回避事由的，可以立即提出，但不应迟于最后一次开庭终结前提出。

第三十五条 收悉回避申请后，无论当事人提出的回避理由成立与否，当事仲裁员可以主动退出仲裁庭。如未退出，仲裁员是否回避，由仲裁机构主席在听取全体当事人及当事仲裁员的意见后作出决定。主席的决定是终局的，并可以不说明理由。

第三十六条 仲裁员死亡、辞职、回避或经全体当事人或仲裁庭其余成员的要求，仲裁员应予替换。被替换的仲裁员有权根据工作量获得报酬。仲裁机构如认为仲裁员在法律上或事实上不能履行职责时，该仲裁员应予替换。除仲裁机构另有决定外，该仲裁员不能获得报酬。

第三十七条 决定替换仲裁员后，应当依照适用于被替换的仲裁员的委任程序选定或指定仲裁员。

重新委任仲裁员后，当事人可以请求已进行的仲裁程序重新进行，是否准许，由仲裁庭决定；仲裁庭也可以自行决定已进行的仲裁程序重新进行。

第三节 开庭和裁决

第三十八条 仲裁应当开庭进行。当事人协议不开庭的，仲裁庭可以根据仲裁申请书、答辩书以及其他材料作出裁决。

第三十九条 仲裁不公开进行。当事人协议公开的，可以公开进行，但涉及国家秘密的除外。

除非仲裁公开进行或者经法院撤销仲裁裁决程序，或者为研究和统计的目的，并经过必要的保密处理，仲裁机构及其工作人员、仲裁庭成员及其雇员、仲裁当事人、中国仲裁协会不得公开仲裁过程的任何信息。

任何人对仲裁不公开开庭审理的内容不得作任何公开披露。未经当事人同意，任何人不得披露仲裁的任何过程及裁决。

第四十条　申请人经书面通知，无正当理由不到庭或者未经仲裁庭许可中途退庭的，可以视为撤回仲裁申请。

被申请人经书面通知，无正当理由不到庭或者未经仲裁庭许可中途退庭的，可以缺席裁决。

第四十一条　当事人申请仲裁后，可以自行和解。达成和解协议的，可以请求仲裁庭根据和解协议作出裁决书，也可以撤回仲裁申请。

第四十二条　当事人达成和解协议，撤回仲裁申请后反悔的，可以根据仲裁协议申请仲裁。

第四十三条　仲裁庭在作出裁决前，可以先行调解。当事人自愿调解的，仲裁庭应当调解。调解不成的，应当及时作出裁决。

调解达成协议的，仲裁庭应当制作调解书或者根据协议的结果制作裁决书。调解书与裁决书具有同等法律效力。

第四十四条　调解书经双方当事人签收后，即发生法律效力。

在调解书签收前当事人反悔的，仲裁庭应当及时作出裁决。

第四十五条　裁决应当按照多数仲裁员的意见作出，少数仲裁员的不同意见可以记入笔录。仲裁庭不能形成多数意见时，裁决应当按照首席仲裁员的意见作出。

第四十六条　裁决书应当写明仲裁请求、争议事实、裁决理由、裁决结果、仲裁费用的负担和裁决日期。当事人协议不愿写明争议事实和裁决理由的，可以不写。裁决书由仲裁员签名，加盖仲裁委员会印章。对裁决持不同意见的仲裁员，可以签名，也可以不签名，但应说明不签名的理由。

第四十七条　仲裁庭仲裁纠纷时，其中一部分事实已经清楚，可以就该部分先行裁决。

第四十八条　对裁决书中的文字、计算错误或者仲裁庭已经裁决但在裁决书中遗漏的事项，仲裁庭应当补正；当事人自收到裁决书之日起三十日内，可以请求仲裁庭补正。

第四十九条 裁决书自作出之日起发生法律效力。

第五章 申请撤销裁决

第五十条 当事人提出证据证明裁决有下列情形之一的，可以向仲裁委员会所在地或仲裁地的中级人民法院申请撤销裁决：

（一）当事人没有得到指定仲裁员和进行仲裁程序的通知，或者非因当事人的原因未能陈述案情的；

（二）裁决的事项不属于仲裁协议的范围或者超出仲裁请求的范围；

（三）仲裁庭的组成或者仲裁的程序违反仲裁协议、仲裁规则，或本法规定的程序，影响公正裁决的；

（四）仲裁员在仲裁该案时有索贿受贿，徇私舞弊，枉法裁决行为的；

（五）裁决的作出是欺诈的结果，或裁决所根据的证据是伪造的；

（六）裁决作出后，一方当事人获得了本来足以影响仲裁庭决定的新证据，而该新证据是因对方当事人的隐瞒行为而未被提交；

（七）仲裁庭对法律问题的决定明显错误以致违反自然公正的原则的。

当事人申请撤销裁决的，应当自收到裁决书之日起三个月内提出。人民法院经组成合议庭审查核实裁决有以上规定情形之一的，应当裁定撤销。

第五十一条 仲裁庭、权益受仲裁裁决不利影响的案外人发现仲裁裁决有第五十条第一款第（五）项的，可以申请人民法院予以撤销。人民法院发现仲裁裁决有第五十条第一款第（四）项、第（五）项等违背社会公共利益情形的，有权裁定撤销。

第五十二条 仲裁庭基于当事人达成的和解协议或调解协议作出的裁决书或调解书，以及当事人协议不写明裁决理由的裁决书，除非具有第五十条第一款第（五）项规定的情形之一，法院不得予以撤销。

第五十三条 人民法院应当在受理撤销裁决申请之日起两个月内作出撤销裁决或者驳回申请的裁定。

第五十四条 人民法院受理撤销裁决的申请后，认为可以由仲裁庭重新仲裁的，通知仲裁庭在一定期限内重新仲裁，并裁定中止撤销程序。仲裁庭拒绝重新仲裁的，人民法院应当裁定恢复撤销程序。

第六章　执　行

第五十五条　当事人应当履行裁决。一方当事人不履行的，另一方当事人可以依照民事诉讼法的有关规定向人民法院申请执行。受申请的人民法院应当执行。

第五十六条　一方当事人申请执行裁决，另一方当事人申请撤销裁决的，人民法院应当裁定中止执行，但应责令申请撤销仲裁裁决者提供适当的担保。

人民法院裁定撤销裁决的，应当裁定终结执行。撤销裁决的申请被裁定驳回的，人民法院应当裁定恢复执行。

第七章　国际仲裁的特别规定

第五十七条　仲裁地在中华人民共和国领域内的国际仲裁和临时仲裁，适用本章规定。本章没有规定的，适用本法其他有关规定。

第五十八条　仲裁具有下列情形之一的为国际仲裁：

（一）当事人一方或双方是外国公民、外国法人或者其他组织、无国籍人；

（二）当事人一方或双方的经常居所地在中华人民共和国领域外；

（三）标的物在中华人民共和国领域外；

（四）产生、变更或者消灭民事关系的法律事实发生在中华人民共和国领域外；

（五）可以认定为涉外民事关系的其他情形。

第五十九条　仲裁地或者仲裁机构所在地在中华人民共和国领域外的仲裁裁决为外国仲裁裁决，根据外国仲裁法作出的仲裁裁决也是外国仲裁裁决。

外国仲裁裁决不得向中华人民共和国法院申请撤销。

外国仲裁裁决的承认和执行根据纽约公约或者中华人民共和国与该国的双边条约或者互惠原则和民事诉讼法的相关规定执行。

第六十条　当事人申请承认和执行外国裁决，应当向被执行人住所地或其财产所在地的中级人民法院提出。法院应当依照中华人民共和国缔结或参加的国际条约处理；无此条约的，应当按照第五十九条的规定处理，但外国法院如以不存在条约为由拒绝承认和执行中华人民共和国的裁决的，法院可采取对等措施。

法院应当在受理申请之日起两个月内作出裁定。法院拒绝承认和执行外国裁决的，当事人可在收到裁定之日起三十日内提出上诉。

第六十一条 申请承认和执行外国裁决的当事人，应当提供经正式认证的裁决书正本或经正式认证的裁决书副本，以及仲裁协议的正本或经正式认证的仲裁协议副本。裁决或协议不是以中文作成的，当事人还应当提供经正式认证的中文译本。

第六十二条 被执行人提出证据证明外国裁决有下列情形之一的，法院经组成合议庭审查核实，可以拒绝承认和执行该裁决：

（一）仲裁协议的任何一方当事人有某种无行为能力情形，或者根据各方当事人同意遵守的法律，或者未选择此种法律而根据仲裁地所在国的法律，该协议是无效的；

（二）被执行人未接获有关委任仲裁员或进行仲裁程序的适当通知，或者不属于其负责的原因，致其不能陈述案件的；

（三）裁决所处理的争议不是提交仲裁的标的或不在仲裁协议范围内，或者裁决载有关于交付仲裁范围以外事项的决定，但交付仲裁事项的决定可以与未交付仲裁事项的决定划分时，裁决中关于交付仲裁事项的决定部分得予承认和执行；

（四）仲裁庭的组成或仲裁程序与当事人的协议不符，或者无此协议而与仲裁程序准据法不符；

（五）裁决对当事各方尚无拘束力，或者已经裁决所属国的法院撤销或中止。

法院认定裁决所处理的争议依本法不能通过仲裁解决，或者承认和执行裁决违背中华人民共和国的公共秩序的，也可以拒绝承认和执行该裁决。

法院在审查承认和执行外国裁决时，如另一方当事人已向有管辖权的法院申请撤销裁决，可以延缓作出裁定。经要求承认和执行裁决的一方当事人的申请，可以裁定该另一方当事人提供适当的担保。

第六十三条　国际仲裁协议的有效性依当事人选择的适用于仲裁协议的法律。如无此选择，符合下列规定之一的，即为有效：

（一）仲裁地的法律；

（二）仲裁机构所在地的法律；

（三）适用仲裁地法律与适用仲裁机构所在地法律将对仲裁协议的效力作出不同认定的，适用确认仲裁协议有效的法律。

第六十四条　仲裁协议未约定仲裁机构和仲裁地，但根据仲裁协议约定的仲裁规则可以确定仲裁机构或者仲裁地的，依该仲裁规则确定。

第六十五条　临时仲裁的仲裁程序，在被申请人收到将该争议提交仲裁的请求之日开始，当事人另有协议约定的除外。

当事人可以协议约定进行临时仲裁的程序，也可以约定适用任何仲裁机构的仲裁规则中的程序规则进行临时仲裁。

临时仲裁的仲裁员收费，由仲裁员与委任的当事人协议确定。

临时仲裁的当事人对于应当支付给仲裁员的仲裁费用承担连带责任。仲裁庭有权要求申请人对仲裁费用的支付提供银行担保，有权留置裁决书，直至当事人支付仲裁费用。

当事人对仲裁员的收费有异议的，可以申请仲裁地的中级人民法院作出决定。

第八章　附　则

第六十六条　法律对仲裁时效有规定的，适用该规定。法律对仲裁时效没有规定的，适用诉讼时效的规定。

第六十七条　中国仲裁协会依照本法和联合国国际贸易法委员会国际商事仲裁示范法制定仲裁示范规则，仲裁机构依照本法和中国仲裁协会商事仲裁示范规则制定仲裁规则，并报中国仲裁协会备案。

第六十八条　机构仲裁的当事人应当按照规定交纳仲裁费用。

收取仲裁费用的办法，应当报物价管理部门核准。

机构仲裁的当事人可以与所委任的外国仲裁员（包括港澳台仲裁员）签

订协议确定仲裁员的收费。当事人对收费有异议的，可以申请仲裁地的中级人民法院作出决定。

第六十九条 除非仲裁公开进行或者在法院的撤销仲裁裁决程序，或者为研究和统计的目的，并经过必要的保密处理，仲裁机构及其工作人员、仲裁庭成员及其雇员、中国仲裁协会不得公开仲裁过程的任何信息。

第七十条 仲裁机构及其工作人员、仲裁庭成员及其雇员、中国仲裁协会不对根据本法进行仲裁的行为承担责任，除非此等行为表明其违反了诚信原则。

仲裁机构及其工作人员、仲裁庭成员及其雇员、中国仲裁协会不对根据本法进行的任何仲裁事务承担作证义务。

第七十一条 涉及香港特别行政区、澳门特别行政区及台湾地区的仲裁，参照适用本章的规定。

第七十二条 本法自　　年　月　日起施行。

现行仲裁法与本书试拟稿条文对照表[①]

仲裁法条文（2017 年修正）	试拟稿条文
第一章　总则	**第一章　总则**
第一条　为保证公正、及时地仲裁经济纠纷，保护当事人的合法权益，保障社会主义市场经济健康发展，制定本法。	第一条　为保证公正、及时地仲裁民商事纠纷，保护当事人的合法权益，制定本法。
第二条　平等主体的公民、法人和其他组织之间发生的合同纠纷和其他财产权益纠纷，可以仲裁。	第二条　平等主体的自然人、法人和非法人组织之间发生的合同纠纷和其他财产权益纠纷，可以仲裁。本法和其他法律规定不能仲裁的除外。
第三条　下列纠纷不能仲裁： （一）婚姻、收养、监护、扶养、继承纠纷； （二）依法应当由行政机关处理的行政争议。	第三条　下列纠纷不能仲裁： （一）婚姻家庭、收养、监护、扶养、赡养、继承纠纷和人身权、人格权损害赔偿纠纷； （二）依法应当由行政机关处理的行政争议。行政机关以平等主体身份参加民事法律关系的合同纠纷除外。
第四条　当事人采用仲裁方式解决纠纷，应当双方自愿，达成仲裁协议。没有仲裁协议，一方申请仲裁的，仲裁委员会不予受理。	第四条　当事人采用仲裁方式解决纠纷，应当遵循意思自治原则，达成仲裁协议。没有仲裁协议，一方申请仲裁的，仲裁机构不予受理。
第五条　当事人达成仲裁协议，一方向人民法院起诉的，人民法院不予受理，但仲裁协议无效的除外。	第五条　当事人达成仲裁协议，一方向人民法院起诉的，人民法院不予受理。 当事人达成仲裁协议，一方向人民法院起诉未声明有仲裁协议，人民法院受理后，另一方在首次开庭前提交仲裁协议的，人民法院应当驳回起诉；另一方在首次开庭前未对人民法院受理该案提出异议的，视为放弃仲裁协议，人民法院应当继续审理。

① 注：左栏下画线部分为建议删除部分，右栏楷体部分为建议修改或增加部分。

续表

仲裁法条文（2017 年修正）	试拟稿条文
第六条　仲裁委员会应当由当事人协议选定。 仲裁不实行级别管辖和地域管辖。	
	第六条　仲裁应当根据事实，符合法律规定，公平合理地解决纠纷。 经当事人协议同意，仲裁庭可以按照公允及善良原则或作为友好仲裁员作出裁决。
第七条　仲裁应当根据事实，符合法律规定，公平合理地解决纠纷。	
第八条　仲裁依法独立进行，不受行政机关、社会团体和个人的干涉。	第七条　仲裁依法独立进行，不受行政机关、社会团体和个人的干涉。除非法律另有规定，司法机关也不干预仲裁。
第九条　仲裁实行一裁终局的制度。裁决作出后，当事人就同一纠纷再申请仲裁或者向人民法院起诉的，仲裁委员会或者人民法院不予受理。 裁决被人民法院依法裁定撤销或者不予执行的，当事人就该纠纷可以根据双方重新达成的仲裁协议申请仲裁，也可以向人民法院起诉。	第八条　仲裁实行一裁终局的制度。裁决作出后，当事人不得向法院上诉或申请再审、申诉。 裁决作出后，当事人就同一纠纷再申请仲裁或者向人民法院起诉的，仲裁机构或者人民法院不予受理。
	第九条　本法的仲裁包括机构仲裁和临时仲裁。涉外仲裁可以采用临时仲裁形式进行。 仲裁地在中华人民共和国领域内的临时仲裁适用本法规定。 当事人可以协议约定仲裁地。如没有约定，仲裁地由仲裁庭确定。仲裁地的确定，不妨碍仲裁庭在其认为适当的任何地点开庭、合议、检查货物和其他财产、文件。

续表

仲裁法条文（2017 年修正）	试拟稿条文
第二章　仲裁委员会和仲裁协会	第二章　仲裁员、仲裁机构和仲裁协会
第十条　仲裁委员会可以在直辖市和省、自治区人民政府所在地的市设立，也可以根据需要在其他设区的市设立，不按行政区划层层设立。 仲裁委员会由前款规定的市的人民政府组织有关部门和商会统一组建。 设立仲裁委员会，应当经省、自治区、直辖市的司法行政部门登记。	第十条　除中国国际经济贸易仲裁委员会和中国海事仲裁委员会外，仲裁机构可以在直辖市和省、自治区人民政府所在地的市或者经济特区、国家级自由贸易区设立，不按行政区划层层设立。 仲裁机构由前款规定的市、区的人民政府或管理委员会组织有关部门和商会统一组建。 设立仲裁机构，应当经省、自治区、直辖市的司法行政部门登记。
第十一条　仲裁委员会应当具备下列条件： （一）有自己的名称、住所和章程； （二）有必要的财产； （三）有该委员会的组成人员； （四）有聘任的仲裁员。 仲裁委员会的章程应当依照本法制定。	第十一条　仲裁机构应当具备下列条件： （一）有自己的名称、住所和章程； （二）有必要的财产； （三）有该机构的组成人员； （四）有聘任的仲裁员。 仲裁机构的章程应当依照本法制定。
第十二条　仲裁委员会由主任一人、副主任二至四人和委员七至十一人组成。 仲裁委员会的主任、副主任和委员由法律、经济贸易专家和有实际工作经验的人员担任。仲裁委员会的组成人员中，法律、经济贸易专家不得少于三分之二。	第十二条　仲裁机构主席、副主席、秘书长由法律、经济贸易和科学技术专家担任。
第十三条　仲裁委员会应当从公道正派的人员中聘任仲裁员。 仲裁员应当符合下列条件之一： （一）通过国家统一法律职业资格考试取得法律职业资格，从事仲裁工作满八年的； （二）从事律师工作满八年的； （三）曾任法官满八年的； （四）从事法律研究、教学工作并具有高级职称的； （五）具有法律知识、从事经济贸易等专业工作并具有高级职称或者具有同等专业水平的。 仲裁委员会按照不同专业设仲裁员名册。	第十三条　仲裁机构应当从有法律职业资格的具备下列条件的公道正派的人员中聘任仲裁员： （一）从事仲裁工作满八年的； （二）从事律师、会计师或者与商事有关的专业职称工作满八年的； （三）曾任法官、检察官满八年的； （四）从事法律研究、教学工作并具有高级职称的。 仲裁机构按照不同专业设仲裁员名册。机构仲裁的当事人应当在该机构的仲裁员名册中指定仲裁员。国际仲裁和临时仲裁的当事人可在全国的仲裁委员会的仲裁员名册中指定仲裁员，也可以在上述仲裁员名册之外指定仲裁员。

续表

仲裁法条文（2017 年修正）	试拟稿条文
	第十四条　有下列情形之一者，不得担任仲裁员： （一）因故意犯罪被判处刑罚的； （二）曾经任何专业机构确定有不良记录的； （三）曾经受过政纪处分并被开除公职的； （四）曾因违反仲裁员义务被国内外仲裁机构除名或者撤换的； （五）有严重道德缺陷的。
第十四条　仲裁委员会独立于行政机关，与行政机关没有隶属关系。仲裁委员会之间也没有隶属关系。	第十五条　仲裁机构与行政机关没有隶属关系。仲裁机构之间也没有隶属关系。 仲裁机构应当由当事人协议选定。 仲裁不实行级别管辖和地域管辖。
第十五条　中国仲裁协会是社会团体法人。仲裁委员会是中国仲裁协会的会员。中国仲裁协会的章程由全国会员大会制定。 中国仲裁协会是仲裁委员会的自律性组织，根据章程对仲裁委员会及其组成人员、仲裁员的违纪行为进行监督。 中国仲裁协会依照本法和民事诉讼法的有关规定制定仲裁规则。	第十六条　中国仲裁协会是社会团体法人。仲裁机构和仲裁机构名册中的仲裁员是中国仲裁协会的会员。中国仲裁协会的章程由全国会员大会制定。 中国仲裁协会是会员的自律性组织，根据章程对仲裁机构及其组成人员、仲裁员违反仲裁法、仲裁规则和当事人的仲裁协议的行为进行监督和进行行业惩戒。根据仲裁协议约定对临时仲裁的组庭程序中约定由其指定仲裁员的，指定仲裁员。 中国仲裁协会依照本法和联合国国际贸易法委员会国际商事仲裁示范法的有关规定制定仲裁示范规则。对全国各仲裁机构制定的仲裁规则进行审查和备案，没有违反仲裁法的强制性规定的，给予备案。
	第十七条　中国仲裁协会的工作人员不得在中华人民共和国领域内的仲裁程序中担任仲裁员，也不得列入中国的任何仲裁机构的仲裁员名册；中国的仲裁机构的工作人员不得在由本机构管理的仲裁程序中担任仲裁员，也不得列入本机构的仲裁员名册。

续表

仲裁法条文（2017 年修正）	试拟稿条文
第三章　仲裁协议	**第三章　仲裁协议**
第十六条　仲裁协议包括合同中订立的仲裁条款和以其他书面方式在纠纷发生前或者纠纷发生后达成的请求仲裁的协议。 仲裁协议应当具有下列内容： （一）请求仲裁的意思表示； （二）仲裁事项； （三）选定的仲裁委员会。	第十八条　仲裁协议包括合同中订立的仲裁条款和以其他书面方式在纠纷发生前或者纠纷发生后达成的提交仲裁的协议。 仲裁协议一般包括以下内容： （一）请求仲裁的意思表示； （二）机构仲裁和机构的名称、临时仲裁； （三）仲裁庭的人数； （四）仲裁员的条件； （五）仲裁庭的组成； （六）仲裁程序或选择的仲裁规则、仲裁庭的程序权力； （七）仲裁地； （八）仲裁语言； （九）仲裁协议的准据法； （十）仲裁事项； （十一）仲裁庭采取临时措施的权力； （十二）裁决是否说明理由； （十三）友好仲裁。
	第十九条　仲裁协议应当以书面形式达成。具备下列情形之一即视为书面协议： （一）载于当事人签署的文件中； （二）载于当事人往来的书信、函电（电报、电传、传真、电子信息、电子邮件）以及其他能够提供记录并可读取的电子数据交换中； （三）由各方当事人授权的一方当事人或第三人的记录； （四）在合同中援引载有仲裁协议的书面文件且这种援引足以使该仲裁条款构成该合同的一部分； （五）在仲裁程序中，申请书和答辩书的交换中一方当事人声称有仲裁协议而另一方当事人不作否认的。

续表

仲裁法条文（2017年修正）	试拟稿条文
第十七条　有下列情形之一的，仲裁协议无效： （一）约定的仲裁事项超出法律规定的仲裁范围的； （二）无民事行为能力人或者限制民事行为能力人订立的仲裁协议； （三）一方采取胁迫手段，迫使对方订立仲裁协议的。	第二十条　有下列情形之一的，仲裁协议无效： （一）约定的仲裁事项超出法律规定的仲裁范围的； （二）无民事行为能力人或者限制民事行为能力人订立的仲裁协议； （三）一方采取胁迫手段，迫使对方订立仲裁协议的。
第十八条　仲裁协议对仲裁事项或者仲裁委员会没有约定或者约定不明确的，当事人可以补充协议；达不成补充协议的，仲裁协议无效。	第二十一条　机构仲裁协议对仲裁机构没有约定或者约定不明确的又不能合理推定的，以致不能实行的，仲裁协议无效。
第十九条　仲裁协议独立存在，合同的变更、解除、终止或者无效，不影响仲裁协议的效力。 仲裁庭有权确认合同的效力。	
第二十条　当事人对仲裁协议的效力有异议的，可以请求仲裁委员会作出决定或者请求人民法院作出裁定。一方请求仲裁委员会作出决定，另一方请求人民法院作出裁定的，由人民法院裁定。 当事人对仲裁协议的效力有异议，应当在仲裁庭首次开庭前提出。	
	第二十二条　仲裁庭有权对其管辖权包括仲裁协议的存在和效力的任何异议，作出裁决。为此目的，构成合同一部分的仲裁条款应视为独立于合同其他条款的一项协议。仲裁庭作出关于合同无效的决定，不应在法律上导致仲裁条款无效。 关于仲裁管辖权异议应在仲裁规则规定的答辩期内提出。否则，视为放弃管辖权异议。当事一方参与委任仲裁员的事实，不影响其提出此种异议。有关仲裁庭

续表

仲裁法条文（2017 年修正）	试拟稿条文
	超越其权力范围的异议，应在越权行为发生后及时提出，否则视为放弃异议权。仲裁庭的决定应在开庭审理前作出。仲裁庭决定其有管辖权的，任何一方当事人在收到决定后三十天内要求仲裁机构所在地的中级人民法院作出裁定。在法院作出裁定期间，仲裁庭应当中止仲裁程序。法院的决定不得上诉。
第四章　仲裁程序	**第四章　仲裁程序**
第一节　申请和受理	第一节　申请和受理
第二十一条　当事人申请仲裁应当符合下列条件： （一）有仲裁协议； （二）有具体的仲裁请求和事实、理由； （三）属于仲裁委员会的受理范围。	
	第二十三条　进行仲裁程序，应当遵循以下原则： （一）不管是否由当事人指定，仲裁员不代表任何一方当事人，应公正地进行仲裁； （二）当事人各方应得到平等相待，并应被给予充分的机会陈述其案情； （三）当事人可以自由地就仲裁庭进行仲裁所应遵循的程序达成协议； （四）如当事人未就仲裁程序达成协议，仲裁庭可以其认为适当的方式进行仲裁，包括有权确定任何证据的可采性、相关性、重要性和实质性； （五）仲裁庭应合理、迅速地进行仲裁，避免不必要地拖延及扩大开支； （六）当事人的约定只要未违反仲裁法的强制性规定，应受到完全尊重。

续表

仲裁法条文（2017 年修正）	试拟稿条文
第二十二条　当事人申请仲裁，应当向仲裁委员会递交仲裁协议、仲裁申请书及副本。	第二十四条　向仲裁机构提请仲裁，仲裁程序于申请人提交仲裁的请求之日开始。申请人应当向仲裁机构递交仲裁协议、仲裁申请书及副本。仲裁机构确定案件属于本仲裁机构管辖的，应根据本会仲裁规则予以受理，并通知被申请人作出答辩，如有反请求也应在机构规定的答辩期内提出。 在仲裁程序中，仲裁机构和仲裁庭的所有通知，当事人提供的一切仲裁文件、资料、证据，仲裁庭据以作出决定的任何专家报告或证据性文件，均应通过仲裁机构送交当事人和仲裁庭成员。
第二十三条　仲裁申请书应当载明下列事项： （一）当事人的姓名、性别、年龄、职业、工作单位和住所，法人或者其他组织的名称、住所和法定代表人或者主要负责人的姓名、职务； （二）仲裁请求和所根据的事实、理由； （三）证据和证据来源、证人姓名和住所。	
第二十四条　仲裁委员会收到仲裁申请书之日起五日内，认为符合受理条件的，应当受理，并通知当事人；认为不符合受理条件的，应当书面通知当事人不予受理，并说明理由。	第二十五条　仲裁机构收到仲裁申请书后，经审查认为争议之事项依法不能仲裁，或本仲裁机构无权受理的，应当书面通知申请人不予受理，并说明理由。申请人有异议的，可以申请仲裁机构所在地中级人民法院作出决定。
第二十五条　仲裁委员会受理仲裁申请后，应当在仲裁规则规定的期限内将仲裁规则和仲裁员名册送达申请人，并将仲裁申请书副本和仲裁规则、仲裁员名册送达被申请人。	

续表

仲裁法条文（2017 年修正）	试拟稿条文
被申请人收到仲裁申请书副本后，应当在仲裁规则规定的期限内向仲裁委员会提交答辩书。仲裁委员会收到答辩书后，应当在仲裁规则规定的期限内将答辩书副本送达申请人。被申请人未提交答辩书的，不影响仲裁程序的进行。	
第二十六条　当事人达成仲裁协议，一方向人民法院起诉未声明有仲裁协议，人民法院受理后，另一方在首次开庭前提交仲裁协议的，人民法院应当驳回起诉，但仲裁协议无效的除外；另一方在首次开庭前未对人民法院受理该案提出异议的，视为放弃仲裁协议，人民法院应当继续审理。	
第二十七条　申请人可以放弃或者变更仲裁请求。被申请人可以承认或者反驳仲裁请求，有权提出反请求。	
第二十八条　一方当事人因另一方当事人的行为或者其他原因，可能使裁决不能执行或者难以执行的，可以申请财产保全。 当事人申请财产保全的，仲裁委员会应当将当事人的申请依照民事诉讼法的有关规定提交人民法院。 申请有错误的，申请人应当赔偿被申请人因财产保全所遭受的损失。	第二十六条　一方当事人因另一方当事人的行为或者其他原因，可能使裁决不能执行或者难以执行的，可以申请财产保全。 当事人申请财产保全的，仲裁机构应当将当事人的申请依照民事诉讼法的有关规定提交人民法院。 申请有错误的，申请人应当赔偿被申请人因财产保全所遭受的损失。
第二十九条　当事人、法定代理人可以委托律师和其他代理人进行仲裁活动。委托律师和其他代理人进行仲裁活动的，应当向仲裁委员会提交授权委托书。	
	第二十七条　在证据可能灭失或者以后难以取得的情况下，当事人经仲裁庭同意可以向法院申请证据保全。当事人申请证据保全的，仲裁机构应当将当事人的申请提交证据所在地的基层人民法院。

续表

仲裁法条文（2017 年修正）	试拟稿条文
	仲裁庭或当事人经仲裁庭同意，可以请求仲裁机构所在地的基层人民法院协助获取证据。
第二节　仲裁庭的组成	第二节　仲裁庭的组成
第三十条　仲裁庭可以由三名仲裁员或者一名仲裁员组成。由三名仲裁员组成的，设首席仲裁员。	第二十八条　除非当事人另有约定，仲裁庭由三名仲裁员组成。
第三十一条　当事人约定由三名仲裁员组成仲裁庭的，应当各自选定或者各自委托仲裁委员会主任指定一名仲裁员，第三名仲裁员由当事人共同选定或者共同委托仲裁委员会主任指定。第三名仲裁员是首席仲裁员。 当事人约定由一名仲裁员成立仲裁庭的，应当由当事人共同选定或者共同委托仲裁委员会主任指定仲裁员。	第二十九条　由三名仲裁员组成仲裁庭的，当事人应当各自选定或者各自委托仲裁机构主席指定一名仲裁员，第三名仲裁员由当事人共同选定。当事人不能共同选定的，由当事人指定的仲裁员共同选定；当事人指定的仲裁员不能共同选定第三名仲裁员的，由仲裁机构主席指定。第三名仲裁员是首席仲裁员。 当事人约定由一名仲裁员成立仲裁庭的，应当由当事人共同选定或者共同委托仲裁机构主席指定仲裁员，当事人不能指定或者没有共同委托仲裁机构主席指定仲裁员的，由仲裁机构主席指定仲裁员。
第三十二条　当事人没有在仲裁规则规定的期限内约定仲裁庭的组成方式或者选定仲裁员的，由仲裁委员会主任指定。	第三十条　当事人没有在仲裁规则规定的期限内约定仲裁庭的组成方式或者选定仲裁员的，由仲裁机构主席指定。 当事人一方为二人或二人以上的，应当共同选定仲裁员或者共同委托仲裁机构主席指定一名仲裁员。当事人一方未共同选定或共同委托仲裁机构主席指定一名仲裁员，或者各方当事人未就仲裁庭的组成方式达成一致意见的，仲裁机构主席可指定仲裁庭的全部成员。
	第三十一条　仲裁机构主席应在考虑本法的规定、当事人的约定及具体案件的特性的基础上指定仲裁员。

续表

仲裁法条文（2017年修正）	试拟稿条文
	第三十二条　除了通告争议的一般性质与商讨候选仲裁员的资格及其是否接受委任外，当事人或其代理人不得就案件与仲裁员或候选仲裁员进行单方联系。
	第三十三条　具有以下情形之一，不得担任仲裁员： （一）与案件当事人或代理人有利害关系； （二）私自会见当事人、代理人，或者接受当事人、代理人的请客送礼的。 下列人员不得担任仲裁员，双方当事人共同指定的除外： （一）是本案当事人或者代理人的近亲属； （二）与本案当事人、代理人有其他关系，可能影响公正仲裁的。
	第三十四条　仲裁员在接受委任前，必须向仲裁机构和各方当事人披露可能对其公正性或独立性产生正当怀疑的任何情况。在仲裁的任何阶段，如发生可能引起此类怀疑的新情况，仲裁员应当迅速向各方当事人和仲裁庭予以披露。 当事人一方对仲裁员的公正性或独立性产生正当怀疑的，可要求该仲裁员回避。当事人提出回避申请，应当说明理由，在收到仲裁庭组成通知后十五日内提出。在仲裁过程中知道回避事由的，可以立即提出，但不应迟于最后一次开庭终结前提出。
	第三十五条　收悉回避申请后，无论当事人提出的回避理由成立与否，当事仲裁员可以主动退出仲裁庭。如未退出，仲裁员是否回避，由仲裁机构主席在听取全体当事人及当事仲裁员的意见后作出决定。主席的决定是终局的，并可以不说明理由。

续表

仲裁法条文（2017 年修正）	试拟稿条文
	第三十六条　仲裁员死亡、辞职、回避或经全体当事人或仲裁庭其余成员的要求，仲裁员应予替换。被替换的仲裁员有权根据工作量获得报酬。仲裁机构如认为仲裁员在法律上或事实上不能履行职责时，该仲裁员应予替换。除仲裁机构另有决定外，该仲裁员不能获得报酬。
	第三十七条　决定替换仲裁员后，应当依照适用于被替换的仲裁员的委任程序选定或指定仲裁员。 重新委任仲裁员后，当事人可以请求已进行的仲裁程序重新进行，是否准许，由仲裁庭决定；仲裁庭也可以自行决定已进行的仲裁程序重新进行。
第三十三条　仲裁庭组成后，仲裁委员会应当将仲裁庭的组成情况书面通知当事人。	
第三十四条　仲裁员有下列情形之一的，必须回避，当事人也有权提出回避申请： （一）是本案当事人或者当事人、代理人的近亲属； （二）与本案有利害关系； （三）与本案当事人、代理人有其他关系，可能影响公正仲裁的； （四）私自会见当事人、代理人，或者接受当事人、代理人的请客送礼的。	
第三十五条　当事人提出回避申请，应当说明理由，在首次开庭前提出。回避事由在首次开庭后知道的，可以在最后一次开庭终结前提出。	
第三十六条　仲裁员是否回避，由仲裁委员会主任决定；仲裁委员会主任担任仲裁员时，由仲裁委员会集体决定。	

续表

仲裁法条文（2017 年修正）	试拟稿条文
第三十七条　仲裁员因回避或者其他原因不能履行职责的，应当依照本法规定重新选定或者指定仲裁员。 因回避而重新选定或者指定仲裁员后，当事人可以请求已进行的仲裁程序重新进行，是否准许，由仲裁庭决定；仲裁庭也可以自行决定已进行的仲裁程序是否重新进行。	
第三十八条　仲裁员有本法第三十四条第四项规定的情形，情节严重的，或者有本法第五十八条第六项规定的情形的，应当依法承担法律责任，仲裁委员会应当将其除名。	
第三节　开庭和裁决	第三节　开庭和裁决
第三十九条　仲裁应当开庭进行。当事人协议不开庭的，仲裁庭可以根据仲裁申请书、答辩书以及其他材料作出裁决。	第三十八条　仲裁应当开庭进行。当事人协议不开庭的，仲裁庭可以根据仲裁申请书、答辩书以及其他材料作出裁决。
第四十条　仲裁不公开进行。当事人协议公开的，可以公开进行，但涉及国家秘密的除外。	第三十九条　仲裁不公开进行。当事人协议公开的，可以公开进行，但涉及国家秘密的除外。 除非仲裁公开进行或者经法院撤销仲裁裁决程序，或者为研究和统计的目的，并经过必要的保密处理，仲裁机构及其工作人员、仲裁庭成员及其雇员、仲裁当事人、中国仲裁协会不得公开仲裁过程的任何信息。 任何人对仲裁不公开开庭审理的内容不得作任何公开披露。未经当事人同意，任何人不得披露仲裁的任何过程及裁决。
第四十一条　仲裁委员会应当在仲裁规则规定的期限内将开庭日期通知双方当事人。当事人有正当理由的，可以在仲裁规则规定的期限内请求延期开庭。是否延期，由仲裁庭决定。	

续表

仲裁法条文（2017 年修正）	试拟稿条文
第四十二条　申请人经书面通知，无正当理由不到庭或者未经仲裁庭许可中途退庭的，可以视为撤回仲裁申请。 被申请人经书面通知，无正当理由不到庭或者未经仲裁庭许可中途退庭的，可以缺席裁决。	第四十条　申请人经书面通知，无正当理由不到庭或者未经仲裁庭许可中途退庭的，可以视为撤回仲裁申请。 被申请人经书面通知，无正当理由不到庭或者未经仲裁庭许可中途退庭的，可以缺席裁决。
第四十三条　当事人应当对自己的主张提供证据。 仲裁庭认为有必要收集的证据，可以自行收集。	
第四十四条　仲裁庭对专门性问题认为需要鉴定的，可以交由当事人约定的鉴定部门鉴定，也可以由仲裁庭指定的鉴定部门鉴定。 根据当事人的请求或者仲裁庭的要求，鉴定部门应当派鉴定人参加开庭。当事人经仲裁庭许可，可以向鉴定人提问。	
第四十五条　证据应当在开庭时出示，当事人可以质证。	
第四十六条　在证据可能灭失或者以后难以取得的情况下，当事人可以申请证据保全。当事人申请证据保全的，仲裁委员会应当将当事人的申请提交证据所在地的基层人民法院。	
第四十七条　当事人在仲裁过程中有权进行辩论。辩论终结时，首席仲裁员或者独任仲裁员应当征询当事人的最后意见。	
第四十八条　仲裁庭应当将开庭情况记入笔录。当事人和其他仲裁参与人认为对自己陈述的记录有遗漏或者差错的，有权申请补正。如果不予补正，应当记录该申请。 笔录由仲裁员、记录人员、当事人和其他仲裁参与人签名或者盖章。	

续表

仲裁法条文（2017 年修正）	试拟稿条文
第四十九条　当事人申请仲裁后，可以自行和解。达成和解协议的，可以请求仲裁庭根据和解协议作出裁决书，也可以撤回仲裁申请。	第四十一条　当事人申请仲裁后，可以自行和解。达成和解协议的，可以请求仲裁庭根据和解协议作出裁决书，也可以撤回仲裁申请。
第五十条　当事人达成和解协议，撤回仲裁申请后反悔的，可以根据仲裁协议申请仲裁。	第四十二条　当事人达成和解协议，撤回仲裁申请后反悔的，可以根据仲裁协议申请仲裁。
第五十一条　仲裁庭在作出裁决前，可以先行调解。当事人自愿调解的，仲裁庭应当调解。调解不成的，应当及时作出裁决。 调解达成协议的，仲裁庭应当制作调解书或者根据协议的结果制作裁决书。调解书与裁决书具有同等法律效力。	第四十三条　仲裁庭在作出裁决前，可以先行调解。当事人自愿调解的，仲裁庭应当调解。调解不成的，应当及时作出裁决。 调解达成协议的，仲裁庭应当制作调解书或者根据协议的结果制作裁决书。调解书与裁决书具有同等法律效力。
第五十二条　<u>调解书应当写明仲裁请求和当事人协议的结果。调解书由仲裁员签名，加盖仲裁委员会印章，送达双方当事人。</u> 调解书经双方当事人签收后，即发生法律效力。 在调解书签收前当事人反悔的，仲裁庭应当及时作出裁决。	第四十四条　调解书经双方当事人签收后，即发生法律效力。 在调解书签收前当事人反悔的，仲裁庭应当及时作出裁决。
第五十三条　裁决应当按照多数仲裁员的意见作出，少数仲裁员的不同意见可以记入笔录。仲裁庭不能形成多数意见时，裁决应当按照首席仲裁员的意见作出。	第四十五条　裁决应当按照多数仲裁员的意见作出，少数仲裁员的不同意见可以记入笔录。仲裁庭不能形成多数意见时，裁决应当按照首席仲裁员的意见作出。
第五十四条　裁决书应当写明仲裁请求、争议事实、裁决理由、裁决结果、仲裁费用的负担和裁决日期。当事人协议不愿写明争议事实和裁决理由的，可以不写。裁决书由仲裁员签名，加盖仲裁委员会印章。对裁决持不同意见的仲裁员，可以签名，也可以不签名。	第四十六条　裁决书应当写明仲裁请求、争议事实、裁决理由、裁决结果、仲裁费用的负担和裁决日期。当事人协议不愿写明争议事实和裁决理由的，可以不写。裁决书由仲裁员签名，加盖仲裁委员会印章。对裁决持不同意见的仲裁员，可以签名，也可以不签名，但应说明不签名的理由。

续表

仲裁法条文（2017年修正）	试拟稿条文
第五十五条　仲裁庭仲裁纠纷时，其中一部分事实已经清楚，可以就该部分先行裁决。	第四十七条　仲裁庭仲裁纠纷时，其中一部分事实已经清楚，可以就该部分先行裁决。
第五十六条　对裁决书中的文字、计算错误或者仲裁庭已经裁决但在裁决书中遗漏的事项，仲裁庭应当补正；当事人自收到裁决书之日起三十日内，可以请求仲裁庭补正。	第四十八条　对裁决书中的文字、计算错误或者仲裁庭已经裁决但在裁决书中遗漏的事项，仲裁庭应当补正；当事人自收到裁决书之日起三十日内，可以请求仲裁庭补正。
第五十七条　裁决书自作出之日起发生法律效力。	第四十九条　裁决书自作出之日起发生法律效力。
第五章　申请撤销裁决	**第五章　申请撤销裁决**
第五十八条　当事人提出证据证明裁决有下列情形之一的，可以向仲裁委员会所在地的中级人民法院申请撤销裁决： （一）没有仲裁协议的； （二）裁决的事项不属于仲裁协议的范围或者仲裁委员会无权仲裁的； （三）仲裁庭的组成或者仲裁的程序违反法定程序的； （四）裁决所根据的证据是伪造的； （五）对方当事人隐瞒了足以影响公正裁决的证据的； （六）仲裁员在仲裁该案时有索贿受贿，徇私舞弊，枉法裁决行为的。 人民法院经组成合议庭审查核实裁决有前款规定情形之一的，应当裁定撤销。 人民法院认定该裁决违背社会公共利益的，应当裁定撤销。	第五十条　当事人提出证据证明裁决有下列情形之一的，可以向仲裁委员会所在地或仲裁地的中级人民法院申请撤销裁决： （一）当事人没有得到指定仲裁员和进行仲裁程序的通知，或者非因当事人的原因未能陈述案情的； （二）裁决的事项不属于仲裁协议的范围或者超出仲裁请求的范围； （三）仲裁庭的组成或者仲裁的程序违反仲裁协议、仲裁规则，或本法规定的程序，影响公正裁决的； （四）仲裁员在仲裁该案时有索贿受贿，徇私舞弊，枉法裁决行为的； （五）裁决的作出是欺诈的结果，或裁决所根据的证据是伪造的； （六）裁决作出后，一方当事人获得了本来足以影响仲裁庭决定的新证据，而该新证据是因对方当事人的隐瞒行为而未被提交； （七）仲裁庭对法律问题的决定明显错误以致违反自然公正原则的。 当事人申请撤销裁决的，应当自收到裁决书之日起三个月内提出。人民法院经组成合议庭审查核实裁决有以上规定情形之一的，应当裁定撤销。

续表

仲裁法条文（2017 年修正）	试拟稿条文
	第五十一条　仲裁庭、权益受仲裁裁决不利影响的案外人发现仲裁裁决有第五十条第一款第（五）项的，可以申请人民法院予以撤销。人民法院发现仲裁裁决有第五十条第一款第（四）项、第（五）项等违背社会公共利益情形的，有权裁定撤销。
第五十九条　当事人申请撤销裁决的，应当自收到裁决书之日起六个月内提出。	
	第五十二条　仲裁庭基于当事人达成的和解协议或调解协议作出的裁决书或调解书，以及当事人协议不写明裁决理由的裁决书，除非具有第五十条第一款第（四）项、第（五）项规定的情形之一，法院不得予以撤销。
第六十条　人民法院应当在受理撤销裁决申请之日起两个月内作出撤销裁决或者驳回申请的裁定。	第五十三条　人民法院应当在受理撤销裁决申请之日起两个月内作出撤销裁决或者驳回申请的裁定。
第六十一条　人民法院受理撤销裁决的申请后，认为可以由仲裁庭重新仲裁的，通知仲裁庭在一定期限内重新仲裁，并裁定中止撤销程序。仲裁庭拒绝重新仲裁的，人民法院应当裁定恢复撤销程序。	第五十四条　人民法院受理撤销裁决的申请后，认为可以由仲裁庭重新仲裁的，通知仲裁庭在一定期限内重新仲裁，并裁定中止撤销程序。仲裁庭拒绝重新仲裁的，人民法院应当裁定恢复撤销程序。
第六章　执行	**第六章　执行**
第六十二条　当事人应当履行裁决。一方当事人不履行的，另一方当事人可以依照民事诉讼法的有关规定向人民法院申请执行。受申请的人民法院应当执行。	第五十五条　当事人应当履行裁决。一方当事人不履行的，另一方当事人可以依照民事诉讼法的有关规定向人民法院申请执行。受申请的人民法院应当执行。
第六十三条　被申请人提出证据证明裁决有民事诉讼法第二百一十三条第二款规定的情形之一的，经人民法院组成合议庭审查核实，裁定不予执行。	

续表

仲裁法条文（2017 年修正）	试拟稿条文
第六十四条　一方当事人申请执行裁决，另一方当事人申请撤销裁决的，人民法院应当裁定中止执行。 人民法院裁定撤销裁决的，应当裁定终结执行。撤销裁决的申请被裁定驳回的，人民法院应当裁定恢复执行。	第五十六条　一方当事人申请执行裁决，另一方当事人申请撤销裁决的，人民法院应当裁定中止执行，但应责令申请撤销仲裁裁决者提供适当的担保。 人民法院裁定撤销裁决的，应当裁定终结执行。撤销裁决的申请被裁定驳回的，人民法院应当裁定恢复执行。
第七章　涉外仲裁的特别规定	**第七章　国际仲裁的特别规定**
第六十五条　涉外经济贸易、运输和海事中发生的纠纷的仲裁，适用本章规定。本章没有规定的，适用本法其他有关规定。	第五十七条　仲裁地在中华人民共和国领域内的国际仲裁和临时仲裁，适用本章规定。本章没有规定的，适用本法其他有关规定。
	第五十八条　仲裁具有下列情形之一的为国际仲裁： （一）当事人一方或双方是外国公民、外国法人或者其他组织、无国籍人； （二）当事人一方或双方的经常居所地在中华人民共和国领域外； （三）标的物在中华人民共和国领域外； （四）产生、变更或者消灭民事关系的法律事实发生在中华人民共和国领域外； （五）可以认定为涉外民事关系的其他情形。
	第五十九条　仲裁地或者仲裁机构所在地在中华人民共和国领域外的仲裁裁决为外国仲裁裁决，根据外国仲裁法作出的仲裁裁决也是外国仲裁裁决。 外国仲裁裁决不得向中华人民共和国法院申请撤销。 外国仲裁裁决的承认和执行根据纽约公约或者中华人民共和国与该国的双边条约或者互惠原则和民事诉讼法的相关规定执行。

续表

仲裁法条文（2017年修正）	试拟稿条文
	第六十条　当事人申请承认和执行外国裁决，应当向被执行人住所地或其财产所在地的中级人民法院提出。法院应当依照中华人民共和国缔结或参加的国际条约处理；无此条约的，应当按照第五十九条的规定处理，但外国法院如以不存在条约为由拒绝承认和执行中华人民共和国的裁决的，法院可采取对等措施。 法院应当在受理申请之日起两个月内作出裁定。法院拒绝承认和执行外国裁决的，当事人可在收到裁定之日起三十日内提出上诉。
	第六十一条　申请承认和执行外国裁决的当事人，应当提供经正式认证的裁决书正本或经正式认证的裁决书副本，以及仲裁协议的正本或经正式认证的仲裁协议副本。裁决或协议不是以中文作成的，当事人还应当提供经正式认证的中文译本。
	第六十二条　被执行人提出证据证明外国裁决有下列情形之一的，法院经组成合议庭审查核实，可以拒绝承认和执行该裁决： （一）仲裁协议的任何一方当事人有某种无行为能力情形，或者根据各方当事人同意遵守的法律，或者未选择此种法律而根据仲裁地所在国的法律，该协议是无效的； （二）被执行人未接获有关委任仲裁员或进行仲裁程序的适当通知，或者不属于其负责的原因，致其不能陈述案件的； （三）裁决所处理的争议不是提交仲裁的标的或不在仲裁协议范围内，或者裁决载有关于交付仲裁范围以外事项的决定，但交付仲裁事项的决定可以与未交付仲裁事项的决定划分时，裁决中关于交付仲裁事项的决定部分得予承认和执行；

续表

仲裁法条文（2017 年修正）	试拟稿条文
	（四）仲裁庭的组成或仲裁程序与当事人的协议不符，或者无此协议而与仲裁程序准据法不符； （五）裁决对当事各方尚无拘束力，或者已经裁决所属国的法院撤销或中止。 法院认定裁决所处理的争议依本法不能通过仲裁解决，或者承认和执行裁决违背中华人民共和国的公共秩序的，也可以拒绝承认和执行该裁决。 法院在审查承认和执行外国裁决时，如另一方当事人已向有管辖权的法院申请撤销裁决，可以延缓作出裁定。经要求承认和执行裁决的一方当事人的申请，可以裁定该另一方当事人提供适当的担保。
	第六十三条　国际仲裁协议的有效性依当事人选择的适用于仲裁协议的法律。如无此选择，符合下列规定之一的，即为有效： （一）仲裁地的法律； （二）仲裁机构所在地的法律； （三）适用仲裁地法律与适用仲裁机构所在地法律将对仲裁协议的效力作出不同认定的，适用确认仲裁协议有效的法律。
	第六十四条　仲裁协议未约定仲裁机构和仲裁地，但根据仲裁协议约定的仲裁规则可以确定仲裁机构或者仲裁地的，依该仲裁规则确定。
	第六十五条　临时仲裁的仲裁程序，在被申请人收到将该争议提交仲裁的请求之日开始，当事人另有协议约定的除外。 当事人可以协议约定进行临时仲裁的程序，也可以约定适用任何仲裁机构的仲裁规则中的程序规则进行临时仲裁。 临时仲裁的仲裁员收费，由仲裁员与委任的当事人协议确定。 临时仲裁的当事人对于应当支付给仲裁员的仲裁费用承担连带责任。仲裁庭有权要求申请人对仲裁费用的支付提供银行担保，有权留置裁决书，直至当事人支付仲裁费用。 当事人对仲裁员的收费有异议的，可以申请仲裁地的中级人民法院作出决定。

续表

仲裁法条文（2017年修正）	试拟稿条文
第六十六条　涉外仲裁委员会可以由中国国际商会组织设立。 涉外仲裁委员会由主任一人、副主任若干人和委员若干人组成。 涉外仲裁委员会的主任、副主任和委员可以由中国国际商会聘任。	
第六十七条　涉外仲裁委员会可以从具有法律、经济贸易、科学技术等专门知识的外籍人士中聘任仲裁员。	
第六十八条　涉外仲裁的当事人申请证据保全的，涉外仲裁委员会应当将当事人的申请提交证据所在地的中级人民法院。	
第六十九条　涉外仲裁的仲裁庭可以将开庭情况记入笔录，或者作出笔录要点，笔录要点可以由当事人和其他仲裁参与人签字或者盖章。	
第七十条　当事人提出证据证明涉外仲裁裁决有民事诉讼法第二百五十八条第一款规定的情形之一的，经人民法院组成合议庭审查核实，裁定撤销。	
第七十一条　被申请人提出证据证明涉外仲裁裁决有民事诉讼法第二百五十八条第一款规定的情形之一的，经人民法院组成合议庭审查核实，裁定不予执行。	
第七十二条　涉外仲裁委员会作出的发生法律效力的仲裁裁决，当事人请求执行的，如果被执行人或者其财产不在中华人民共和国领域内，应当由当事人直接向有管辖权的外国法院申请承认和执行。	
第七十三条　涉外仲裁规则可以由中国国际商会依照本法和民事诉讼法的有关规定制定。	

续表

仲裁法条文（2017 年修正）	试拟稿条文
第八章　附则	第八章　附则
第七十四条　法律对仲裁时效有规定的，适用该规定。法律对仲裁时效没有规定的，适用诉讼时效的规定。	第六十六条　法律对仲裁时效有规定的，适用该规定。法律对仲裁时效没有规定的，适用诉讼时效的规定。
第七十五条　中国仲裁协会制定仲裁规则前，仲裁委员会依照本法和民事诉讼法的有关规定可以制定仲裁暂行规则。	第六十七条　中国仲裁协会依照本法和联合国国际贸易法委员会国际商事仲裁示范法制定仲裁示范规则，仲裁机构依照本法和中国仲裁协会商事仲裁示范规则制定仲裁规则，并报中国仲裁协会备案。
第七十六条　当事人应当按照规定交纳仲裁费用。 收取仲裁费用的办法，应当报物价管理部门核准。	第六十八条　机构仲裁的当事人应当按照规定交纳仲裁费用。 收取仲裁费用的办法，应当报物价管理部门核准。 机构仲裁的当事人可以与所委任的外国仲裁员（包括港澳台仲裁员）签订协议确定仲裁员的收费。当事人对收费有异议的，可以申请仲裁地的中级人民法院作出决定。
第七十七条　劳动争议和农业集体经济组织内部的农业承包合同纠纷的仲裁，另行规定。	
第七十八条　本法施行前制定的有关仲裁的规定与本法的规定相抵触的，以本法为准。	
第七十九条　本法施行前在直辖市、省、自治区人民政府所在地的市和其他设区的市设立的仲裁机构，应当依照本法的有关规定重新组建；未重新组建的，自本法施行之日起届满一年时终止。 本法施行前设立的不符合本法规定的其他仲裁机构，自本法施行之日起终止。	

续表

仲裁法条文（2017 年修正）	试拟稿条文
	第六十九条 除非仲裁公开进行或者在法院的撤销仲裁裁决程序，或者为研究和统计的目的，并经过必要的保密处理，仲裁机构及其工作人员、仲裁庭成员及其雇员、中国仲裁协会不得公开仲裁过程的任何信息。
	第七十条 仲裁机构及其工作人员、仲裁庭成员及其雇员、中国仲裁协会不对根据本法进行仲裁的行为承担责任，除非此等行为表明其违反了诚信原则。 仲裁机构及其工作人员、仲裁庭成员及其雇员、中国仲裁协会不对根据本法进行的任何仲裁事务承担作证义务。
	第七十一条 涉及香港特别行政区、澳门特别行政区及台湾地区的仲裁，参照适用本章的规定。
第八十条 本法自 1995 年 9 月 1 日起施行。	第七十二条 本法自 年 月 日起施行。

附　录

附录 1

《承认及执行外国仲裁裁决公约》[①]

承认及执行外国仲裁裁决公约

第一条

一、仲裁裁决，因自然人或法人间之争议而产生且在声请承认及执行地所在国以外之国家领土内作成者，其承认及执行适用本公约。本公约对于仲裁裁决经声请承认及执行地所在国认为非内国裁决者，亦适用之。

二、"仲裁裁决"一词不仅指专案选派之仲裁员所作裁决，亦指当事人提请仲裁之常设仲裁机关所作裁决。

三、任何国家得于签署、批准或加入本公约时，或于本公约第十条通知推广适用时，本交互原则声明该国适用本公约，以承认及执行在另一缔约国领土内作成之裁决为限。任何国家亦得声明，该国唯于争议起于法律关系，不论其为契约性质与否，而依提出声明国家之国内法认为系属商事关系者，始适用本公约。

第二条

一、当事人以书面协定承允彼此间所发生或可能发生之一切或任何争议，如关涉可以仲裁解决事项之确定法律关系，不论为契约性质与否，应提

① 该公约又称为《纽约公约》，签订日期为 1958 年 6 月 10 日，生效日期为 1959 年 6 月 7 日。现行有效。中国于 1987 年 1 月 22 日递交加入书，该公约自 1987 年 4 月 22 日起对中国生效。

交仲裁时，各缔约国应承认此项协定。

二、称“书面协定”者，谓当事人所签订或在互换函电中所载明之契约仲裁条款或仲裁协定。

三、当事人就诉讼事项订有本条所称之协定者，缔约国法院受理诉讼时应依当事人一造之请求，命当事人提交仲裁，但前述协定经法院认定无效、失效或不能实行者不在此限。

第三条

各缔约国应承认仲裁裁决具有拘束力，并依援引裁决地之程序规则及下列各条所载条件执行之。承认或执行适用本公约之仲裁裁决时，不得较承认或执行内国仲裁裁决附加过苛之条件或征收过多之费用。

第四条

一、声请承认及执行之一造，为取得前条所称之承认及执行，应于声请时提具：

（甲）原裁决之正本或其正式副本；

（乙）第二条所称协定之原本或其正式副本。

二、倘前述裁决或协定所用文字非为援引裁决地所在国之正式文字，声请承认及执行裁决之一造应备具各该文件之此项文字译本。译本应由公设或宣誓之翻译员或外交或领事人员认证之。

第五条

一、裁决唯有于受裁决援用之一造向声请承认及执行地之主管机关提具证据证明有下列情形之一时，始得依该造之请求，拒予承认及执行：

（甲）第二条所称协定之当事人依对其适用之法律有某种无行为能力情形者，或该项协定依当事人作为协定准据之法律系属无效，或未指明以何法律为准时，依裁决地所在国法律系属无效者；

（乙）受裁决援用之一造未接获关于指派仲裁员或仲裁程序之适当通知，或因他故，致未能申辩者；

（丙）裁决所处理之争议非为交付仲裁之标的或不在其条款之列，或裁决载有关于交付仲裁范围以外事项之决定者，但交付仲裁事项之决定可与未交付仲裁之事项划分时，裁决中关于交付仲裁事项之决定部分得予承认及执行；

（丁）仲裁机关之组成或仲裁程序与各造间之协议不符，或无协议而与仲裁地所在国法律不符者；

（戊）裁决对各造尚无拘束力，或业经裁决地所在国或裁决所依据法律之国家之主管机关撤销或停止执行者。

二、倘声请承认及执行地所在国之主管机关认定有下列情形之一，亦得拒不承认及执行仲裁裁决：

（甲）依该国法律，争议事项系不能以仲裁解决者；

（乙）承认或执行裁决有违该国公共政策者。

第六条

倘裁决业经向第五条第一项（戊）款所称之主管机关声请撤销或停止执行，受理援引裁决案件之机关得于其认为适当时延缓关于执行裁决之决定，并得依请求执行一造之声请，命他造提供妥适之担保。

第七条

一、本公约之规定不影响缔约国间所订关于承认及执行仲裁裁决之多边或双边协定之效力，亦不剥夺任何利害关系人可依援引裁决地所在国之法律或条约所认许之方式，在其许可范围内，援用仲裁裁决之任何权利。

二、1923 年日内瓦仲裁条款议定书及 1927 年日内瓦执行外国仲裁裁决公约在缔约国间，于其受本公约拘束后，在其受拘束之范围内不再生效。

第八条

一、本公约在 1958 年 12 月 31 日以前听由任何联合国会员国及现为或嗣后成为任何联合国专门机关会员国或国际法院规约当事国之任何其他国家，或经联合国大会邀请之任何其他国家签署。

二、本公约应予批准。批准文件应送交联合国秘书长存放。

第九条

一、本公约听由第八条所称各国加入。

二、加入应以加入文件送交联合国秘书长存放为之。

第十条

一、任何国家得于签署、批准或加入时声明将本公约推广适用于由其负责国际关系之一切或任何领土。此项声明于本公约对关系国家生效时发生效力。

二、嗣后关于推广适用之声明应向联合国秘书长提出通知为之，自联合国秘书长收到此项通知之日后第九十日起，或自本公约对关系国家生效之日起发生效力，此两日期以较迟者为准。

三、关于在签署、批准或加入时未经将本公约推广适用之领土，各关系国家应考虑可否采取必要步骤将本公约推广适用于此等领土，但因宪政关系确有必要时，自须征得此等领土政府之同意。

第十一条

下列规定对联邦制或非单一制国家适用之：

（甲）关于本公约内属于联邦机关立法权限之条款，联邦政府之义务在此范围内与非联邦制缔约国之义务同；

（乙）关于本公约内属于组成联邦各州或各省之立法权限之条款，如各州或各省依联邦宪法制度并无采取立法行动之义务，联邦政府应尽速将此等条款提请各州或各省主管机关注意，并附有利之建议；

（丙）参加本公约之联邦国家遇任何其他缔约国经由联合国秘书长转达请求时，应提供叙述联邦及其组成单位关于本公约特定规定之法律及惯例之情报，说明以立法或其他行动实施此项规定之程度。

第十二条

一、本公约应自第三件批准或加入文件存放之日后第九十日起发生效力。

二、对于第三件批准或加入文件存放后批准或加入本公约之国家，本公约应自各该国存放批准或加入文件后第九十日起发生效力。

第十三条

一、任何缔约国得以书面通知联合国秘书长宣告退出本公约。退约应于秘书长收到通知之日一年后发生效力。

二、依第十条规定提出声明或通知之国家，嗣后得随时通知联合国秘书长声明本公约自秘书长收到通知之日一年后停止适用于关系领土。

三、在退约生效前已进行承认或执行程序之仲裁裁决，应继续适用本公约。

第十四条

缔约国除在本国负有适用本公约义务之范围外，无权对其他缔约国援用本公约。

第十五条

联合国秘书长应将下列事项通知第八条所称各国：

（甲）依第八条所为之签署及批准；

（乙）依第九条所为之加入；

（丙）依第一条、第十条及第十一条所为之声明及通知；

（丁）依第十二条本公约发生效力之日期；

（戊）依第十三条所为之退约及通知。

第十六条

一、本公约应存放联合国档库，其中文、英文、法文、俄文及西班牙文各本同一作准。

二、联合国秘书长应将本公约正式副本分送第八条所称各国。

附录2

《联合国国际贸易法委员会国际商事仲裁示范法》[①]

第一章　总　则

第一条　适用范围

（1）本法适用于国际商事仲裁，但须服从在本国与其他任何一国或多国之间有效力的任何协定。

（2）本法之规定，除第八、九、三十五及三十六条外，只适用于仲裁地点在本国领土内的情况。

（3）仲裁如有下列情况即为国际仲裁：

（A）仲裁协议的当事各方在缔结协议时，他们的营业地点位于不同的国家；或

（B）下列地点之一位于当事各方营业地点所在国以外：

（a）仲裁协议中确定的或根据仲裁协议而确定的仲裁地点；

（b）履行商事关系的大部分义务的任何地点或与争议标的关系最密切的地点；或

（C）当事各方明确地同意，仲裁协议的标的与一个以上的国家有关。

（4）就第（3）款而言：

（A）如当事一方有一个以上的营业地点，营业地点为与仲裁协议关系最

---

① 1985年6月21日联合国国际贸易法委员会通过，2006年7月7日联合国国际贸易法委员会修订。

密切的营业地点；

（B）如当事一方没有营业地点，以其惯常住所为准。

（5）本法不得影响规定某些争议不可交付仲裁或仅根据本法之外的规定才可以交付仲裁的本国其他任何法律。

第二条　定义及解释规则

在本法范围内：

（A）“仲裁”是指无论是否由常设仲裁机构进行的任何仲裁；

（B）“仲裁庭”是指一名独任仲裁员或一组仲裁员；

（C）“法院”是指一国司法系统的一个机构或机关；

（D）本法的规定，除第二十八条外，允许当事各方自由决定某一问题时，这种自由包括当事各方授权第三者包括机构作出此种决定的权利；

（E）本法的规定提到当事各方已达成协议或可能达成协议的事实时，或在任何其他情况下援引当事各方的一项协议时，此种协议包括其所援引之任何仲裁规则；

（F）本法的规定，除第二十五条（A）项和第三十二条（2）款（A）项外，提及请求时，也适用于反请求；提及答辩时，也适用于对这种反请求的答辩。

第三条　收到书面通讯

（1）除非当事各方另有协议：

（A）任何书面通讯，如经当面递交收件人，或投递到收件的营业地点、惯常住所或通信地址，或经合理查询仍不能找到上述任一地点而以挂号信或能提供作过投递企图的记录的其他任何方式投递到收件人最后一个为人所知的营业地点、惯常住所或通信地址，即应视为已经收到；

（B）通讯应被视为已于以上述方式投递之日收到。

（2）本条规定不适用于法院程序中的通讯。

第四条　放弃提出异议的权利

当事一方如知道本法中当事各方可以背离的任何规定或仲裁协议规定的任何要求未得到遵守，但仍继续进行仲裁而没有不过分迟延地或在为此订有时限的情况下没有在此时限内对此种不遵守情事提出异议，则应视为已放弃其提出异议权利。

第五条　法院干预的限度

由本法管辖的事情，任何法院均不得干预，除非本法有此规定。

第六条　法院或其他机构对仲裁予以协助和监督的某种职责

第十一条第（3）和（4）款、第十三条第（3）款、第十四条、第十六条第（3）款和第三十四条第（2）款所指的职责应由……（实施本示范法的每个国家具体指明履行这些职责的一个法院或一个以上的法院或其他有权力的机构）履行。

第二章　仲裁协议

第七条　仲裁协议的定义和形式

（1）“仲裁协议”是指当事各方同意将他们之间的契约性或非契约性的特定法律关系上已经发生或可能发生的一切或某些争议提交仲裁的协议。仲裁协议可以采取合同中的仲裁条款形式或单独协议的形式。

（2）仲裁协议应是书面的。协议如载于当事各方签字的文件中，或载于往来的书信、电传、电报或提供协议记录的其他电讯手段中，或在申请书和答辩书的交换中当事一方声称有协议而当事他方不否认，即为书面协议。在合同中援引载有仲裁条款的一项文件即构成仲裁协议，但该合同须是书面的而且这种援引足以使该仲裁条款构成该合同的一部分。

第八条　仲裁协议和向法院提出的实体性申诉

（1）就仲裁协议的标的向法院提起诉讼时，如当事一方在不迟于其就争议实体提出第一次申述时要求仲裁，法院应让当事各方交付仲裁，除非法院认定仲裁协议无效、不能实行或不能履行。

（2）本条第（1）款所指诉讼已提起时，仍然可以开始或继续进行仲裁程序，并可作出裁决，同时等待法院对该问题的判决。

第九条　仲裁协议和法院的临时措施

在仲裁程序开始前或进行期间，当事一方请求法院采取临时保全措施和法院准予采取这种措施，均与仲裁协议不相抵触。

第三章 仲裁庭的组成

第十条 仲裁员人数

（1）当事各方可以自由确定仲裁员的人数。

（2）如未作此确定，则仲裁员的人数应为三名。

第十一条 仲裁员的委任

（1）除非当事各方另有协议，否则不应以所属国籍为理由排除任何人担任仲裁员。

（2）当事各方可以自由地就委任一名或数名仲裁员的程序达成协议，但须遵从本条第（4）和第（5）款的规定。

（3）如未达成此种协议：

（A）在仲裁员为三名的仲裁中，当事每一方均应委任一名仲裁员，这样委任的两名仲裁员应委任第三名仲裁员；如当事一方未在收到当事他方提出如此行事之要求的三十天内委任仲裁员，或两名仲裁员在被委任后三十天内未就第三名仲裁员达成协议，则经当事一方请求，应由第六条规定的法院或其他机构委任；

（B）在独任仲裁员的仲裁中，如当事各方未就仲裁员达成协议，则经当事一方请求，应由第六条规定的法院或其他机构委任。

（4）根据当事各方协议的委任程序，如果：

（A）当事一方未按这种程序规定的要求行事，或

（B）当事各方或两名仲裁员未根据这种程序达成预期的协议，或

（C）第三者，包括机构，未履行根据此种程序所委托的任何职责，则当事任何一方均可请求第六条规定的法院或其他机构采取必要措施，除非委任程序的协议订有确保能委任仲裁员的其他方法。

（5）就本条第（3）或第（4）款交由第6条规定的法院或其他机构的事情所作出的决定，不容上诉。该法院或其他机构在委任仲裁员时应适当顾及当事各方协议的仲裁员所需具备的任何资格，并适当顾及尽可能确保委任独立和公正的仲裁员的种种因素，而且在委任独任仲裁员或第三名仲裁员时，还应考虑到委任一名所属国籍与当事各方均不相同的仲裁员的适宜性。

第十二条　回避的理由

（1）在被询及有关其可能被委任为仲裁员之事时，其应该披露可能对其公正性或独立性引起正当的怀疑的任何情况。仲裁员从被委任之时起直至在整个仲裁程序进行期间，应不迟延地向当事各方披露任何此类情况，除非其已将此情况告知当事各方。

（2）仅因存在对仲裁员的公正性或独立性引起正当的怀疑的情况或他不具备当事各方商定的资格时，才可以对仲裁员提出回避。当事一方只有根据其作出委任之后知悉的理由才可以对其所委任的或参加委任的仲裁员提出回避。

第十三条　提出回避的程序

（1）当事各方有权对仲裁员提出回避的程序达成协议，但须服从本条第（3）款的规定。

（2）如未达成此种协议，拟对仲裁员提出回避的当事一方，应在他得知仲裁庭组成或得知第十二条第（2）款所指的任何情况后十五天内向仲裁庭提出书面陈述，说明提出回避的理由。除非其要求回避的仲裁员辞职或当事他方同意所提出的异议，否则仲裁庭应就回避事宜作出决定。

（3）如根据当事各方协议的任何程序或本条第（2）款的程序提出的回避不成立，提出回避的一方当事人可以在收到驳回其所提出的回避的决定通知后三十天内请求第 6 条规定的法院或其他机构就该回避作出决定，该决定不容上诉；在等待对该请求作出决定的同时，仲裁庭包括被提出回避的仲裁员可以继续进行仲裁程序和作出裁决。

第十四条　未行事或不能行事

（1）如果仲裁员在法律上或事实上不能履行职责或由于其他原因未能不过分迟延地行事，其委任即告终止，如果其辞职或当事各方对终止其委任达成协议的话。但如对上述任何原因仍有争议，当事任何一方均可请求第六条规定的法院或其他机构就终止委任一事作出决定，该决定不容上诉。

（2）如果按照本条或第 13 条第（2）款的规定，一名仲裁员辞职或当事一方同意终止对一名仲裁员的委任，并不意味着承认本条或第十二条第（2）款所指任何理由的有效性。

第十五条 委任替代仲裁员

因根据第 13 条或第 14 条的规定或因仲裁员由于任何其他原因而辞职或因当事各方协议解除仲裁员的委任或在任何其他情况下终止仲裁员的委任时，应按照原来适用于委任被替换的仲裁员的规则委任替代仲裁员。

第四章 仲裁庭的管辖权

第十六条 仲裁庭对其管辖权作出裁定的权力

（1）仲裁庭可以对其管辖权包括对仲裁协议的存在或效力的任何异议，作出裁定。为此目的，构成合同一部分的仲裁条款应视为独立于合同其它条款的一项协议。仲裁庭作出关于合同无效的决定，不应在法律上导致仲裁条款无效。

（2）有关仲裁庭无权管辖的抗辩不得在提出答辩书之后提出。当事一方已委任或参与委任仲裁员的事实，不妨碍其提出此种抗辩。有关仲裁庭超越其权力范围的抗辩，应在仲裁程序中被指越权之情事出现后立即提出。在这两种情况下，仲裁庭如认为有正当理由，均可准许推迟提出抗辩。

（3）仲裁庭可以根据案情将本条第（2）款所指抗辩作为一个初步问题裁定或在实体裁决中裁定。如果仲裁庭作为一个初步问题裁定它有管辖权，当事任何一方均可在收到裁定通知后三十天内要求第六条规定的法院对这一问题作出决定，该决定不容上诉；在等待对这种要求作出决定的同时，仲裁庭可以继续进行仲裁程序和作出裁决。

第十七条 仲裁庭裁定采取临时措施的权力

除非当事各方另有协议，仲裁庭经当事一方请求，可以裁定当事任何一方就争议的标的采取仲裁庭可能认为有必要的任何临时性保全措施。仲裁庭可以要求当事任何一方提供有关此种措施的妥适担保。

第五章 仲裁程序的进行

第十八条 对当事各方平等相待

当事各方应得到平等相待，并应被给予充分的机会陈述其案情。

第十九条 程序规则的确定

（1）在不违背本法规定的情况下，当事各方可以自由地就仲裁庭进行仲裁所应遵循的程序达成协议。

（2）如未达成此种协议，仲裁庭可以在本法规定的限制下，按照它认为适当的方式进行仲裁。授予仲裁庭的权力包括确定任何证据的可采性、相关性、实质性和重要性的权力。

第二十条　仲裁地点

（1）当事各方可以自由地就仲裁地点达成协议。如未达成此种协议，仲裁地点应由仲裁庭确定，但应考虑到案件的情况，包括当事各方的方便。

（2）虽有本条第（1）款的规定，除非当事各方另有协议，仲裁庭可以在其认为适当的任何地点会晤，以便在其成员间进行磋商，听取证人、专家或当事各方的意见或检查货物、其他财产或文件。

第二十一条　仲裁程序的开始

除非当事各方另有协议，特定争议的仲裁程序，于被申请人收到将该争议提交仲裁的请求之日开始。

第二十二条　语文

（1）当事各方可以自由地就仲裁程序中要使用的一种或数种语文达成协议。如未达成此种协议，仲裁庭应确定仲裁程序中要使用的一种或数种语文。除非其中另有规定，这种协议或确定应适用于当事一方的任何书面陈述、仲裁庭的任何开庭、裁决、决定或其他通讯。

（2）仲裁庭可以命令任何文件证据应附具当事各方协议的或仲裁庭确定的一种或数种语文的译本。

第二十三条　申请书和答辩书

（1）在当事各方协议的或仲裁庭确定的期间内，申请人应申述支持其请求的各种事实、争议点以及所寻求的救济或补救，被申请人应逐项作出答辩，除非当事各方对这种申述和答辩所要求的项目另有协议。当事各方可以随同其陈述提交其认为有关的一切文件，也可以附带述及其将要提交的文件或其他证据。

（2）除非当事各方另有协议，在仲裁程序进行中，任何一方当事人均得修改或补充其请求或答辩，除非仲裁庭考虑到提出已迟而认为不宜允许作此更改。

第二十四条　开庭和书面审理程序

（1）除当事各方有任何相反协议外，仲裁庭应决定是否举行开庭，以便出示证据或进行口头辩论，或者是否应以文件和其他材料为基础进行仲裁程序。然而，除非当事各方商定不开庭，仲裁庭应在进行仲裁程序的适当阶段开庭，如果当事一方如此要求的话。

（2）任何开庭和仲裁庭为了检查货物、其他财产或文件而举行的任何会议，均应充分提前通知当事各方。

（3）当事一方向仲裁庭提供的一切陈述书、文件或其他资料均应送交当事他方，仲裁庭可能据以作出决定的任何专家报告或证据性文件也应送交当事各方。

第二十五条　当事一方不履行义务

除非当事各方另有协议，如在不提出充分理由的情况下：

（A）申请人不按照第23条第（1）款的规定提交申请书，仲裁庭应终止程序；

（B）被申请人不按照第23条第（1）款的规定提交答辩书，仲裁庭应继续进行仲裁程序，但不将此种行为本身视为是接受了申请人的申述；

（C）当事任何一方不出庭或不提供文件证据，仲裁庭可以继续进行仲裁程序并根据其所收到的证据作出裁决。

第二十六条　仲裁庭委任的专家

（1）除非当事各方另有协议，仲裁庭：

（A）可委任一名或数名专家就仲裁庭待决之特定问题向仲裁庭提出报告；

（B）可要求当事人一方向专家提供任何有关资料，或出示或让他接触任何有关的文件、货物或其他财产以供检验。

（2）除非当事各方另有协议，如当事一方有此要求或仲裁庭认为有此必要，专家在提出其书面或口头报告后，应参加开庭，使当事各方有机会向其提问并委派专家证人就争议点作证。

第二十七条　法院协助获取证据

仲裁庭或当事一方在仲裁庭同意之下，可以请求本国之管辖法院协助获取证据。法院可以在其权限范围内并按照其获取证据的规则执行上述请求。

第六章 裁决的作出和程序的终止

第二十八条 适用于争议实体的规则

（1）仲裁庭应按照当事各方选择的适用于争议实体的法律规则对争议作出决定。除非另有表明，指定适用某一国家的法律或法律制度应认为是直接指该国的实体法而不是其法律冲突规范。

（2）如当事各方没有任何选择，仲裁庭应适用其认为可适用的法律冲突规范所确定的法律。

（3）仲裁庭只有在当事各方明示授权的情况下，才应按照公允及善良原则或作为友好仲裁员作出决定。

（4）在任何情况下，仲裁庭均应按照合同条款并考虑到适用于该项交易的贸易惯例作出决定。

第二十九条 一组仲裁员作出的决定

在有一名以上仲裁员的仲裁程序中，除非当事各方另有协议，仲裁庭的任何决定均应按其全体成员的多数作出。但是，如果当事各方或仲裁庭全体成员授权，首席仲裁员可以就程序问题作出决定。

第三十条 和解

（1）在仲裁程序中，如果当事各方就争议达成和解，仲裁庭应终止仲裁程序，而且如果当事各方提出请求而仲裁庭又无异议，则应按和解的条件以仲裁裁决的形式记录和解。

（2）关于和解的条件的裁决应按照第三十一条的规定作出，并应说明它是一项裁决。此种裁决应与根据案情作出的任何其他裁决具有同等的地位和效力。

第三十一条 裁决的形式和内容

（1）裁决应以书面作出，并应由一名或数名仲裁员签字。在有一名以上仲裁员的仲裁程序中，仲裁庭全体成员的多数签字即可，但须说明任何未签字的理由。

（2）裁决应说明其所依据的理由，除非当事各方协议不需说明理由或该裁决系根据第三十条所作出的和解裁决。

（3）裁决应具明其日期和按照第二十条第（1）款所确定的仲裁地点。该裁决应视为是在该地点作出的。

（4）裁决作出后，经仲裁员按照本条第（1）款签字的裁决书应送达给当事各方各一份。

第三十二条　程序的终止

（1）仲裁程序依终局裁决或仲裁庭按照本条第（2）款发出的裁定得以终止。

（2）仲裁庭在下列情况下应发出终止仲裁程序的裁定：

（A）申请人撤回其申请。除非被申请人对此表示反对且仲裁庭承认最终解决争议对其而言具有正当利益；

（B）当事各方同意终止程序；

（C）仲裁庭认定仲裁程序因任何其他理由均无必要或不可能继续进行。

（3）仲裁庭之委任随着仲裁程序的终止而结束，但须服从第三十三条和第三十四条第（4）款的规定。

第三十三条　裁决的更正和解释；补充裁决

（1）除非当事各方已就另一期限达成协议，在收到裁决书后三十天内：

（A）当事一方可在通知当事另一方后请求仲裁庭更正裁决书中的任何计算错误，任何誊写或打印错误或任何类似性质的错误；

（B）如果当事各方有此协议，当事一方可以在通知当事另一方后请求仲裁庭对裁决书的具体观点或部分作出解释。仲裁庭如果认为此种请求合理，则应在收到请求后三十天内作出更正或解释。解释应构成裁决的一部分。

（2）仲裁庭得在作出裁决之日起三十天内主动更正本条第（1）款（A）项所指的任何错误。

（3）除非当事各方另有协议，当事一方在收到裁决书后三十天内，经通知当事他方，可以请求仲裁庭对已在仲裁程序中提出但在裁决书中遗漏的请求事项作出补充裁决。仲裁庭如果认为其请求合理，则应在六十天内作出补充裁决。

（4）如有必要，仲裁庭可将根据本条第（1）或第（2）款作出更正、解释或补充裁决的期限，予以延长。

（5）第三十一条的规定应适用于裁决的更正或解释，并适用于补充裁决。

第七章 对裁决的追诉

第三十四条 申请撤销作为对仲裁裁决唯一的追诉

（1）只有按照本条第（2）和第（3）款的规定申请撤销，才可以对仲裁裁决向法院追诉。

（2）仲裁裁决仅在下列情况下才可以被第六条规定的法院撤销：

（A）提出申请的当事一方提出证据证明：

（a）第七条所指仲裁协议之当事人有某种无行为能力情形；或根据当事各方所同意遵守的法律，或未指明何种法律，则根据本国法律，该协议是无效的；或

（b）提出申请的当事一方未接获有关委任仲裁员或仲裁程序之适当通知，或因他故致其不能陈述案件；或

（c）裁决所处理之争议非为提交仲裁之标的或不在其条款之列，或裁决载有关于交付仲裁范围以外事项之决定，但交付仲裁事项之决定可与未交付仲裁事项之决定划分时，仅可撤销对未交付仲裁事项所作决定之部分裁决；或

（d）仲裁庭的组成或仲裁程序与当事各方的协议不一致，除非此种协议与当事各方不能背离之本法规定相抵触，或当事各方无此协议时，与本法不符；

（B）法院认定：

（a）根据本国的法律，争议事项不能通过仲裁解决；或

（b）该裁决与本国的公共政策相抵触。

（3）当事人不得在收到裁决书之日起三个月后申请撤销裁决，或如已根据第三十三条提出请求，则从该请求被仲裁庭处理完毕之日起三个月后不得申请撤销。

（4）向法院申请撤销裁决时，如果适当而且当事一方也提出要求，法院可以在其确定的一段时间内暂时停止进行撤销程序，以便给予仲裁庭重新进行仲裁程序的机会或采取仲裁庭认为能够消除撤销裁决理由的其他行动。

第八章 裁决的承认和执行

第三十五条 承认和执行

（1）仲裁裁决不论在何国境内作出，均应承认具有约束力，而且经向管辖法院提出书面申请，即应依照本条和第三十六条之规定予以执行。

（2）援引裁决或申请执行的当事一方，应提供经正式认证的裁决书正本或经正式认证的裁决书副本以及第七条所指仲裁协议的正本或经正式认证的仲裁协议副本。如果裁决或协议不是以本国的正式语文作成，则该当事方还应提供经正式认证的本国正式语文的译本。

第三十六条 拒绝承认或执行的理由

（1）不论在何国境内作出的仲裁裁决，仅在下列情况下才可拒绝承认或执行：

（A）裁决仅有受裁决援用之当事一方向申请承认或执行之管辖法院提出证据证明：

（a）第七条所指仲裁协议之当事人有某种无行为能力情形；或根据当事各方所同意遵守的法律，或未指明何种法律，则根据裁决地所在国法律，该协议是无效的；

（b）受裁决援用之当事一方未接获有关委任仲裁员或仲裁程序之适当通知，或因他故致其不能陈述案件；或

（c）裁决所处理之争议非为提交仲裁之标的或不在其条款之列，或裁决载有关于交付仲裁范围以外事项之决定，但交付仲裁事项之决定可与未交付仲裁事项之决定划分时，裁决中关于交付仲裁事项之决定部分得予承认和执行；或

（d）仲裁庭的组成或仲裁程序与当事各方的协议不符，或无协议而与仲裁地所在国法律不符；或

（e）裁决对当事各方尚无拘束力，或业经裁决地所在国或裁决所依据法律之国家的法院撤销或中止；或

（B）如经法院认定：

（a）依该国法律，争议事项不能通过仲裁解决；或

（b）承认或执行该裁决与本国的公共政策相抵触。

（2）如已向本条第（1）款（A）项（e）目所指的法院申请撤销或中止裁决，被请求承认或执行的法院如认为适当，可以延缓作出决定，而且经主张承认或执行裁决的当事一方申请，还可以裁定当事他方提供妥适的担保。

图书在版编目(CIP)数据

商事仲裁法律与实务 / 赵汉根著．—北京：中国法制出版社，2020.11
（中国人民大学律师学院律师操典丛书 / 刘瑞起总主编）
ISBN 978-7-5216-1287-5

Ⅰ.①商… Ⅱ.①赵… Ⅲ.①国际商事仲裁 Ⅳ.① D997.4

中国版本图书馆 CIP 数据核字（2020）第 177670 号

策划编辑：薛 强
责任编辑：薛 强 秦智贤　　封面设计：周黎明

商事仲裁法律与实务
SHANGSHI ZHONGCAI FALÜ YU SHIWU

著者 / 赵汉根
经销 / 新华书店
印刷 / 三河市紫恒印装有限公司
开本 / 710 毫米 × 1000 毫米 16 开　　印张 / 17.25 字数 / 264 千
版次 / 2020 年 11 月第 1 版　　2020 年 11 月第 1 次印刷

中国法制出版社出版
书号 ISBN 978-7-5216-1287-5　　定价：59.00 元

北京西单横二条 2 号 邮政编码 100031　　传真：010-66031119
网址：http://www.zgfzs.com　　**编辑部电话：010-66010406**
市场营销部电话：010-66033393　　**邮购部电话：010-66033288**
（如有印装质量问题，请与本社印务部联系调换。电话：010-66032926）